上海市教育科学研究 2018 年度项目(立项编号:C18136

数字教材应用的
初中数学课堂实践

袁 华 李德虎 编著

中国海洋大学出版社
·青岛·

图书在版编目（ＣＩＰ）数据

数字教材应用的初中数学课堂实践 / 袁华，李德虎
编著. — 青岛：中国海洋大学出版社，2021.10
ISBN 978-7-5670-2980-4

Ⅰ．①数… Ⅱ．①袁… ②李… Ⅲ. ①中学数学课—
课堂教学—教学研究—初中 Ⅳ. ①G633.602

中国版本图书馆 CIP 数据核字(2021)第 216035 号

出版发行	中国海洋出版社	
社　　址	青岛市香港东路 23 号	
邮　　编	266071	
出 版 人	杨立敏	
网　　址	http://pub.ouc.edu.cn	
电子信箱	1922305382@qq.com	
订购电话	0532-82032573 （传真）	
责任编辑	曾科文　陈　琦	**电话** 0898-31563611
印　　制	三河市金泰源印务有限公司	
版　　次	2021 年 10 月第 1 版	
印　　次	2021 年 10 月第 1 次印刷	
成品尺寸	170 mm × 240 mm	
印　　张	16	
字　　数	313 千	
印　　数	1—1000	
定　　价	68.00 元	

如发现印装质量问题，请致电 133 3326 3330 调换。

序

新杨中学作为普陀区公办初中，努力贯彻党的教育方针，立德树人，狠抓教师队伍建设，积极进行教学改革，特别是数字教材建设，为改进中学数学教学、提高教学质量提供了有力的支撑。在桃浦联合体成员学校中，连年来教育教学质量不断提升，对全区义务教育均衡发展发挥着积极的推动作用。

数字教材既是一种课程形式，又是一个教学资源库平台，更是一种触动数学课堂教学改革的助推项目。上海市以提高课程教学质量为初心，以利用数字教材系统推进信息化教学应用为路径，于2013年启动了数字教材建设以及教学应用实验项目，重点研究了机制建设、数字教材建设、系统平台建设、配套资源建设、学习分析技术、应用模式、应用培训7个关键问题。至2019年春季学期，数字教材试验范围已经涉及全市11个区、156所学校，形成了复合型教材、数字教材建设保障系统、阅读器软件等项目成果，并归纳生成了以"丰富的资源支持"为核心的自主学习、以"充分的结果分享"为关键的互动交流和以"精准的数据分析"为基础的诊断改进的数字教材教学应用模式。这是"二期课改"的数字化工作推进项目，实践表明，该项目促进了师生能力发展，体现了教学方式转型，也为上海教育信息化发展提供了重要参考。新杨中学作为普陀区首批参加应用试点数字教材的学校，被评为首批上海市数字教材优秀试验学校。该书的撰写正是基于从2016年开始的上海市数字教材试验学校工作，其间，编写者坚持把数字教材应用于日常数学教学，整合各类资源满足学生个性化的学习需求，重构教育生态，引领教师和学生转变教与学的行为。该书也是上海市教育科学研究2018年度项目"基于数字教材的初中数学课堂变革实践研究"（立项编号：C18136）的研究成果。

该书系统地阐述了学校使用数字教材进行课堂教学改革实践的过程，关注在此过程中教师与学生提升信息素养、应用信息技术与数学学习整合的事件，记述了4年多的实验改革心路历程。特别值得一提的是，在数字教材运用过程中，借助HPM的理论与教学资源，增设数学文化内容，创新课程建设，扩大数字教材影响，开创了另一个值得推广的校本研修范例，也为我们提供了一本有意义的校本教材。

李德虎同志是项目"基于数字教材的初中数学课堂变革实践研究"的领衔人，也

是该书的主要作者，他曾在我的数学特级教师工作室学习 5 年，其间，我们多次讨论过他的研究项目。作为数学专业研究生的他，不仅具备较扎实的学科专业知识功底，而且努力学习现代教育教学理论、信息技术，在此期间还参与了华东师范大学博士生导师汪晓勤教授主持的"HPM 学习实践工作室"学习，这为他提升教育教学质量奠定了良好的基础，也为后续专业发展拓展了空间。

袁华校长是我认识多年的朋友，她有一种献身基础教育、踏实求真的信念和为百姓办学、提升教育质量的使命感，无论在哪个学校，都以不断提高全体教师教育理论水平、学科教学能力为己任，千方百计地为教师专业发展提供实在、有效的培训学习机会，急教师之所需，急学生之所要，是老师的知心朋友，是公办学校扎实抓教学的校长。她努力促成前任校长时期申报的市级课题成果问世，就是很好的例证。

我曾经出席"基于数字教材的初中数学课堂变革实践研究"的开题论证和中期汇报，在研究过程中也看到了学校老师的实践项目，见证了这项成果从无到有的艰辛，感受到了新杨中学一批数学教学的同仁教学改革与专业提升的快乐。

基于上述几点，觉得有责任为此书写个序。当然，一个学校的数字教材实践活动难免有一定的局限和不足，但我以为并不影响该书的价值。希望学校能够不断总结完善研究成果，积极推广成果内容，让其在学校、区域乃至于全市、全国发挥更大的作用。

王华

2021 年 5 月 20 日于上海

前　言

　　信息技术融入中学数学教学已成为常态，并引发初中数学课堂的变革。2019 年《中共中央　国务院关于深化教育教学改革全面提高义务教育质量的意见》第 11 条提出，要"促进信息技术与教育教学融合应用"。2004 年版《上海市中小学数学课程标准（试行稿）》明确指出，要"加强（数学）课程与信息技术的有机整合，将信息技术作为资料的来源、交流的平台、认知的工具和管理的手段，应用于课程的设计、实施、评价和管理的全过程，全面提高课程的信息化水平和学生的信息素养"。

　　融合数字教材于教育教学，为改进中学数学教学、提高教学质量提供有力的支撑。2013 年，上海市教育委员会确立了"以数字教材应用为抓手，实现学习分析技术支持下的个性化教学应用，有效探索教学方式变革，培养学生数字素养"的思路，并委托上海市教育委员会教学研究室开展数字教材建设和教学应用的实践研究。从 2016 年开始，我们所在学校成为普陀区首批参加应用试点数字教材的学校，被评为首批上海市数字教材优秀试验学校。其间，我们坚持把数字教材应用于日常数学教学，整合各类资源以满足学生个性化的学习需求，重构教育生态，引领教师和学生转变教与学的行为。

　　基于数字教材，把数学文化融入课堂，有效促进了中学数学教与学方式的变革。《义务教育数学课程标准（2011 年版）》里强调："数学文化作为教材的组成部分，应渗透在整套教材中。为此教材可以适时地介绍有关背景知识，包括数学在自然与社会中的应用，以及数学发展史的有关材料，帮助学生了解在人类文明发展中数学的作用，激发学习数学的兴趣，感受数学家治学的严谨，欣赏数学的优美。"上海市现行数学课程标准指出：知道数学是人类文化的重要组成部分，对世界数学文化有包容的态度，懂得数学与人类生活有密切的联系，初步了解数学对个人发展和社会发展的作用。数字教材的运用将使今后数学课堂的边界逐渐模糊，物理学习空间和网络虚拟学习空间将全面衔接。以数字教材为支撑的探究式、讨论式、参与式教学和混合式学习等新型教与学方法逐步普及。教师不再是课堂教学的绝对中心，以教师为主导的教学向基于学生学习的教学转变。

　　从文化育人的角度，本书借助数字教材平台，把数学文化融入中学课堂，形成基于数字教材应用的数学文化进课堂的途径及教学策略，呈现给广大一线初中数学教师。

基于数字教材平台，以丰富的资源支持，教师在课堂教学中让学生欣赏数学之美，培养学生思维品质和理性精神。

从核心素养培育的角度，本书呈现初中数学教学中基于数字教材应用的三种典型的学习方式。教师应当从学生的个性化需求出发，充分发挥数字教材的作用，助力学生由被动的接受性学习转变为主动的探究性学习，进而有效培养学生的数学核心素养。

从课程改革的角度，提升数学文化修养，将数学文化融入数学教学，是数学课程对每一位数学教师的要求。本书将呈现数字教材与数学文化融合应用于初中数学课堂可借鉴的案例，希望能引发中学数学教师对数字教材平台下数学文化在课堂教学中应有的教育价值的探索。

本书共包含7章，第一章是全篇的综述，介绍了国内外数字教材的应用开展情况、数学文化融合环境下对学生学习方式和教师教学方式的影响，以及对两者融合为中学数学教学发展带来的机遇。

第二章"数字教材与信息技术在初中数学教学中的融合应用"主要介绍了数字教材的阅读、笔记、插入资源、笔记流转、完成练习五大核心功能在初中数学中的应用，同时介绍在数学教学中深度融合数字教材与其他信息技术的课例；最后通过具体的案例介绍如何融合数字教材与信息技术，助力初中数学课堂变革。

第三章"基于数字教材应用的初中数学教学方式"着重介绍了基于数字教材应用的四步导学教学方法，在此基础上，总结了基于数字教材应用的数学文化进课堂的途径及教学策略，期望为一线教师的具体实践教学提供方法的指导。

第四章"基于数字教材应用的数学学习方式"结合具体的案例片段分析，归纳了数字教材背景下学生在课前预习、课中互动和课后反馈3个环节中的数学学习方式。数字教材与数学课程的融合构建了学生自主、合作与探究的学习模式，凸显多元化与趣味性，助力学生去探究和获取数学知识，实现对数学知识的深层理解。

第五章"数字教材背景下初中数学课堂评价体系"介绍了融合数字教材和数学文化的初中数学课堂的多元评价体系。在数字教材背景下，初中数学课堂中教师和学生的角色发生了变化，科学的课堂评价体系，能够反映出学生的学习效果，为教师完善教学内容、改进教学方法和正确评价学生学习成果、确定合理目标提供依据。

第六章主要收集了我们在实践中形成的基于数字教材应用的初中数学教学案例，为读者的具体实践提供一些参考。

第七章"在线教学背景下融合数字教材应用教学"介绍了在新冠疫情期间，我们把数字教材融入初中数学在线教学的经验总结，对疫情背景下如何借助信息技术与教育深度融合，引领学生从被动学习到自主学习，实现线上线下教学的迁移，提出了一

些可复制可借鉴的经验方法。

另有附录部分，收入了我们团队几位老师基于数字教材应用的初中数学教学论文，进一步论述相关观点，作为正文部分的补充。

作为新时代网络原住民的这一代学生，他们的学习方式和学习习惯发生了变化，可能更适应在数字化环境下学习。本书以数字教材平台下教学模式的创新为驱动、以数学文化与课程的有效整合为目标，融合各类资源、重构教育生态，引领教师和学生转变教与学的行为，让教师教得更容易，学生学得更方便，课堂教学更有效。初中数学课堂的变革一直在路上，关键还是去实践，我们在实践摸索中不断前行。

本书为上海市教育科学研究 2018 年度项目"基于数字教材的初中数学课堂变革实践研究"（立项编号：C18136）成果。感谢课题组成员鲍成成、张萱、颜惠、芮德静和谭家敏老师对本书编写的支持。在编写过程中，先后得到华东师范大学汪晓勤教授、上海市晋元高级中学王华书记、虹口区教育学院胡军副院长和华东师范大学余庆纯博士的指导，在此也一并表示感谢！

由于水平有限，本书难免有不足之处，恳请读者批评指正，以利于我们更好地修订。

作者

2021 年 3 月

目 录

1 综　　述

　　本章是全篇的综述，介绍了国内外数字教材的应用开展情况、数字文化融合环境下对学生学习方式和教师教学方式的影响，以及对两者融合为数学教学发展带来的机遇，以帮助读者更好地了解项目的意义，也为理解后续各章的内容提供基础。

　　在社会信息化的背景下，信息技术日益成为撬动教育变革的支点，将信息技术与教学相融合成为大势所趋。教育信息化是 21 世纪教育发展的鲜明特征，信息技术的进步和应用，给教育现代化带来跨时代的影响。课堂教学的信息化是教育信息化的重要组成部分，而课堂教学的信息化除了使用信息技术、信息设备之外，更重要的是使用适应课堂教学信息化的教材。随着智能手机、平板电脑等移动终端得到越来越多用户的青睐，运用移动终端来支撑教与学以适应时代发展的潮流成为趋势。而教材作为传播思想、传承文化、传递技能的主要载体，在运用移动终端支撑教与学的过程中必然涉及教材数字化，即数字教材。具有富媒体性、交互性、关联性和开放性的数字教材适应时代发展的需求，并以其表现丰富、增强互动、传输便利、满足个性化学习、适合网络阅读等传统纸质教材所不具备的优势被广大用户接受。许多国家和地区都显示出力求改革，以教育数字化和数字教材为抓手，推进教育现代化的决心。

1.1　研究背景

　　国际上，美国、韩国、日本、新加坡及一些欧洲国家均逐步推进数字教材应用：美国目前已形成了政、企、校、生全面一体化的数字教材信息环境；韩国通过教育部自上而下地进行了数字教材的推广和普及；日本、新加坡等亚洲国家和地区也已在政策和市场环境方面给予了有力的支持；英国、德国和法国等欧洲国家则将第一阶段的目标普遍放在了技术环境的有效提升方面。

1.1.1　国外数字教材现状研究

1.1.1.1　政府推动数字教材建设

　　许多国家都在政府的推动下，开展了数字教材的建设。（1）2009 年，美国加利福尼亚州首次推出"免费电子教科书计划"，政府的推动让美国中小学教材数字化的发展进入加速期，到 2011 年美国已经有 22 个州试行了电子教材。2012 年，美国政府呼吁各州尽快采用数字教科书，并在 2017 年之前实现全国普及。（截至 2021 年，美国中小学教师使用数字教科书授课已经成为常态，并建立了完善的数字教科书管理机制）同年，其教育部与联邦通信委员会成立"教材协作小组"，为各州、学区和学校发展数字教材提供指导。协作小组发布的《数字教科书战略集》（*Digital Textbook Playbook*）明确了数字教材内容、工具和终端设备三大要素；强调数字教科书是对传统教材的替代而非补充，指出不能让数字教科书成为额外负担；希望各学区和中小学应对数字教科书转型进行全盘规划，动员社区广泛参与；要求在校外提供广泛的网络链接，满足师生等关键使用者的终端需求。（2）日本率先研究数字教材并颇有成效，早在 1993 年 4 月便已研发出第一本具有传输声音、文字、图像等功能的电子教科书。2009 年，日本政府提出的 i-Japan 战略为数字教材的建设与发展奠定了基础；同年 3 月发布的《教育信息化指南》为数字教材全面应用于课堂教学指明了方向。日本计划用 15 年的时间在全国中小学普及数字教材。2011 年 4 月，日本文部科学省以 20 所学校为实验基地，实施"学习创新工程"，以及对 ICT（信息通信技术）进行教学的效果及影响的实践研究。研究以开发教育用数字教材、提高教师的指导能力为主要目的，对在中小学教材的基础上积极采用网络环境、触摸终端、电子黑板、电视会议系统与辅助系统等辅助教学手段进行探索。（3）新加坡教育信息化发展一直走在亚洲地区的前列，其数字教材发展也备受瞩目。1999 年，新加坡政府推出了"Edu PAD-教育电子簿"试验计划，第一批电子书包启用。2011 年，电子书包在新加坡中小学校中已被广泛使用，为数字教材的建设奠定了基础。2015 年，教育部全面推行信息化教育改革方案，到 2015 年底已为所有学生提供了数字教材。此外，韩国、俄罗斯、法国等多个国家都对数字教材的发展展开了积极的探索，在政府的推动下，为学生提供优质教育资源。

1.1.1.2　数字教材建设成果显著

关于数字教材建设，世界上许多国家都提出了相应的教育发展规划，并在规划的基础上有了明显成效。在美国政府的激励下，各州积极推进数字教材的发展和应用。2009 年，亚利桑那州的韦尔学区推出"超越教科书"计划（全州首创项目），形成了一个基于 Web2.0 的教师们参与创建和共享的数字内容存储库。韩国是最早开始将数字教材具体应用到学校并提出建设应用时间计划表，且于 2015 年实现了 K12（从学前教育至高中教育）学生全面使用数字教材的国家；美国教育部也提出了 2017 年实现学校教科书电子化的目标，并在 2017 年实现了这一目标；法国在"数字化学校"项目推动下，于 2017 年完成可以获取电子课本、教学视频等优质资源的数字化资源库的建设。至 2018 年，韩国数字教材已基本涵盖小学到高中的社会、科学和英语课程，其中包含教育部认定的数字教材、自学教材等多种类型；示范学校也从最初的 4 所增长到 163

所。在此过程中，韩国始终保持技术应用的合理性，不妄图用数字教科书完全替换纸质教科书，而是让二者扬长避短，相互裨补。2015 年，俄罗斯教育科学部要求联邦教育部推荐教科书目录范围内的所有教科书都必须配备数字教材，目前俄罗斯教育部推荐的教科书均已配备了相应的数字教材。新加坡、英国、德国和日本等也都纷纷提出或开展了数字教材研发和应用研究，积极发展数字教材。政府的推动加速了国外关于数字教材的建设，并且在相关出台政策的推动下，数字教材建设效果明显，对我国数字教材建设有一定的参考价值。

1.1.2　国内数字教材建设现状研究

我国的电子教材的实验项目与计划率先在北京、上海、成都、广州等发达城市陆续开展。通过在课堂实践中不断探索，目前已形成了一些可借鉴、可推广的经验。龚朝花阐述了电子教材在课堂中的应用，并将电子教材走入课堂的过程细化为准备、设计、实施和反思 4 个阶段。陈俊盛等基于"粤教云"环境下的教学模式理念对数字教材的课前、课中、课后应用进行了模式设计。赵伟琼将基于 iPad 的交互式电子教材应用于传统教学和翻转课堂教学当中，与采用纸质教材的传统教学相对比的结果表明，教学的效果相对传统的多媒体教学优势相当明显。

为贯彻落实《国家中长期教育改革和发展规划纲要（2010—2020 年)》和《上海市中长期教育改革和发展规划纲要（2010—2020 年)》，满足国家教育体制改革试点项目"数字化课程环境建设和学习方式变革试验"提出的对数字教材的需求，上海市教委于 2013 年 9 月启动了"上海市中小学数字教材实验项目"。2014 年 9 月，上海市中小学数字教材实验项目组完成了义务教育阶段基础型数字教材的建设工作，并将数字教材通过一定的载体形式发放给 16 所试验学校，从点上组织开展一系列数字教材应用研究和教学实践工作，紧密结合教学方法与教学内容改革创新成果，在信息化建设工作中不断提升教育教学质量。

1.1.3　上海数字教材建设现状研究

作为适应信息化教育教学重要载体的数字教材，是实现信息技术与教育教学深度融合、促进教育教学方式变革的重要抓手。早在 2013 年，上海市教育委员会就确立了"以数字教材应用为抓手，实现学习分析技术支持下的个性化教学应用，有效探索教学方式变革，培养学生数字素养"的思路，并委托上海市教育委员会教学研究室（简称"上海市教委教研室"）开展数字教材建设与教学应用的实验研究。从 2014 年开始，上海市教委教研室持续推进数字教材学校应用研究，重点探索在不同信息化条件的学校开展数字教材应用的可行性与有效性。

作为以纸质教材数字化为基础的教学平台，数字教材具有与教学内容紧密联系的优势，还具有教学平台的储存、传输、导出等诸多功能，为自主学习、互动交流、诊断改进等提供了技术基础。上海市教委教研室围绕数字教材学校应用推进，以"基于环境，深化融合，助力教学"为基本理念，系统开展教学应用研究。在将近160所试验学校的积极参与下，经过多年的前期探索与积累，在不同信息技术环境下的数字教材应用、基于数字教材应用的教学方式转型以及数字教材应用推进策略等方面均取得了阶段性研究成果。此外，数字教材也已经作为重要资源，置于"上海微校"平台，供上海市所有师生下载安装。

上海市新杨中学于2016年9月开始参加市数字教材研究，是普陀区首批试点学校之一，几年来，取得了较为丰硕的成果。2017年5月23日和5月31日下午，上海市数字教材应用研究交流展示活动在新杨中学开展。2018年12月19日、2019年11月20日、2020年11月18日，新杨中学4位教师先后开展了区级数字教材展示活动。同时，通过实践探索，学校积累了一些数字教材应用于课堂和自主学习的典型案例，形成了读本《融合信息技术 优化教育生态——新杨中学数字教材实践案例集》。

1.2 结语

国内外学者的研究给了我们深刻的启示和指引，数字教材的研究势必为数学教学发展带来机遇，而将数字教材融合到数学课堂中是数学课程改革的必然。数字教材的应用将大大丰富教学资源与工具，可创设更为生动的学习环境，提升学生学习兴趣和教师教学效率。数字教材应用将促进基于教材开展教与学过程的数字化、网络化，串联起信息化环境下教学、教研、管理等教育系统的重要元素，也将为教育大数据的实践、学习分析的开展提供有效基础，是推进基础教育教学改革的基础工程与重要抓手。

数学课程及其教学，不仅要关注学生对数学知识技能、思想方法的掌握，关注其数学能力的发展，而且要有助于学生理解数学的社会价值，领略数学文化的内涵，体验数学的思维方式和方法，形成良好的数学思维品质，促使学生的数学素养得到全面提高。以数字教材为载体，融入数学文化的数学教学有助于增进学生对数学过程与方法的理解，让学生感受到数学思维的丰富多彩，同时古今不同思想方法的对比还有利于拓宽学生的数学思维。

未来的教育是构建在互联网上的新教育，更是以育人为主导的教育，借助信息技术和数学文化推动深度课堂改革，才能为教育的未来寻找一个可融入的"接口"。数字教材作为信息时代的新生事物，以其功能的多样性、学生参与度高而越来越受到重视，数字教材常态化教学将成为一种趋势；并且数学课堂上多元数学文化的渗透，有利于培养学生正确的情感、态度和价值观。为此，着力研究数字教材和数学文化融合环境下对学生学习方式和教师教学方式的改变，激发学生学习能动性和提升学习能力，是时代的需要。

数字教材与信息技术在初中数学教学中的融合应用

上海市数字教材平台是将教材内容数字化，配以阅读、笔记、插入资源、笔记流转、完成练习五大核心功能，并建立学习内容、学习资源与学习成果间联系的应用软件（图2-1）。

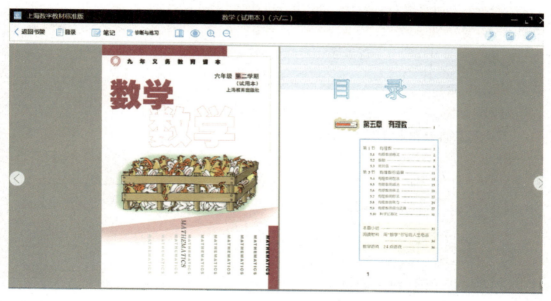

图2-1　数字教材界面

数字教材按照内容来源可以划分为两大类：一类是来源于现行纸质教材数字化转档后形成的数字教材；一类是完成基于信息化应用环境开发的原生数字教材。前者根据是否具有附加的富媒体资源和增强内容，又划分为基础性数字教材、增强型数字教材两类。本书中所提及的数字教材是增强型数字教材。

2.1 数字教材功能在初中数学中的应用

数字教材是一款集阅读、做笔记、插入资源、笔记流转、诊断与练习于一体的数字化应用程序。

2.1.1 阅读功能

数字教材提供画笔、高亮、批注等功能。例如在沪教版初中数学"19.9 勾股定理"这一节的教学中，除了勾股定理最为重要外，推导过程中的面积关系也很重要，因此可以对关键过程性结论进行重点的圈画（图 2-2）。对教材中出现的"想一想"，可以采用画笔进行答案的书写记录（图 2-3）。

等腰直角三角形中，以两条直角边为边的两个正方形面积的和等于以斜边为边的正方形的面积。

或者说，等腰直角三角形中，两条直角边的平方和等于斜边的平方。

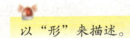
以"形"来描述。

以"数"来刻画。

图 2-2　数字教材阅读圈画示例

例题 1　求边长为 1 的等边三角形的面积。

已知：如图 19-57，$\triangle ABC$ 中，$AB=BC=CA=1$。

求：$S_{\triangle ABC}$（即三角形 ABC 的面积）。

解　作 $AD \perp BC$，垂足为点 D.

$\because AB=AC=BC=1$，$AD \perp BC$，

$\therefore BD=CD=\dfrac{1}{2}$（等腰三角形的三线合一）.

在 $\text{Rt}\triangle ABC$ 中，

$\because \angle ADB=90°$（垂直的定义），

$\therefore AB^2=AD^2+BD^2$（勾股定理）.

得 $AD=\sqrt{AB^2-BD^2}=\sqrt{1^2-\left(\dfrac{1}{2}\right)^2}=\sqrt{1-\dfrac{1}{4}}=\dfrac{\sqrt{3}}{2}$.

$\therefore S_{\triangle ABC}=\dfrac{1}{2}\cdot BC\cdot AD=\dfrac{1}{2}\times 1\times\dfrac{\sqrt{3}}{2}=\dfrac{\sqrt{3}}{4}$.

图 19-57

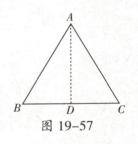
已知 $\triangle ABC$ 的边长等于 1，要求它的面积，关键是求出一边上的高。

想一想

如果等边三角形的边长为 a，那么面积 S 是多少？（用含 a 的代数式表示）

$\dfrac{\sqrt{3}}{4}a^2$

图 2-3　数字教材画笔示例

课前，学生可以通过数字教材中"自由画笔""文本编辑""批注"等功能进行预习；课上，学生可以利用数字教材对课中重点进行圈画和批注；课后，学生可以利用批注对这节课进行反思（图2-4）。数学教材的阅读功能让学生的数学书使用更有效，重点更突出。

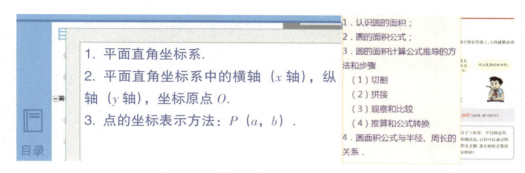

图2-4　数字教材批注课后反思示例

2.1.2　笔记功能

数字教材的圈画、高亮能够帮助学生对知识点进行总结和归纳。这些操作会形成笔记。例如在沪教版初中数学第五章"数轴"一节，相反数的定义很重要，学生可以做好笔记（图2-5）。

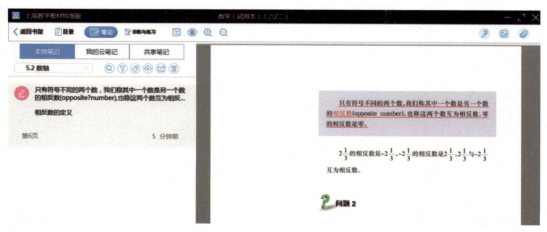

图2-5　数字教材圈画笔记示例

除了这种类型的笔记外，学生还可以将自己手写的笔记上传，做好标签。例如在"四边形"章节，学生整理正方形的性质和判定后上传形成笔记（图2-6）。

图 2-6 学生手写笔记示例

图 2-7 学生数字教材笔记归档

　　这些笔记能够方便保存、整理、修改、分享，成为他们自主学习的财富。数字教材的使用记录了学生的学习过程。学生可以在自主阅读教材后添加笔记、标注，在学习过程中或课后及时修改完善自己的笔记，便于课后的复习整理（图 2-7）。

2.1.3　插入资源

　　数字教材一个强大的功能就是可以插入很多的资源。学生可以自己在教材中插入资源，从而拥有属于自己的个性化课本，也可以在教师的分享资源中进行有选择的保存。

在数学教学中，教师插入的主要资源类型有微视频、Word 文档、图片等。

例如，在沪教版初中数学第十五章"平面直角坐标系"一节中，教师提前在数字教材中插入了笛卡尔引入平面直角坐标系的视频（图 2-8）。传统教学会利用上课时间播放这个有趣的传说，提出问题，但是主要有以下三方面不足：（1）学生思考时间不充足，不能更深入地体会发现问题—解决问题的喜悦；（2）这节课概念较多，新加入的数学史知识会占用新授课时间；（3）教师不能完全了解学生掌握情况，因而也不能尽快调整教学安排。而借助数字教材这一媒介，更加凸显"及时性"和"高效性"，课前时间作为辅助教学时间给不同程度学生留有足够的思考时间，进而为课堂教学提供了足够的探究时间，是提高课堂效率的保障。微视频带给学生的感觉是轻松愉快的，时间简短但质量高，使学生的兴趣大大提升。

将数学史小故事以微视频、Word 文档、图片的形式插入数字教材，学生可以知道数学思想的产生和发展、知识的来龙去脉，领略数学家们的创造性思维，领会教材的实质，从而在课堂上激发学生的好奇心，调动学生的积极性，让学生意识到数学对人类文明的贡献。

图 2-8 数字教材中插入笛卡尔引入平面直角坐标系的视频

又如，在沪教版初中数学第四章"圆的面积"新授课前，教师通过数字教材下发预习任务单（Word）：阅读数字教材 P111，根据问题情境完成预习任务一（图 2-9）。引出这节课课题，并帮助学生理解圆的面积与半径有关。

图 2-9　数字教材中插入课前预习作业

再如，在圆的面积公式推导前，教师和学生一起回顾以前学过的图形（平行四边形、三角形、梯形）面积公式推导，教师可以借助图片插入数字教材将知识点分享给学生（图 2-10）。

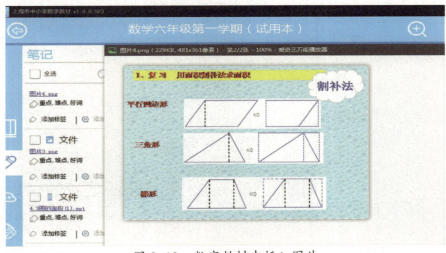

图 2-10　数字教材中插入图片

2.1.4　笔记流转

学生和教师可以各自在自己的数字教材上做笔记，这类笔记即本地笔记；如果学生将自己的笔记上传到云笔记，那么教师端就可以看到，此为云笔记；如果教师将学生的云笔记进行共享，那么其他学生就可以看到，此为共享笔记。（图2-11）

图 2-11　数字教材笔记功能

笔记流转的意思是学生们的笔记共享给老师后，老师进行一定的选择，再共享给其他学生，实现了师生、生生的共享交流，如图2-12的学生知识框架图的笔记流转。

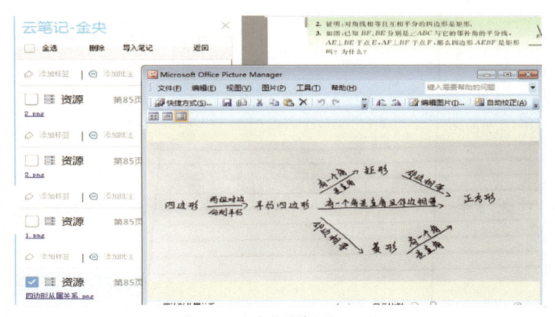

图 2-12　数字教材学生笔记流转

2.1.5 完成练习

借助数字教材的配套练习进行学习后的反馈，教师能直接看到学生每道题的答题正确率和答题的时间，这样教师可以有选择地进行评讲。学生在完成相应题目后能够看到题目的详细解析，以更好地掌握知识。数字教材的这一功能帮助老师在第一时间掌握学生的学习情况，以便及时调整课堂教学。显然，这样的练习比纸质练习更加有效和快速。

例如，学生在数字教材上完成沪教版初中数学第十九章第九节第一课时的 5 道选择题（图 2-13）。第 1 题就是概念，全对，不需要评讲。第 2、3、4 题有个别同学错误。经过重新做，第 4 题还有学生错，所以课堂上教师着重讲了第 4 题。

图 2-13　数字教材配套练习反馈

除了配套练习外，数字教材还可以个性化地快速编题。题型可以是单选题、多选题、填空题、连线题。（图 2-14）

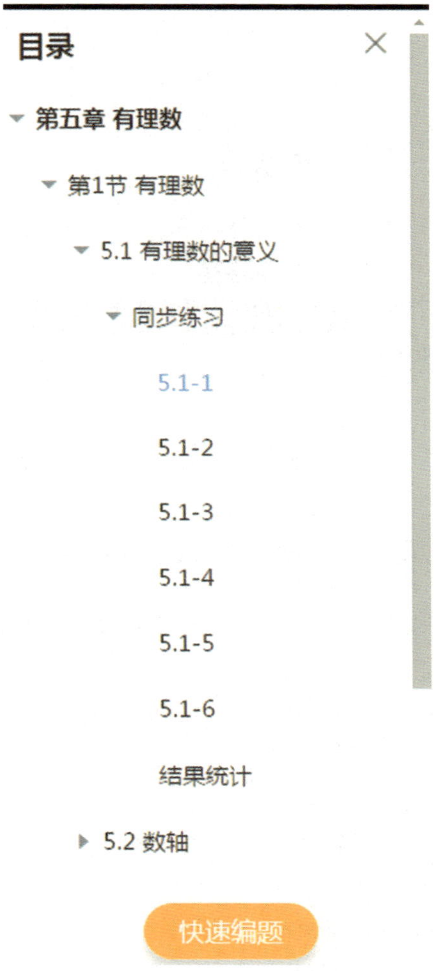

目录 ✕

▼ 第五章 有理数

　▼ 第1节 有理数

　　▼ 5.1 有理数的意义

　　　▼ 同步练习

　　　　5.1-1

　　　　5.1-2

　　　　5.1-3

　　　　5.1-4

　　　　5.1-5

　　　　5.1-6

　　　　结果统计

　　▶ 5.2 数轴

快速编题

图 2-14　数字教材快速编题

　　例如，在沪教版初中数学第五章"有理数的意义"一节中，教师添加了一道填空题：非正整数包括＿＿＿＿和＿＿＿＿。（图 2-15）这道题和原配套练习的一道题（非负数包括＿＿＿＿和＿＿＿＿）形成对比，加深学生对概念的辨析。

图 2-15　数字教材快速编题示例

　　借此，教师及时掌握学生对课堂教学内容的学习情况，为下一步教学任务的安排提供依据。

2.2　数学教学中深度融合数字教材与信息技术

　　信息技术的运用是当今世界范围内不可逆转的一个重大发展趋势，已经渗透到社会生活、经济建设、科学研究的每个角落，其中当然包括教育。教育与信息技术的结合，不再是一个该不该做的问题，而是如何做的问题，如何提高、如何做得更好的问题。

　　初中数学是一个分水岭。如何提高课堂效率，如何提高学生学习的兴趣，如何关注到每个学生在课堂中的表现，这些都是教师们思考的问题。一些信息技术的出现，给了教师们有力的帮助。比如几何画板帮助学生理解基本概念，使得抽象的数学教学变得形象、直观。

　　数字教材与其他信息技术的整合既能创设情境，又能让学生主动参与，所以能有效地激发学生的学习兴趣，使抽象、枯燥的数学概念变得直观、形象，使学生从害怕、厌恶数学变成喜欢、乐意学数学。让学生通过做"数学"去主动发现、主动探索，不仅使学生的逻辑思维能力、空间想象能力和运算能力得到较好的训练，而且有效地培养了他们的发散性思维和创造性思维。

　　数字教材整合信息化技术可以更好地使得课前预习为课堂中的充分探究做好铺垫，更好地展现问题研究的思路与图形性质的探究过程，突出证明之前的思路分析，证明过程的严密表达，证明之后的思想小结。

结合实际情况，本节主要介绍数字教材与教学平台（AI Class）、数字教材与几何画板、数字教材与希沃白板的融合。

2.2.1　数字教材与教学平台（AI Class）融合

教学平台 AI Class 具有数字教材没有的操作功能，比如课堂投影功能、投票功能、分组功能、随机点名功能、游戏功能等。例如，AI Class 可以将多个学生的作业成果进行投影对比呈现。如图 2-16，是沪教版初中数学"6.5 不等式及其性质（1）"学生作业展示。

图 2-16　学生作业展示

图 2-17，是沪教版初中数学第四章"圆的面积"新授课中随机抽取的两名同学的作业的对比。

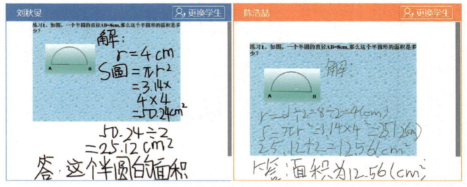

图 2-17　学生作业对比

2.2.2　数字教材与几何画板融合

数学是一门严谨而抽象的学科，而"几何画板"可在教学中创设出一个富有创造性、启发性的情境，并能够呈现出其他教学软件不能呈现的教学内容。如何在传授知

识的过程中做到生动形象，是数学教师在教学实践中时常思考的问题，而信息化技术在数学教学中的应用可以较好地解决这个难题。数学教学的主要目标之一就是培养学生的抽象思维能力。信息化技术能通过媒体将数学知识具体形象地展示给学生，使其能从中体会形象与抽象的关系。如在讲圆的面积时，利用几何画板操作，让学生体会随着等分的份数越多，所拼成的图形越接近于一个长方形，从而实现化曲为直的目的（图 2-18）。

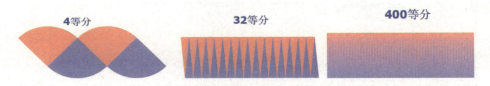

图 2-18　借助几何画板推导圆的面积公式

2.2.3　数字教材与希沃白板融合

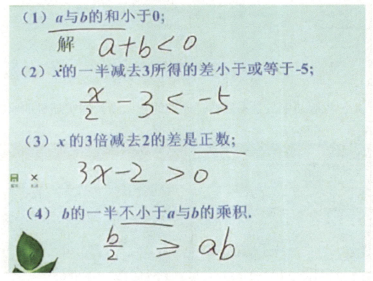

图 2-19　希沃白板讲题

例如图 2-19，在不等式及其性质的教学过程中，教师可以通过希沃辅助数字教材展现书上的练习题，在给学生思考的时间后，随机挑选学生对习题进行讲解，将学生的分析内容书写在白板上，让全班同学共同观看分析的过程。

数字教材提供了电子版的教材，在已有功能的基础上，希沃作为辅助工具，能够改善教学的课堂环境，巩固学生对知识的理解程度。

2.3 案例分析

2.3.1 "勾股定理"新课教学预习环节设计

沪教版初中数学第十九章"勾股定理"第一课时内容比较多，传统的课时上课要引出勾股定理，要证明勾股定理，要了解勾股定理的数学史，这些需要花费课上很多的时间，因此课上对于勾股定理的运用会很少。有了数字教材平台后，这节课主要采用"先学后教，以学定教"的方法进行教学。学生可以对教材进行仔细阅读；教师则运用信息化技术，把勾股定理的引入、勾股定理的证明和数学史作为前置教学（表2-1），再通过教学平台（AI Class）查看学生的预习情况，之后酌情进行课堂的分析讲解。课堂上着重进行勾股定理应用的练习。有了数字教材，可以更好地实现学生的自主学习，让老师在课堂上留出更多的时间在挖掘教学内容的深度和广度上。借助数字教材与教学平台（AI Class）的结合，课程内容的完成度高。

表 2-1　勾股定理课前设计

教学环节	活动过程	数字教材应用
课前：设计自学预习单，布置自学任务	阅读数字教材 完成自学预习单 了解勾股定理的数学史（语音交作业） 证明勾股定理（拍照上传） 19.9(1) 勾股定理 预习学单	插入预习单—学生完成—拍照上传作业并上传语音作业

2.3.2 "特殊的平行四边形"复习课教学设计

以往的复习课流程都是课堂上整理知识，做题讲题。借助数字教材和其他信息技术的整合，结合四步教学法（自学—交流—指导—反馈），从学生云笔记的订正出发再反思，再设计，进行巩固提高。这节课利用信息技术的优势，形象生动地帮助学生整理知识，注重学习和认知过程，及时反馈。

选择不同的信息化技术应用于课前、课中、课后。课前，学生自主整理知识，自主分析错题，通过数字教材"云笔记"功能共享给老师，老师据此及时调整课堂的教学。比如之前预设的学生错题共6道（图2-20），分成了3个主题，后经过学生分享给教师的错题笔记，及时调整了教学主题。

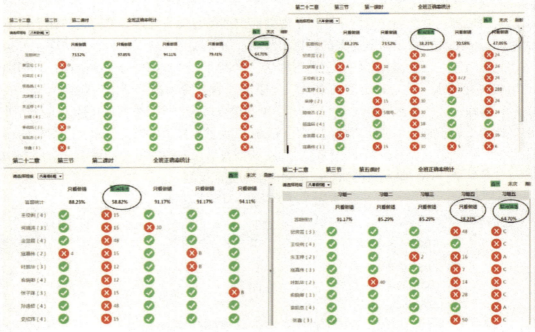

图2-20 数字教材配套练习中错误率高的6道题

课中的应用让师生、生生的交流变得自然、便捷、全面，反馈及时、准确、清晰。同屏、拍照、摄像等功能极大地提高了学生学习的兴趣，改变了以往交流的静态模式。

课后的资料分享能够再次复习整理，也为下一节课做好铺垫。学生通过课后的整理养成了好的习惯。学生可以在教材中插入各类教材资源对教材进行补充说明，记录学习过程，从而拥有属于自己的个性化课本。

总之，信息技术的应用提高了课堂效率，改变了学生的学习方式，提升了学生的素质。

这节课在信息技术的帮助下，目标达成度高，重难点突出，学生体会了知识间的联系，感受了数学学习的乐趣。

数字教材与信息技术的融合带来了教学方式和学习方式的变化，利用其便利性在教学的课前、课中、课后形成对学生的过程性功能评价，让课堂变得生动，显著提高课堂教学效率，引导不同层次的学生共同进步。

3　基于数字教材应用的初中数学教学方式

本章着重介绍了基于数字教材应用的四步导学教学方法，在此基础上，总结了基于数字教材应用的数学文化进课堂的途径及教学策略，期望为一线教师的具体教学实践提供方法的指导。

3.1　基于数字教材应用的四步导学教学方法

当前的数学初中课堂，"传递—接受"的传统教学模式还是占据一定的空间，探究性的教学模式还没有成为主流，主要存在以下问题：

（1）课堂仍然以知识传授为主，没有注重过程和方法的引导，信息技术手段比较单一，抽象的数学知识让部分学生很难理解；

（2）课堂教学的策略和方法单一，"满堂灌""一讲到底"的教学方式还会出现，部分数学知识点学生知其然，不知其所以然。

研究数字教材背景下的教学方法，有利于整合现有各类资源，满足学生个性化的学习需求，优化教育生态，引领教师和学生转变教与学的行为。

从 2018 年开始，我们以基于四步导学教学设计的翻转课堂研究为抓手，开展基于四步导学教学设计的数字教材实践研究。课堂采用自学—交流—指导—反馈 4 个教学环节，关注在 4 个环节中合理运用数字教材的圈画、批注、笔记流转和插入等功能，通过师生之间和生生之间动态信息交流，达到改变学生学习路径、转变教师教学方式的目的。

图 3-1　四步导学教学方法模型图

通过两年多的实践研究归纳总结，我们形成了初中数学课"四步导学教学方法"，如图 3-1 所示，即在教与学过程中，通过实施自学—交流—指导—反馈 4 个步骤，初步形成了数字教材背景下具体的操作路径和应用策略。

3.1.1　课前自学质疑，精准评测

课前，教师通过数字教材"画笔工具""插入"等功能让学生预习新课相关的旧知，让学生自学相关知识，带着问题走进课堂；教师亦可自己动手制作微视频，并借助数字教材推送给学生预习，同时借助数字教材配套练习系统推送相关的基础练习。教师课前收集学生的反馈，对学情有充分的了解；学生通过数字教材中"自由画笔""文本编辑""批注"等功能进行预习，浏览观看相关音频、视频资源，通过"云笔记"上传导学单题目。

如沪教版初中数学第十一章"平移"一课，在自学阶段，老师制作教学微视频，使学生感知平移现象，通过创设情景，从学生身边的现象出发，引入教学内容，同时引发学生的学习兴趣，让学生从感知中初步认识平移，深刻感受到生活中处处有数学。这节课从现实生活具体实例中抽象出数学问题，感受图形的基本运动，学生参与自主学习，教学取得较好的效果。

又如图 3-2 所示，沪教版初中数学第四章"圆的面积"一课，课前学生阅读数字教材的相关内容，利用数字教材附件功能插入预习任务单和手工拼图视频，从而在课堂中，学生得以充分展示自己的课前学习成果，与其他同学交流分享。这节课课堂讨论气氛活跃，学生探究的深度与广度比常规教学都有较为明显的提升。

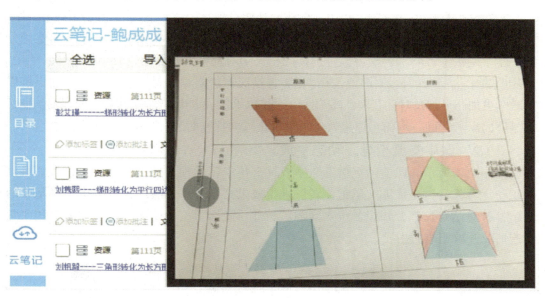

图 3-2 "圆的面积"手工拼图

图 3-3 "平面直角坐标系"预习任务单

在自学环节，数字教材的主要使用方法可以归纳如下：

（1）教师利用"插入资源"功能插入微视频或预习导学案，并通过"云笔记"分享，如图3-3所示；

（2）学生根据要求完成问题的解答或概念和重难点"圈画"等任务；

（3）学生反思预习情况，利用"标注"功能将预习困惑和提出的新问题保留下来。

课前自学环节，教师利用数字教材"插入资源"功能插入预习任务单并云笔记分享，学生用数字教材平台学习教师上传的相关学习资料，教师通过数字教材"云笔记"功能收集学生反馈的预习作业，并根据掌握情况有针对性地进行指导教学，这样较以往教学更加凸显"及时性"和"高效性"。课前时间作为辅助教学时间给不同程度学生留有足够的思考时间，进而为课堂教学提供了足够的探究时间，是提高课堂效率的保障。

3.1.2 课中交流指导，动态生成

如图3-4所示，课前学生借助数字教材上传丰富的预习成果，课堂上，教师可以组织学生合作研讨，借助"笔记流转"进行成果交流分享，组内初步解决一些基本的问题，并总结对这部分知识的难点问题。教师再根据学生的课前自学评测情况和课堂交流情况开展相应的指导。

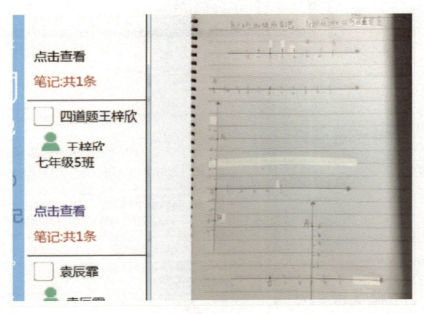

图3-4 "平面直角坐标系"交流反馈作业

在课堂中，交流和指导是相互交融的，知识在动态交流中生成。交流既包含课前自学成果的交流，也包含新课学习中的师生交流、生生交流，我们提倡交流后的针对性指导，主要借助数字教材"圈画""批注""插入资源""云笔记"和"配套练习"等功能实现。

课上，教师利用数字教材对例题进行分析和讲解，对重难点进行圈画和批注，分析过程可以通过"笔记流转"云分享给每一位学生。学生可以根据老师的问题，进行相应的反馈。如图 3-5 所示，教师把典型的解答或问题全班分享，在这个过程中，实现全班互动交流。

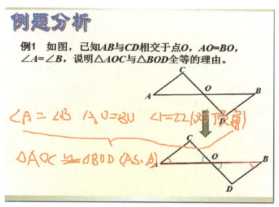

图 3-5　教师利用数字教材讲解例题

如图 3-6 所示，在沪教版初中数学第九章"平方差公式（2）"课上，学生完成课堂练习 $10\frac{1}{7} \times 9\frac{6}{7}$ 时，教师借助数字教材让小组之间进行互评，学生指出同组内书写格式不规范之处。

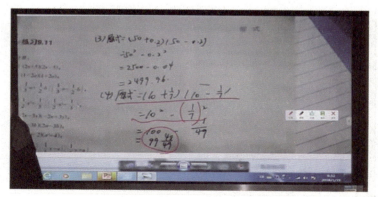

图 3-6　教师利用数字教材纠错

　　如图 3-7 所示，数字教材的"插入资源"功能使指导形式多样化，教师可以插入几何画板或者补充内容，对重点知识进行拓展，对难点问题进行分解，帮助学生理解掌握知识点；也可以插入数学史视频，创设情景，提高学生学习兴趣。

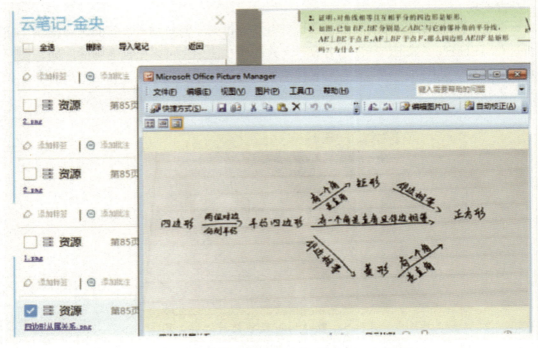

图 3-7　"特殊的平行四边形"复习插入框架图

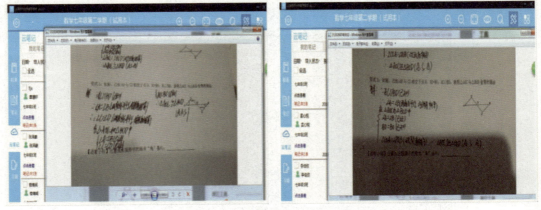

图 3-8　学生将完整的解答过程通过"笔记流转"反馈给教师

如图 3-8 所示，数字教材的配套练习题在课中使用，也可及时让教师了解学生动态，掌握情况，再结合数字教材"笔记流转"功能进行师生交流和生生交流。又如图 3-9 所示，教师根据反馈，有针对性地进行错因分析。同时通过反馈情况，可以了解到学生的薄弱环节，及时调整教学安排。

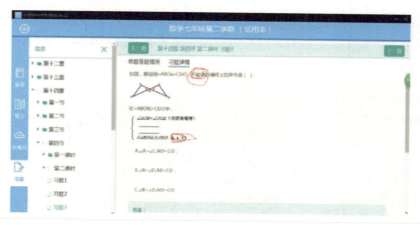

图 3-9　数字教材配套练习题

在课堂中，数字教材的主要使用方法可以归纳如下：

其一，在交流环节：

（1）学生利用"云笔记"分享课前预习成果；

（2）教师借助"笔记流转"分享典型问题；

（3）学生利用"圈画""批注"等功能搜集在自学和交流中总结的规律和存在的困惑。

其二，在指导环节：

(1) 用数字教材评讲，让师生的教材一体化；

(2) 数字教材的"插入资源"功能使教学形式多样化；

(3) 借助"流转笔记"总结归纳本节课的重点。

在数学课堂中，借助数字教材"圈画""批注""云笔记""插入资源"等功能的使用，让我们的学生全程投入，交流渠道通畅，教师的指导也更加有效。此外，融合 AI School 平台的游戏练习、投票、分组研讨功能，以及希沃白板的投影功能，既让教师能即时观察学生探索过程，也提高了学生学习的兴趣；通过多种信息手段的融合，提高了课堂教学效率，加深了学生对数学知识的理解。

3.1.3　课后复习反馈，整理内化

数字教材最大的特点在于存储功能，学生在数字教材的所有操作都存于自己的数字教材中。如图 3-10 所示，教师可以充分利用数字教材课后练习反馈教学成果，帮助学生整理内化。这些课堂操作涉及学生方方面面的能力，对于学生巩固课堂所学、及时消化大有裨益。配套练习对学生掌握的情况有客观的数据分析，这大大缩短了传统教学中教师批改作业的时间，教师可以根据练习情况选择重点难点进行讲解，效果更为突出。课下的反馈有助于学生及时巩固和消化所学知识，学生利用数字教材的"插入资源"功能将批改订正好的课后习题插入数字教材课后习题相对应的页码，既保存了正确答案，又使易错点一清二楚，为学习留下痕迹，为复习提供方向。

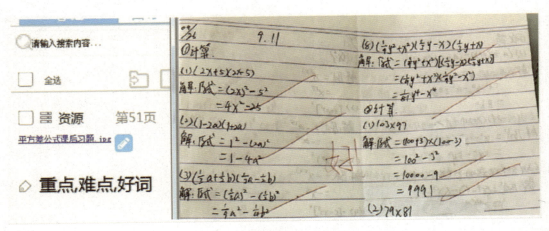

图 3-10　借助数字教材反馈课后作业

课后作业采取网络作业形式完成，学生完成课后习题，检测当堂学习效果，同时进行笔记整理、更新、云笔记分享，归纳总结重难点；教师推送优秀笔记。如图 3-11

所示，学生整理复习，汇总积累所学，教师课堂展示最佳笔记，便于总结和归纳。

图 3-11　借助数字教材笔记总结

如图 3-12 所示，教师将反馈结果进行总结并针对一些典型错误进行讲解，这样可以规范学生书写格式。最后利用"笔记流转"将错误纠正并分享给学生，让学生保存笔记，形成学习档案，帮助学生用于课后自主复习。

图 3-12　借助数字教材提交课后作业

值得一提的还有数字教材最近更新的"自主编题"功能，教师可以根据学生学习情况，补充课后反馈的作业题目；也可以根据班级学生层次，进行分层作业设计。

在反馈环节，数字教材的主要使用方法可以归纳如下：

（1）教师通过"云笔记"发布任务；学生利用"插入资源"插入视频、音频、文本等多种形式进行反馈；

（2）教师借助"自主编题"实践分层教学；

（3）教师收集整理后，挑选部分作业通过"云笔记"分享。

在数学课堂中，在反馈环节使用数字教材，一方面教师能及时掌握学生的课堂学习情况，对存在的问题，教师可以通过数字教材反馈给学生，不一定要等到第二天课堂才进行讲授；另一方面，可以把数字教材当作一个网络存储器，学生把每节课的笔记形成一个资源包，整理好后上传到"云笔记"，记录下学生学习的过程，便于日后的整理。当然，教师也可以分享交流优秀学生的笔记，甚至是教师自己的笔记，引导学生掌握这种梳理、反思、复习的学习方法。

3.2 基于数字教材应用的数学文化进课堂途径

上海市数学课程标准指出：让学生知道数学是人类文化的重要组成部分，对世界数学文化有包容的态度，懂得数学与人类生活有密切的联系，初步了解数学对个人发展和社会发展的作用。

数学建立在符合基础上，现在教授的仍是中世纪之前的数学，初中数学课堂教学存在过度科学化、形式化的现象。教学目标方面，数学文化目标定位缺失；教学内容方面，数学文化本质揭示不足；教学过程方面，数学文化与教学相脱离；教学评价方面，数学文化评价考量欠缺。

李大潜院长在《数学文化与数学教养》（2008 年）中指出，数学文化向数学教育渗透是数学教育的发展趋势。而在现实，教师将大部分精力放在符号技术的操练上，忽视了符号的概念背景（也许老师自己也不了解概念背景），大概率上会使学生对数学失去兴趣，同时会使他们对当前流行的数学产生很大误解。

学者张齐华主张，数学文化教学与学生数学素养本质上是一脉相承的。从数学学习的角度来看，"文"是素材，即具体的数学内容；"化"是过程，最终目的则指向学生数学素养的提高。数学文化与数学素养两者互为因果、相辅相成。

进入 21 世纪之后，数学文化的研究更加深入。一个重要的标志是数学文化走进中小学课堂，渗入实际数学教学，努力使学生在学习数学的过程中真正受到文化感染，产生文化共鸣，体会数学的文化品位，体察社会文化和数学文化之间的互动。

在实际教学组织与实施时，如图 3-13 所示，从教师教的角度，我们把教师的教学划分为教学目标确定、情景引入、探索新知和反馈应用四个过程，以数学史作为数学文化教学主要载体，借助数字教材平台，融合多种信息技术，尝试把数学文化的魅力渗入教材、送达课堂、融入教学，让数学更加平易近人。数学教学通过文化层面让学生进一步理解数学、喜欢数学、热爱数学。

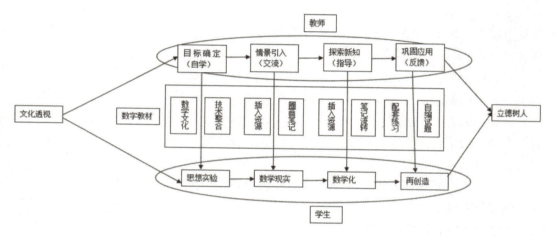

图 3-13　数字教材背景下数学文化进课堂鱼状图

　　（1）目标确定：借助文化透析和数学学科核心素养分析形成三维目标，结合数字教材平台实现文化育人。在此阶段，学生借助数字教材平台，根据教师提供的学习资料开展自学。

　　（2）情景引入：借助数学文化的遗传张力和环境张力，进行历史情境、生活情境、科学情境、游戏情境的创设，体现数学的人文价值和理性精神。在此阶段，学生根据教师创设的情景以及课前自学，借助数字教材平台进行交流。

　　（3）探索新知：以数字教材为支撑，以文化育人为目标，渗透数学文化的教与学。在此阶段，教师借助数学知识背后的数学文化，通过附加式、顺应式、复制式或重构式教学（汪晓勤《数学史与数学教育》），指导学生进行新知学习。

　　（4）反馈应用：探讨数学文化与初中数学命题。数学源于生活，应用于生活，适当的数学建模，体现数学的应用价值、审美价值，体现文化性、整合性、开放性、育人性。在此阶段，借助数字教材配套练习和自编试题功能，学生当堂反馈，教师精准评测。

　　弗赖登塔尔作为世界著名的数学家、数学教育家，其在数学教育领域做出了突出的贡献，提出了"现实数学教育理论"，归纳出数学教学原则。其思想处处闪耀着素质教育的光辉，为数学教育教学提供了借鉴与指导。其数学教育理念与数学文化教学理念不谋而合，其教学原则可为实践数字教材背景下数学文化进课堂提供指导。

教师在课堂教学中应该注意以下几点。

3.2.1　指导学生进行"思想实验"

数学是抽象思维的结果，是人类认识的一种表达，它无疑是一种思想。所以，学习数学就必须触及人的思想灵魂，否则不可能产生真正的数学学习。从这种意义上，弗赖登塔尔提出了一种十分重要而有效的教学方法——思想实验法。这实质上是一种具有普遍意义的数学教学原则。

教师在确定教学目标的时候要贯穿思想实验原则，就是要求教师在全面了解学生思想、行为的基础上进行教学；要求教师在课前要充分想象和考虑到学生在课堂上对教学内容可能存在的各种态度、观点和反应，以及准备如何正确合理而又恰到好处地回答和处理他们可能提出的问题；要求教师在思想实验中完成如何启发引导学生、如何向他们演示再创造的全过程。

这就是说，我们在教学目标设定的时候，要借助历史相似性原则，分析学生可能存在的认知障碍，从学生的最近发展区出发，综合考虑信息技术对数学教学的支持作用，帮助学生理解和掌握知识点。

例如沪教版初中数学第十八章"函数的概念"一课，我们传统的教学目标可以设计为：

（1）认识数量的意义，通过具体实例认识并分清变量和常量；

（2）知道用运动、变化的观点看待事物，理解变化过程中的两个变量之间相互依赖的含义，从而理解函数的概念。

而在数学文化背景下，结合数字教材和希沃、几何画板的支持，我们可以把教学目标设定为：

（1）通过"滴滴打车""嫦娥一号"等具体实例的辨析，初步掌握变量、常量和函数的概念；

（2）借助"鸡兔同笼""炮弹轨迹"等数学史料创设情境，经历函数概念的发现和发展过程，学会用运动、变化的观点看待事物，感悟变化过程中的两个变量之间相互依赖的含义，理解函数的概念本质；

（3）选取莱布尼兹、欧拉和狄利克雷等人的函数观点形成HPM（History and Pedagogy of Mathematics，数学史与数学教育）微视频，学生通过讨论交流，体会多元的数学文化，培育抽象思维、批判质疑和数学建模能力。

3.2.2　关注学生的"数学现实"

弗赖登塔尔所言的"数学现实"包含数学是现实的数学、社会的数学现实与每个人的数学现实。数学文化教学要关注学生的数学现实，通过设计与现实生活密切相关的问题，帮助学生认识到数学与生活的密切联系，用数学知识去解决实际问题。

基于四步导学设计，教师课前推送相关数学资料，学生课前自学，教师设置适当的情景，课堂先开展交流活动。教师情景的设计要符合学生的"数学现实"，可以借助数学文化的遗传张力和环境张力，进行历史情境、生活情境、科学情境、游戏情境的创设，体现数学的人文价值和理性精神。

例如沪教版初中数学第十一章"翻折与轴对称图形"一课，我们经常从生活中的轴对称图形引入，例如传统剪纸、交通标志和国旗等图片引入，这是创设生活情境，借助数学文化的环境张力，引导学生认识翻折与轴对称图形。其实，我们还可以从数学文化的遗传张力来引入。

课前借助数字教材插入功能抛出问题：给定一个不知道圆心的圆，如何用尺规作图找到圆心？

通过课前思考，学生主要反馈了三种作图方法。如图 3-14 所示，其中左图利用垂径定理作图，非常令人吃惊，虽然七年级的孩子没有学习过这一知识，但是明显他们掌握了这种方法；右图是一位理解能力一般的女同学做出来的，她通过多次用圆规画同半径的圆，再利用对称性准确找到圆心，虽然她解释不出其中的道理，但是，我们可以看到，这其实是她潜意识里就存在着一种对称；中间这幅图是介于左右两种思路之间的画法，也蕴含了垂径定理和对称性。

在课堂上，教师借助数字教材的笔记流转功能，分享给每一位同学，进而激发全体学生潜意识里朴素的对称性，为后续的教学打下基础。

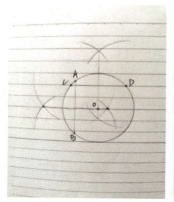
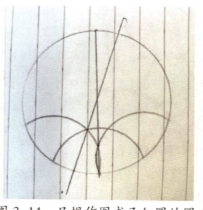

图 3-14　尺规作图求已知圆的圆心

3.2.3 引导学生"数学化"活动体验

弗赖登塔尔指出，数学本质上是一项人类的活动，任何数学概念、关系、问题、方法、思想等都是数学化的结果。数学化就是数学地组织现实世界的过程，就是学生学习数学的过程，就是学习"数学化"的过程。

在课堂的指导环节，教师要引导学生利用学习的知识，尝试解决实际问题，进行数学建模，这样学生才能真正体会数学的价值。例如沪教版初中数学第十五章"平面直角坐标系"一课，教师设计如下作图问题：

某学校校门在北侧，进校门向南走 30 米是旗杆，再向南走 30 米是教学楼，从教学楼向东走 60 米再向北走 20 米是图书馆，从教学楼向南走 20 米再向西走 10 米是实验楼，从教学楼向西走 50 米再向北走 10 米是食堂。请你选择适当的比例尺，以小组为单位，借助平面直角坐标系，画出该校的建筑位置图。

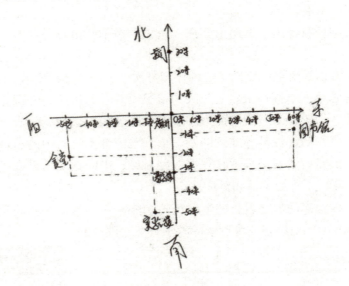

图 3-15　借助平面直角坐标系画学校平面图

如图 3-15 所示，教师通过作图问题，让学生小组合作，利用平面直角坐标系进行数学建模，确定学校的建筑平面图，并通过"云笔记"分享给教师。教师通过"笔记流转"把部分学生的解答在全班分享，让学生体会平面直角坐标系的价值。

3.2.4 倡导学生进行"再创造"

弗赖登塔尔认为，不应该将教的内容以现成的知识强加给学生，学习的过程应该有直接创造的层面，即是学生主观层面的创造，通过再创造获得的知识更容易理解也更易保持。

在数学文化教学中，许多数学知识都可由学生自己再创造而获得，教师不必将各种规则、定律、性质灌输给学生，而是创造适当的条件，提供丰富的情景，让学生在实践活动中自己再创造出各种概念、法则，或是发现相关的规律。

在反馈环节中，传统意义上以学生回答问题或者完成练习作为直接反馈，更进一步，我们提倡培养学生的再创造能力。例如"负负得正"问题，虽然这个法则是没办法给学生推导的，但是我们可以让学生思考"负负得正"的模型。

"负负得正"作为乘法规则，一般有两种解释：形式语言的一般性解释和自然语言的具体举例说明。

对"负负得正"的形式化解释是基于乘法的分配律 $a(b+c)=ab+ac$。比如，$5 \times 3 = (10-5) \times (6-3) = (10-5) \times 6 + (10-5) \times (-3) = 10 \times 6 + (-5) \times 6 + 10 \times (-3) + (-5) \times (-3) = 15$，其中 $(-5) \times (-3) = 15$。将此过程一般化，得：$(-a) \times (-b)$。

美国数学史家和数学教育家克莱因（Morris Kline，1908—1992）认为："如果记住现实意义，那么负数运算以及负数和正数混合运算是很容易理解的。"于是，他给出了一个具体例子来说明：

一个人每天支出 5 美元（记作 –5），给定日期他花光了钱，其存款为 0 美元，那么 3 天后他将欠债 15 美元，可用数学式来表达：$(-5) \times 3$。同样，给定日期的 3 天前，他的存款应为 15 美元，如果用 –3 表示 3 天前，那么 3 天前他的存款可表达为：$(-5) \times (-3) = 15$。

苏联著名数学家盖尔范德（I.Gelfand，1913—2009）则做了另一种解释：

$3 \times 5 = 15$，得到 5 美元 3 次，即得到 15 美元；

$3 \times (-5) = -15$，付 5 美元罚金 3 次，即付罚金 15 美元；

$(-3) \times 5 = -15$，没有得到 5 美元 3 次，即没有得到 15 美元；

$(-3) \times (-5) = 15$，未付 5 美元罚金 3 次，即得到 15 美元。

此外，在实际教学中，可以让学生结合具体的生活实际，巩子坤（2010 年）归纳出不同的解释模型，如归纳模型、分配律模型、相反数模型、气温变化模型、数轴模型、好孩子模型和向后转模型。

以上模型应该说没有哪个是最好的，应该在实际教学中，根据学生的最近发展区，选择学生能理解的模型为最佳。教师可借助数字教材的"插入"和"笔记流转"等功能，引导学生创造自己能理解的模型并全班交流分享。

借助数字教材平台，课前教师插入丰富的数学史资源，利于情景的创设；课中通过"圈画""笔记流转"等功能，学生分享交流对概念的理解和问题的解答，利于对概念本质的理解；借助数字教材配套的典型练习，当堂检测并能获得反馈数据，可以

实现对概念的巩固；"笔记流转"可以展示学生对开放性问题的思考，利于应用的思想化；"批注"功能可以帮助学生培养结构化小结的习惯，利于学生把知识的短时记忆转化为长时记忆，不断地由知识点形成知识链，同时，挖掘数学知识的人文元素，以及概念和方法蕴含的求真求实的思想，体现数学学科的育人价值。这都体现了数学史与数字教材的融合，帮助数学文化更好地融入数学教学，实现初中数学课堂的变革。

3.3 基于数字教材应用的初中数学课堂教学策略

围绕课前自主学习、课堂互动交流、课中指导探究和课后诊断反馈4种教学策略，让技术与教学融合，挖掘文化视角下的数学史教育价值，将形成可推广的数字教材应用策略。

3.3.1 课前自主预习策略

如图3–16所示，从学生个性化需求出发，结合数学史料，设计分层任务，以问题为导向，以丰富的教学资源为支撑，将部分教学内容前置，引导不同程度的学生开展预习。

图3–16 数字教材自主预习策略

应用模型场景描述：课前预习，作业分析。

例：沪教版初中数学第十五章"平面直角坐标系"课前引入环节。

（1）设计预习任务单：教师针对本节课教学目标与重难点，以笛卡尔发明平面直角坐标系的数学史故事为背景精心设计预习任务单，并云分享给学生。

问题一：如果蜘蛛向右爬行了5 cm，我们怎样用数字来表示它爬行后的位置？如果向右爬行了2 cm呢？

问题二：如果蜘蛛向左爬行了5 cm，我们怎样用数字来表示它爬行后的位置？如果向左爬行了2 cm呢？

问题三：如果蜘蛛向上爬行了5 cm，我们怎样用数字来表示它爬行后的位置？如果向下爬行了 2 cm 呢?

问题四:如果蜘蛛先向右爬行了 2 cm,再向上爬行 5 cm,那我们怎样用数字来表示它爬行后的位置?

(2) 学生下载预习任务单并拍照提交。

(3) 教师挑选展示云笔记中的优秀预习作业,引导学生从一维"数轴"到二维"平面直角坐标系"的过渡;课中教师适当点拨,学生概括特征,引入平面直角坐标系。

(4) 将优秀作业通过数字教材笔记流转功能分享给学生。

3.3.2　课堂练习互动交流策略

如图 3-17 所示,注重数字教材与其他信息技术的融合,特别关注学习结果的分享,保障与促进了生成性教学,突出教学的个性化建构,是一种开放的、互动的、动态的、多元的教学形式。这一形式运用技术促进高效地开展课堂生成性资源的采集、筛选、呈现、处理、分享,通过师生的对话与技术的融合,生成鲜活的教学资源,甚至形成新的教学流程,引导学生深度思考。

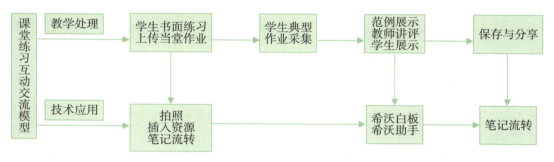

图 3-17　数字教材互动交流策略

应用模型场景描述:课中反馈,师生互动。

例:沪教版初中数学第十一章"平移"课中互动环节。

(1) 学生圈画概念,动手操作并归纳平移的性质。

(2) 布置课堂练习:

① 学生书面练习、拍照,同时插入数字教材;

② 教师采集学生典型范例;

③ 展示学生典型作业,教师点评,学生交流;

④ 教师运用数字教材笔记功能进行批注;

⑤ 课后将典型范例通过数字教材笔记流转功能分享给学生。

3.3.3 课中指导探究策略

如图 3-18 所示，在课中探究环节，教师借助数字教材笔记流转功能，在思维难点处发布多组思路锦囊，旨在引导不同程度的学生通过正确的思维途径，经历探究过程，并在过程中有所发现和创造。同时，教师对学生课中学习结果进行过程性评价，提出可行性建议。这种教学形式具有指导及时、覆盖面广、互动性强的特点，使教师及时深入了解学生的整体学习情况，有针对性地调整后续教学策略，又能增强不同层次学生学习的主动性，对培养学生思维的全面性、逻辑性、灵活性和敏捷性起到了积极的促进作用。

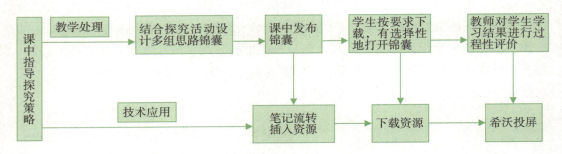

图 3-18　数字教材指导探究策略

应用模型场景描述：课中指导，过程评价。

例：沪教版初中数学第四章"圆的面积"探究圆的割补过程环节。

在课中通过数字教材发布指导资源：

锦囊 1：回顾三角形、平行四边形、梯形等直线型图形面积公式的推导过程，思考分割图形的方法，为分割"圆"提供可借鉴的方法。

锦囊 2：历史上开普勒分割圆的方法。

具体过程：

(1) 小组协作探究如何"割"圆；

(2) 没有思路的小组下载资源，选择锦囊 1 或者锦囊 2 求助；

(3) 希沃投屏展示探究成果，教师进行过程性评价；

(4) 小组协作将分割后的圆拼成近似的直线型图形；

(5) 借助几何画板展示分拼割圆的动态过程；

(6) 希沃投屏展示拼图，教师对各组探究结果进行对比分析，指出优势、不足以及后续改进方案。

3.3.4 课后诊断与练习策略

如图 3-19 所示，借助数据的深度分析对学生学情进行精准诊断，实施科学、合理的作业分层，优化诊断模式，重视学生思维的锻炼，有效提高和改善学生对知识掌握的效率，是一种具有及时反馈、智能化统计与分析、强交互性功能的教学形式，促使学生练习反馈水平呈现螺旋上升。

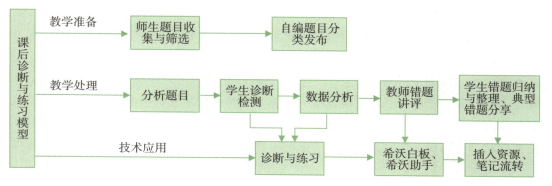

图 3-19　数字教材诊断与练习策略

应用模型场景描述：课后练习，归纳整理。

例：沪教版初中数学第十七章"一元二次方程根的判别式 2"课后练习环节。

（1）"一元二次方程根的判别式 2"自编题目课前分层发布。

（2）完成"一元二次方程根的判别式 2"数字教材诊断习题，计时 6 分钟。

（3）对答题结果进行数据分析，希沃助手呈现错题，借助希沃白板进行典型错题讲评。

（4）教师点评、学生交流，突破已知方程的根的情况下如何确定方程中一个字母系数的取值范围这一难点。

（5）课后错题整理：

① 请学生们课下从错因、考察内容等方面整理归纳错题，完成后以图片形式插入数字教材并共享给教师；

② 教师筛选出三份优秀作业，通过数字教材笔记流转功能分享给学生；

③ 优秀作业课中展示、教师点评、学生交流；

④ 请学有余力的同学自编两类题目——二次项中含字母系数的方程有两个实数根问题，满足两个条件："$a \neq 0$""$\Delta \geq 0$"；二次项中含有字母系数的方程有实数根问题则分类讨论。

3.4 总结

数字教材的运用将使今后课堂的边界逐渐模糊。以数学文化为支撑的探究式、讨论式、参与式教学和混合式学习等新型教与学方法得以实现。教师不再是课堂教学的绝对中心，以教师为主导的教学必然向基于学生学习的教学转变。

3.4.1 学生的学习得以自主

在数字教材基于丰富资源包的自主学习模式中，教师插入数学知识的史料，每个学生可以根据自我的喜好，选择自己感兴趣的探究主题，确定研究的内容和方式，这能够很好地发挥学生的自主性。借助数字教材以充分的结果分享开展互动交流学习，相互借鉴，深度思考，利于高级思维的培养。同时，数字教材插入资源、云笔记等功能能够有效整合课程资源、终端设备、教学工具与服务平台，在教和学的过程中特别能够调动学生的积极性，充分发挥学生的主观能动性，构建支持泛在情境下的自主学习。

3.4.2 课堂教学方式得以优化

课堂教学的发展方向是要改变现有的以教师为中心的教学结构，创建新型的、既能发挥教师主导作用又能充分体现学生主体地位的"主导—主体"相结合的教学结构，以便激发学生的主动性、积极性与创造性。运用数字教材基于充分交流的互动模式会促进"传递—接受"教学模式向"探究性"教学模式的转变。

四步导学教学方法利于发挥学生的主体性，带着问题走进课堂，生生互动、师生交流；借助于数字教材平台，融合多种信息手段，利于数学文化更好地融入课堂；当数学文化的魅力真正渗入教材、到达课堂、融入教学时，我们的初中数学课堂就会更加平易近人，数学教学就会通过文化层面让学生进一步理解数学、喜欢数学、热爱数学。

4 基于数字教材应用的数学学习方式

新课程标准强调教师要更注重学生的素质教育，着重对学生独立思考、动手实践、自主探索、合作交流等多方面能力的培养。如今，信息技术下的教学活动改变和优化了学生的学习方式，满足了学生的全面发展与个性需求，促进了学生综合能力的发展。因此，为了顺应时代的潮流，一线教师亟须思考如何合理利用信息化手段来提升学生学习方式的有效性。

本章结合具体的案例片段分析，归纳了数字教材背景下学生在课前预习、课中互动和课后反馈 3 个环节中的数学学习方式。数字教材与数学课程的融合构建了学生自主、合作与探究的学习模式，凸显多元化与趣味性，助力学生去探究和获取数学知识，实现对数学知识的深层理解。

4.1 课前自主学习策略

课前自主学习对学生来说是一种行之有效的学习方法，它能激发学生自觉学习的主观能动性，从而达到优化课堂整体结构以至优化课堂细节的作用。

4.1.1 "预习支架式"学习方式

"预习支架式"学习方式依托数字教材"云笔记"功能创设学习条件来增强学生自主学习数学的能力。教师构思有助于完成预习任务、达成预习目标的预习支架，指导学生沿着支架创设的学习路径开展预习，提高学生自主学习的有效性。

在沪教版初中数学第十五章"平面直角坐标系"第一课时备课中，教师根据本班学生学情，以笛卡尔发明平面直角坐标系的故事为背景，构思预习支架（图 4-1），并借助数字教材"云笔记"功能分享给学生。学生根据 4 个层层递进的支架问题有序开展自主探索。在预习支架的帮助下，学生在课前就实现了认识上从一维空间到二维空间的跨越。可见，在"预习支架式"任务驱动下，学生更容易找到路径开展预习，逐步培养独立解决问题的能力。

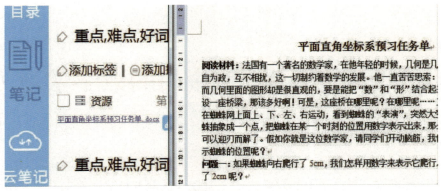

图 4-1 "平面直角坐标系 1"预习支架

4.1.2 "外部激励式"学习方式

"外部激励式"学习是指学生在数字教材"自编题目"功能中，完成难度系数由低到高的多组预习测验，并在闯关中不断获得自信与成就感，激发出探究欲望的一种激励式学习方式。

学生获取知识的过程应是持续不断、循序渐进的学习过程。这种阶梯型问题的设计提高了学生自主学习的兴趣，满足学生个性化需求。

以沪教版初中数学第十七章"一元二次方程单元与小结"为例，将数字教材自编题目功能作为实现因材施教的一个途径，教师针对优等生和学困生进行有针对性的任务设计与指导（图 4-2），对于学有余力的学生，把握任务设计的广度与深度原则，提升等级任务；对于学困生则重视任务的基础性原则，降低难度系数，让不同程度的学生都能感受到自主学习后的成就感。

姓名	大题号 小题号	习题1	习题2	习题3	习题4	习题5	习题6	习题7	习题8	习题9
	正确率	83.33%	76.67%	53.33%	96.55%	76.67%	83.33%	96.67%	93.33%	93.33%
	只看答错	☐	☐	☐	☐	☐	☐	☐	☐	☐
栾煜		?	?	?	?	?	?	?	?	?
覃瑜蔚		D ✓	A ✗	B ✓	C ✓	D ✗	C ✓	B ✗	D ✗	B ✗
朱妍		D ✓	C ✓	B ✓	C ✓	C ✓	C ✓	C ✓	C ✓	C ✓
石慧怡										
施睿鑫		C ✗	C ✗	C ✓	C ✓	D ✗	B ✗	C ✓	C ✓	D ✗
陈皓卿		D ✓	D ✓	D ✓	C ✓	C ✓	C ✓	C ✓	C ✓	C ✓
李芮熙		D ✓	B ✗	A ✓	C ✓	A ✗	C ✓	C ✓	C ✓	C ✓
张诗樱		D ✓	D ✓	B ✓	C ✓	C ✓	C ✓	C ✓	C ✓	C ✓
张思奇		D ✓	C ✗	B ✓	C ✓	C ✓	C ✓	C ✓	C ✓	C ✓

图 4-2 等级一任务答题情况

4.1.3 "知识链接式"学习方式

数字教材中的"插入链接"功能，建立了课本教材与网络资源连接的桥梁。"知识链接式"学习是指学生点击数字教材中的链接，在数学文化的海洋中了解更多数学知识的起源与发展，让数学方法、数学思想自然流入学生的心田的一种学习方式。

数学文化是数学课堂活力的催化剂，蕴含数理、人文等丰富的教育价值。日常数学学习往往侧重数学知识的解题训练，忽略数学源流的育人价值，忽视对数学文化的感知熏陶。将数学史料融入数学学习中，能够起到培养学生数学文化素养、提高学生思维的深度和广度的作用。所以要在具体的情境中，引导同学们学会欣赏多样的数学文化，培养综合能力。如图 4–3 为刘徽"割圆术"学习链接。

 资源　 诊断与练习　　　　　　　　　

插入文本　　　　　　　　　　　　　　　✕

千古绝技割圆术视频链接：https://v.youku.com/v_show/id_XMzAwND…I2MzI=.html?f=1800602&o=0

✕ 文本全屏　　　　　　　　　　　　　　　收起标签

图 4–3　刘徽"割圆术"学习链接

总之，"预习支架式"学习方式为学生自主学习搭建了阶梯；"外部激励式"学习方式强化了自主学习的动机，满足了学生个性化需求；"知识链接式"学习方式丰富了知识，拓宽了自主学习的空间。3 种课前自主的数学学习方式有效地提升了课前预习的效率。

4.2 课中互动交流策略

在初中数学逻辑性和系统性强的背景下，教师应营造积极活跃的课堂氛围，通过有效的课堂互动，培养学生合作意识、探究意识以及创新意识，深化对知识的认识与理解。

4.2.1 "评价式"合作学习

"评价式"合作学习是指学生对数字教材"云笔记"中收集的典型作业进行点评与修正，实现互相借鉴学习、互相纠错改进的目标的良性学习方式。

有效的自评和互评不仅可以增强生生互动，还能有效提升学生的合作意识。教师应该在教学中精心设计教学任务，创造更多学生自评与互评的机会，促进学生间的合作学习。

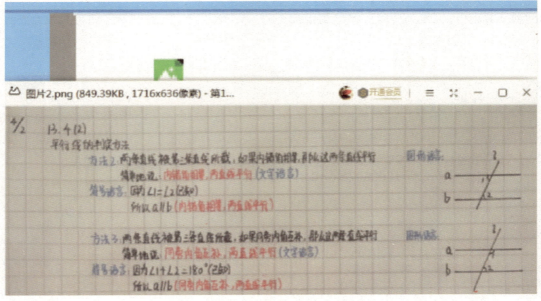

图 4-4 "平行线的判定方法"学生作业

如图 4-4 是学生在初步学习几何时，根据教师对学生 3 种语言叙述的要求所提交的作业。这份学生作业是沪教版初中数学第十三章"平行线的判定方法"中的模范作业，板书工整、重难点突出、内容详尽。班级学生共享这份作业，在生生互评与自评的过程中实现借鉴与优化结果的目标，在合作中提升数学素养。

4.2.2 "锦囊式"探究学习

"锦囊式"探究学习借助数字教材"插入资源"功能插入多个文本格式小锦囊，为探究活动提供丰富的资源支持。学生在问题探索困惑的关键时刻，可打开锦囊，根据锦囊提示继续深入思考，助力学生完成探究过程。

课中经常围绕有深度的数学问题展开课堂互动，这种探究型学习聚焦于问题思考，认知维度指向分析与评价维度，有助于培养学生质疑与反思的习惯，培养学生发现、提出、解决数学问题的能力。

4.2.3 "竞争式"创新学习

"竞争式"创新学习是采用小组协作、组间竞争的方式激发学生潜力与创新思维的学习方式。小组合作的学习结果通过数字教材的"云笔记"和希沃投屏展示，为培养学生的创新能力提供了良好的契机。

如沪教版初中数学第四章"圆的面积"这节课需要解决"怎样割""为什么割""怎样补""为什么补"等有思维深度的问题，为学生高阶思维的培养提供新的契机。课中教师可采用组内合作、组间竞争的方式激发学生积极探索的热情。在动手操作与互动交流中，学生经历思维火花的碰撞，感受探索的乐趣，主动建构具有个体意义的数学知识和技能。多组拼图成果的展现与赏析，也让学生从中领略到数学之美，真正落实数学学科智育与德育的双重教学目标。

整个环节借助数字教材的"云笔记"和希沃投屏功能，及时分享各小组拼图成果（图4-5至图4-8），促进小组讨论，提升合作成效，显著地提高教学效率，培养了学生的创新思维。

图4-5　九等分的圆拼成的近似三角形

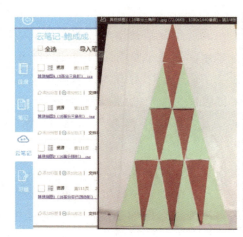

图4-6　十六等分的圆拼成的近似三角形

图4-7 十六等分的圆拼成的近似平行四边形

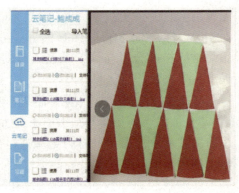

图4-8 十六等分的圆拼成的近似平行梯形

总之，学生课中学习数学的途径有很多。在数字教材背景下的课中互动环节，加强了师生与生生之间的互动交流，创设了合作学习、探究学习和创新学习的条件。学生经历了解决数学问题的过程，获得了解决数学问题的能力，积累了丰富的数学学习方法。

4.3 课后诊断练习策略

课后反馈是教学环节的重要组成部分，也是实现课堂教学延伸的有效方式，对提升学生学习效果具有十分重要的作用。数字教材应用于课后反馈环节，在一定程度上改变了学生的学习方式，使得原来无法实现的学习方式得以实现，不易实现的学习方式得以优化。

4.3.1 "个性化"学习方式

学生个性化学习是根据学生的个性特点，以满足学生个体需求为核心，促进学生个性发展的学习方式。

一方面，数字教材"诊断与练习"中配套的每道练习题都有细致的解题过程，学生可以根据自己的掌握情况，选择相应的诊断练习进行巩固。遇到无法解决的问题，可以在学习指导的提示下，自主钻研解题过程，总结学习方法。配套习题中的学习指导解决了不同程度学生的需求。例如在沪教版初中数学第十二章"无理数的概念"这节中一道错误率较高的题目，出错的学生根据自己的实际情况在学习指导（图4-9）的提示下进行自我消化与理解。

学习指导

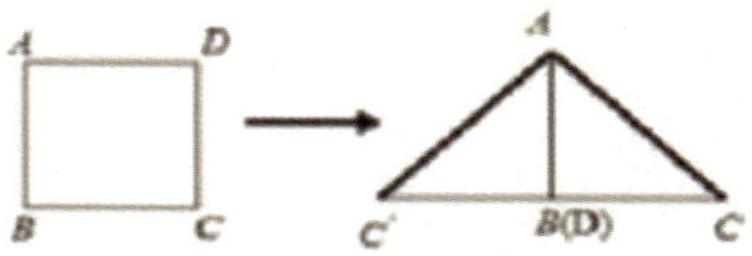

由上图可知，$\frac{1}{2}AC^2 = 4$，$AC = \sqrt{8}$，

而 $\sqrt{8}$ 是一个开不尽方的数，属于无理数。

A．边AB的长就是该四边形的边长，其长度为2，属于有理数，不是无理数。

C．正方形ABCD的周长是四倍的边长，等于4×2=8，而8属于有理数，所以结论错误。

D．正方形ABCD的面积为边长的平方，即：2·2＝4，而4属于有理数，所以结论错误。

题型				难度			完成时间
选择	判断	填空	连线	较低	中等	偏大	
✅				✅			1分

图 4-9 "无理数的概念"习题学习指导

　　另一方面，教师在数学教学中要重视挖掘教材中的生活化学习资源和浸润数学文化，以此拓展学有余力的学生的数学视野。学生探究所学知识背后的文化内涵，感受数学方法的历史演变过程，这对拓展学生数学视野是非常重要的；以数学史为载体，让学生利用课后充足的时间更深刻地了解数学知识的本源、数学背后的人文精神以及古代数学家不懈探索、追求真理的品质，是非常有意义的。教师可借助数字教材"云笔记"以微视频、网络链接等方式分享生活实际问题或者数学史料，学生点击"学习素材"进行深入学习。这种学习方式可以更好地帮助学生运用数学知识解决生活中的实际问题，更好地传递古人的智慧，大大激发了学生学习数学的兴趣，增强数学文化修养，为实现学生个性化培养提供有效的途径。

4.3.2 "诊断性"学习方式

　　"诊断性"学习是在数字教材的"诊断与练习"环节，学生定量分析学习活动的有效数据，自我检测任务达成情况的学习方式。通过诊断性学习，学生自检教学目标是否有效达成、重难点是否顺利攻克。这种智能化诊断方式有效提升学生对知识掌握的效率，促使学生练习水平呈现螺旋上升。

数字教材的"诊断与练习"即时呈现学生答题时间和答题正确率（图 4-10），能在最短时间内检测出学生对这节课知识点的掌握情况，以便学生及时改变策略，对薄弱环节进行巩固加深。

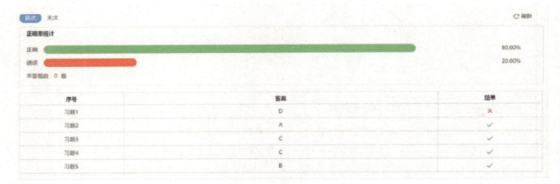

图 4-10　学生答题情况示例

4.3.3　"互助式"学习方式

"互助式"学习借助数字教材的"云笔记"功能在课后传输学生学习结果，为学生课后反思性学习与拓展性学习提供了丰富的资源支撑，是一种线上生生互助的学习方式。

教师将学生课前、课中与课后的过程性学习资源进行有选择的流转分享，学生在家中就可以对同伴的学习结果进行比较与分析，拓宽思路，开拓创新。

如在沪教版初中数学第四章"圆的面积"课后环节创设问题情境，通过自选工具求生活常见的圆桌的面积。学生通过实验测量得到圆的周长、半径或者直径，进而运用圆的面积公式计算出圆桌的面积（图 4-11）。本题的设计既巩固圆的面积公式，又使学生真切地体会到数学与生活的有机联系，让数学课堂更具生活性。学生在此环节中用语言文字呈现问题的思考与解决过程，感受圆面积公式的重要性，促进学生数学思维能力的发展。

通过数字教材平台的"云笔记"收集学生反馈结果，筛选出好的解决方法，及时高效地分享给每一位学生，在学生不同思路火花的碰撞中，推动生生互助，提升用数学知识解决生活实际问题的能力，加深对于圆面积公式的理解。

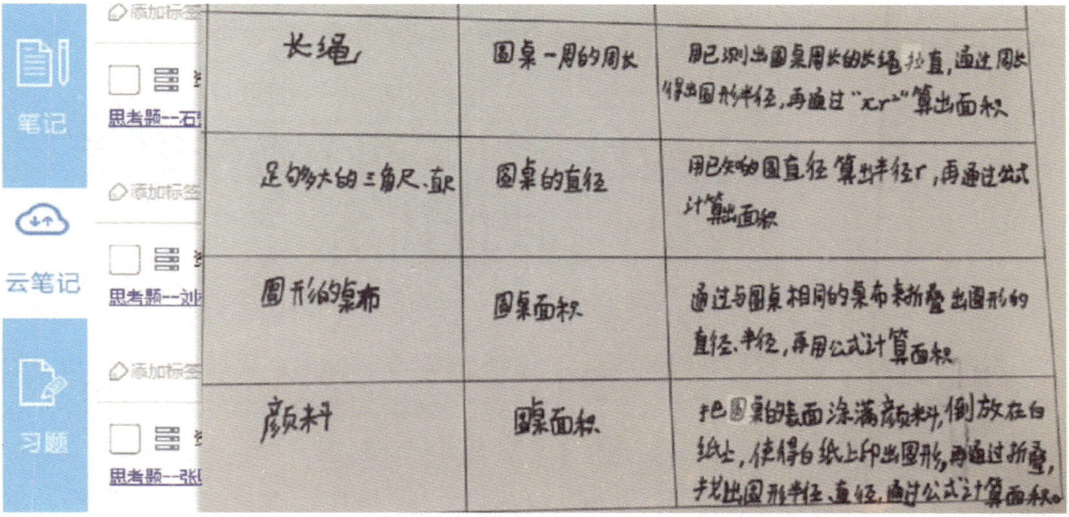

长绳	圆桌一周的周长	用已测出圆桌周长的长绳拉直，通过周长得出圆形半径，再通过"πr²"算出面积
足够大的三角尺、软尺	圆桌的直径	用已知的圆直径算出半径r，再通过公式计算出面积
圆形的桌布	圆桌面积	通过与圆桌相同的桌布来折叠出图形的直径、半径，再用公式计算面积
颜料	圆桌面积	把圆桌的桌面涂满颜料，倒放在白纸上，使得白纸上印出图形，再通过折叠找出图形半径、直径，通过公式计算面积。

图4-11　学生的4种求桌面面积的方法

基于数字教材的课后反馈环节的3种数学学习方式既考虑学生的个体需求，又兼顾学生的能力提升，有效地培养了学生的理性思维，对学生的成长与发展产生了积极的影响。

在初中数学的教学过程中，合理地选择数字教材的多样性功能对培养学生良好的数学学习习惯有很大的帮助，对学生核心素养的提升也将起到积极的促进作用。同时，教师也要不断提高自己的数学专业素养，树立先进的教学理念，积极探索适合学生的教学方法，从而更好地为学生的终身发展服务。

数字教材背景下初中数学课堂评价体系

本章主要介绍融合数字教材和数学文化的初中数学课堂的多元评价体系。初中数学课堂与信息技术的深度融合是必然的趋势，数字教材为此提供了很好的平台，在数字教材的背景下，数学课堂中教师和学生的角色发生了变化。"以学生为本"不再仅仅是口号，它可以通过信息技术、数字教材落到实处。科学的课堂评价体系为教师完善教学内容、改进教学方法、了解学生的学习效果及学习深度、正确评价学生学习成果等都提供了依据。

5.1 评价依据

教育评价领域奠基人拉尔夫·泰勒关于教育评价的定义是："评价过程实质上是一个确定课程与教学计划实际达到教育目标的程度的过程。"

我国盛行了很长一段时间"一堂好课"的要求。"一堂好课"的要求影响着最初的课堂评价指标。罗明基在其主编的《教学论教程》中对一堂好课有以下要求："明确的教学目的，内容正确方法得当，组织得好，师生积极性高，教师要有全面的基本功。"刘克兰在其编著的《教学论》中也提出了以下要求："要有正确的教学目的，要有正确的教学内容，要使用恰当的教学方法，要使用富有表现力的语言和整洁的板书，有严密组织的教学过程。"何志汉在其所著的《教学论稿》中则提出了一堂好课的两个标志："教师教好的标志有：教学目的的明确性，教材组织的正确性，教学结构的严密性，教学方法的多样性，教学语言的艺术性。""学生学好的标志有：注意力集中积极思考，掌握概念，踊跃探讨，动手记笔记。"

从这些标准中不难看出，最初的课堂教学评价指标的内容主要关注的是教师的行为，包括教师对教材的理解及处理、教学方法的使用及教学语言准确丰富等方面，对学生的课堂表现、学生对知识的理解、学生对知识的运用、学生的学习发展以及学生通过信息技术、网络媒体等自主进行学习等方面则涉及较少。

2001年6月教基〔2001〕17号《基础教育课程改革纲要（试行）》指出："建立促进学生全面发展的评价体系。评价不仅要关注学生的学业成绩，而且要发现和发展学生多方面的潜能，了解学生发展中的需求，帮助学生认识自我，建立自信。发挥评价的教育功能，促进学生在原有水平上的发展。"

2002年教基〔2002〕26号《教育部关于积极推进中小学评价与考试制度改革的通知》指出："评价方法要多样，除考试或测验外，还要研究制定便于评价者普遍使用的科学、简便易行的评价办法……以促进学生发展为目标的评价体系应包括评价的内容、标准、评价方法和改进计划。"

随着纲要的颁布，学生发展中的需求不断提升，学生、教师获取知识的渠道不断增加，信息技术与人们日常生活的逐渐融合，让评价的侧重点发生了改变。我们每一个人都进入了一个信息爆炸的时代，评价的重要性也日益凸显。在新课程背景下，数学课堂教学评价的目的是为了促进师生的共同发展。从"以教定教"到"以学定教"，从"教师主导"到"以学生为本"，教育观念发生了很大的转变，数学课堂应采用多样性的评价方法，学生在数学课堂上的表现、课后的归纳总结、信息技术的有效性应成为数学课堂教学评价的主要内容。

《上海市中小学数学课程标准（试行稿）》指出："数学学习评价是对学生通过数学学习所取得的成果和达到的水平作出评判，同时对学生改进学习和完善自我进行导向。"《数字教材学校应用研究方案》指出："致力于促进教学方式的优化，使得原来无法实现的教学方式得以实现，不易实现的教学方式得以优化。"

数学学习以数学教材为载体，数字教材的开发为知识的载体提供了更多的内涵。数学课堂教学的评价从教师的教学方式、学生的学习方式以及数字教材的使用等角度进行评价。数学课堂教学评价是师生共同努力自评、互评的过程。教师通过四步教学——自学环节、交流环节、指导环节、反馈环节，将自己对教学内容的理解（适当渗透与教学内容相关的数学文化）、对课堂进行的有序建构，通过数字教材等多媒体进行组织调整，合理呈现。学生通过课前自学、课中交流、课后反馈，学习巩固每一节的内容，从而达到掌握数学知识、数学思想方法，锻炼数学思维，提升数学应用意识的目的。数学文化的合理渗透，不仅可以落实学科德育，而且可以让学生感受到数学学习的必要性、趣味性，以及数学学科作为基础性学科的重要性。本文的评价依据主要参考《上海市中小学数学课程标准（试行稿）》《数字教材学校应用研究方案》。

5.2 评价标准

课堂教学评价的对象是课堂教学系统，这一系统由教师、学生、教学目标、教学内容、教学手段及教学过程等诸多要素构成，但核心要素是教师与学生在课堂教学过程中的活动、关系及变化，其中以学生为主体的活动最重要。因此，在具体的课堂教学评价实践中，评价者要以学生发展为本，从一切为了学生的全面发展角度出发，去审视教学中学生、教师的活动状态以及教学过程的发展状态，从而构建课堂教学评价体系，真正实现"以学生为本"的初中数学教学。

数字教材背景下初中数学课堂需要有丰富的信息技术环境支撑，在这种环境下，教师的角色不再是知识灌输者，而是学生学习的引导者、启发者以及合作者。在数学教学课堂中需要充分重视学生对数学问题探究的过程，而在这个过程中，学生、教师以及信息技术环境之间存在一些复杂且多元的交互行为，同时学生也会在这个过程中不断生成各种各样的数学成果，从而引起对学习成果及过程的评价。对数学学习过程评价时，应充分关注学生对问题的思考过程以及问题的解决过程。如此从多个角度对课堂中教师与学生的教与学活动的评价，必须考虑其应具有的全部关键要素。

5.2.1 教学过程的评价

（1）在数字教材背景下的初中数学课堂评价指标中，包含了教学质量、数字教材应用 2 个维度，其中教学质量维度包含 10 条指标，数字教材应用维度包含 3 条指标。每条指标满分 10 分。8～10 分表示较好；5～7 分表示中等；4 分及以下表示不佳。

（2）在数字教材应用水平中，各水平的界定分别为：1～2 分为无必要应用——为体现数字教材或相关信息技术应用而人为附加活动，偏离教学目标；3～5 分表示模仿性应用——模仿纸质教材的使用方式应用数字教材，如进行阅读、圈画、记笔记等；6～8 分表示中层次应用——进行在纸质教材背景下不易进行的活动，如传输各类资料、个别使用资源、统计学习结果、使用设备功能等；9～10 分表示深层次应用——进行在纸质教材背景下不易进行的活动，增进师生交流、生生交流与小组合作，利用数字教材进行学习结果的完善、整理。

（3）对于数字教材应用效果：8～10 分表示效果较好（好于一般教学）；5～7 分表示效果中等（与一般教学效果相当）；1～4 分表示效果不佳（效果弱于一般教学，或数字教材应用水平为无必要应用）。如表 5–1。

表5-1 教学过程评价表

维度		指标	评分
教学质量	教学目标	(1) 教学目标符合课标要求和学生实际； (2) 教学目标照顾到不同的学生，具有层次性	
	教学内容	(1) 对教材进行合理加工，重点突出； (2) 将学生已有的知识、经验、兴趣等与数学课堂学习内容有效地联系在一起； (3) 教学内容与实际生活紧密联系，体现数学的应用性	
	教学过程	(1) 通过任务设计与应用，及时诊断学生学习情况； (2) 教师指导及时，针对性强； (3) 有效利用各种课程资源（如音像、图片和网页）	
	教学效果	(1) 教学目标达成度高； (2) 体现新课程标准的基本理念，渗透数学文化，体现数学价值	
数字教材应用		(1) 数字教材功能使用有必要； (2) 数字教材应用水平有高度； (3) 数字教材应用效果	
总分			

5.2.2 学习过程的评价

学生课堂学习过程的评价指标中，包含了学习成果、数学能力、资源利用3个维度，其中学习成果维度包含4条指标，数学能力维度包含3条指标，资源利用维度包含4条指标，每条指标满分10分。8～10分表示较好；5～7分表示中等；4分及以下表示不佳。如表5-2。

表5-2 学习过程评价表

维度	指标	评分
学习成果	(1) 学生经历情境感知及思考等过程，能够归纳总结出数学概念、定理、性质等结论； (2) 学生能够思索同一问题的不同解题步骤/思路，运用两种或两种以上解题方法解答已知问题； (3) 经历反复推理证明、评价抉择的过程，生成最佳小组合作成果； (4) 学生能够进行数与理、形与量关联，生成知识联系与总结的图表成果	
数学能力	(1) 学生能够综合运用数学思想和方法等解决从简单到复杂的实际问题； (2) 学生能用图形、数字、符号语言等表述问题，总结数学转换和几何直观的思想方法； (3) 学生能够体会数学的学科价值和文化内涵	
数字教材利用	(1) 学生能够通过数字教材功能找到所需资源； (2) 学生能够通过数字教材功能对图形进行测量等工具的实际操作，直观形象地理解复杂数学问题； (3) 学生能够通过数字教材功能使用思维导图等逻辑图表进行数与理、形与量关联，并进行数学知识总结； (4) 学生能够通过数字教材功能进行多形式展示、分享交流	

5.2.3　学生评价

　　学生是学习的主体，因此在课堂评价中学生不应该总是处于被动者的地位，而应该发挥主观能动性，实现评价的多元化。多元化的评价要包括师生的民主参与和自我反思。评价不应该只局限于教师为主体，也可以让学生参与评价，充分发挥教师和学生之间的相互作用，鼓励教师和学生民主参与、多元评价。

附：关于学生学习过程的问卷调查

(1) 基本信息。

　　姓名：_____　　　　　班级：_____

(2) 你对老师整节课讲授的内容能掌握多少？

　　A. 全部都能掌握　　　　　　　　　B. 能掌握 80%

　　C. 只能掌握 50%　　　　　　　　　D. 只能听懂小部分

　　E. 完全听不懂老师在讲什么内容

(3) 你认为这节课老师讲授的内容是否在你能接受的范围之内？

　　A. 完全能接受　　　　　　　　　　B. 有小部分内容理解起来困难

　　C. 一半内容自己无法掌握　　　　　D. 超出自己的能力范围

(4) 你在整节课中的听课情况如何？

　　A. 一直都在认真听课　　　　　　　B. 有一小段时间走神

　　C. 只听了半节课　　　　　　　　　D. 一直都在神游

(5) 你在课堂上对老师提出的问题能回答出多少？

　　A. 都能回答出来　　　　　　　　　B. 大部分

　　C. 小部分能回答　　　　　　　　　D. 完全无法回答

(6) 在小组合作与探究过程中你所处的地位如何？

　　A. 领导地位，组内同学都跟随我的看法

　　B. 积极的发言者，与别人分享自己的观点

　　C. 听从组内同学的安排，自己没有主见，向别人学习

　　D. 不愿意与别人交流

(7) 通过这节课的学习，你觉得数字教材的使用对你有没有帮助？

　　A. 很有帮助　　　　　　　B. 帮助一般　　　　　　　C. 完全没有帮助

(8) 通过使用数字教材有没有增加课堂的趣味性？

　　A. 整节课充满趣味性

　　B. 部分数字教材功能增加了课堂趣味性

　　C. 完全没有增加

（9）本节课的学习过程中，你有没有成就感？

    A. 成就感十足，自己比别人进步大

    B. 收获还是有的，但比自己期望的少

    C. 略有收获，但是感觉自己还没有完全掌握

    D. 完全挫败，毫无成就感

（10）通过这节课的学习，你对数学这一学科的兴趣有没有变化？

    A. 更加有兴趣　　　　　　　　B. 没有变化

    C. 兴趣下降　　　　　　　　　D. 十分厌恶

5.3　案例分析

当课堂评价标准确定之后，就可以应用它进行教学设计和评价。下面以沪教版初中数学第十四章"全等三角形的判定（2）"为例，介绍评价结果并进行分析。这节课参与评价的教师有 40 名，包含二级、一级以及高级教师。

5.3.1　对教学过程评价的分析

表 5–3　教学过程分析表

评价维度	评价指标	实得总分	同意率（%）
教学目标	（1）教学目标符合课标要求和学生实际；	325	81.25
	（2）教学目标照顾到不同的学生，具有层次性	346	86.5
教学内容	（1）对教材进行合理加工，重点突出；	350	87.5
	（2）将学生已有的知识、经验、兴趣等与数学课堂学习内容有效地联系在一起；	332	83
	（3）教学内容与实际生活紧密联系，体现数学的应用性	310	77.5
教学过程	（1）通过任务设计与应用，及时诊断学生学习情况；	378	94.5
	（2）教师指导及时，针对性强；	365	91.25
	（3）有效利用各种课程资源（如音像、图片和网页）	370	92.5
教学效果	（1）教学目标达成度高；	349	87.25
	（2）体现新课程标准的基本理念，渗透数学文化，体现数学价值	307	76.75
数字教材应用	（1）数字教材功能使用有必要；	336	84
	（2）数字教材应用水平有高度；	347	86.75
	（3）数字教材应用效果	365	91.25

注：此表与下表每一个指标最高分为 $10 \times 40 = 400$（分），同意率 $= \dfrac{实得总分}{400} \times 100\%$。

分析教学过程评价表可以发现，评价者对"通过任务设计与应用，及时诊断学生学习情况"以及"数字教材应用"的几个指标赞同率较高，说明评价者对这节课上信息技术的使用给予肯定。

在这节课中，教师多次使用信息技术，课堂形式多样。比如：在课前利用数字教材布置预习作业，学生利用"插入资源"功能将完成的预习作业传到"云笔记"，教师根据学生上传的作业，了解到90%以上的学生已经掌握三角形的画法，所以及时调整教学任务，将教学重点放在对判定2的叠合法说理；在课上教师让学生自主说理判定2、判定3，充分发挥学生的主观能动性。此外，在例1讲解环节，教师首先帮助学生梳理已知和未知条件，并将分析过程通过"笔记流转"云分享给每一位学生，学生独立完成说理过程并通过"笔记流转"再反馈给教师。变式1的一题多解题，要求学生自己进行题目的分析并选择一种方法进行说理，教师将反馈结果进行总结并针对一些典型错误进行讲解，同时规范学生书写格式。再利用"笔记流转"将错误的纠正分享给学生，并让学生保存笔记，形成学习档案，帮助学生用于课后自主复习。在学生课堂练习环节，利用数字教材"配套习题"功能，及时查看每位学生的正确率，并进行有针对性的错因分析。

图5-1至5-3是学生"配套习题"的反馈情况，而图5-4是教师对错误率最高的题目进行错因分析的记录。

图5-1　配套习题1

图5-2　配套习题2

图5-3　配套习题1

图5-4　错误率较高题

5.3.2 对学习过程评价的分析

表5-4 学习过程分析表

评价维度	评价指标	实得总分	同意率（%）
学习成果	（1）学生经历情境感知及思考等过程，能够归纳总结出数学概念、定理、性质等结论；	340	85
	（2）学生能够思索同一问题的不同解题步骤/思路，运用两种或两种以上解题方法解答已知问题；	352	88
	（3）经历反复推理证明、评价抉择的过程，生成最佳小组合作成果；	347	86.75
	（4）学生能够进行数与理、形与量关联，生成知识联系与总结的图表成果	315	78.75
数学能力	（1）学生能够综合运用数学思想和方法等解决从简单到复杂的实际问题；	284	71
	（2）学生能够用图形、数字、符号语言等表述问题，总结数学转换和几何直观的思想方法；	368	92
	（3）学生能够体会数学的学科价值和文化内涵	298	74.5
数字教材利用	（1）学生能够通过数字教材功能找到所需资源；	366	91.5
	（2）学生能够通过数字教材功能对图形进行测量等工具的实际操作，直观形象地理解复杂数学问题；	372	93
	（3）学生能够通过数字教材功能使用思维导图等逻辑图表进行数与理、形与量关联，并进行数学知识总结；	297	74.25
	（4）学生能够通过数字教材功能进行多形式展示、分享交流	383	95.75

分析学习过程评价表可以发现，评价者对"学生能够通过数字教材功能进行多形式展示、分享交流""学生能够通过数字教材功能对图形进行测量等工具的实际操作，直观形象地理解复杂数学问题""学生能够用图形、数字、符号语言等表述问题，总结数学转换和几何直观的思想方法"这些指标赞同率较高。说明评价者赞同数学课程与数字教材的整合，不仅改变了教师的教学方式，同时也改变了学生的学习方式。利用数字教材功能将复杂抽象的数学概念变得形象生动，再结合学生的认知规律与数学学科的特点，调动学生各种感官协同作用，激发学习兴趣，使学生的学习方式更加丰富多彩，使学生的"乐学"落到实处，学习状态由被动变为主动，能在轻松愉悦的氛围中学到知识，能主动积极地参与学习。

在这节课中，教师让学生独立完成练习的说理过程，并鼓励小组之间相互纠错，加强生生互动形式，既提高个体的学习动力和能力，也发挥群体的积极性。图5-5至5-7就是学生上传的说理过程（内含纠错笔迹）。

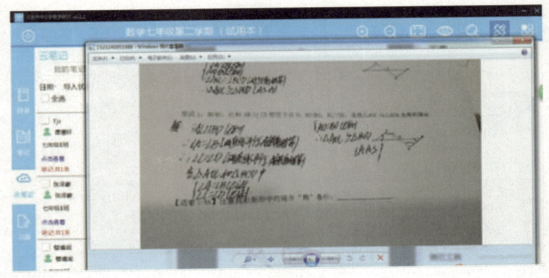

图 5-5　学生反馈 1

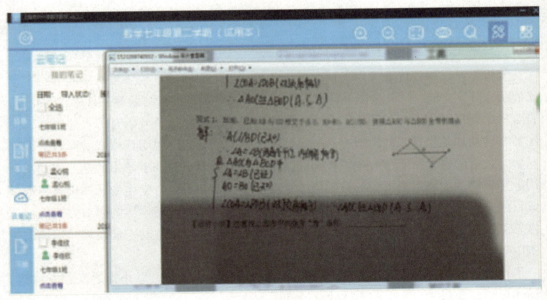

图 5-6　学生反馈 2

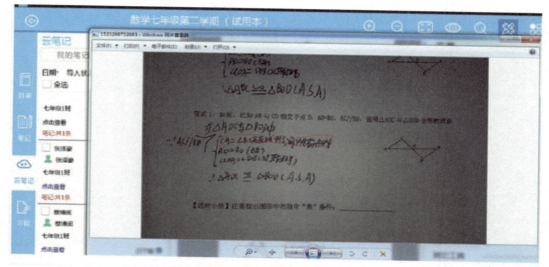

图 5-7   学生反馈 3

5.3.3   对学生问卷的分析

学生问卷下发了 38 份，其中有效问卷 38 份，分成 5 个维度考查，具体如下：

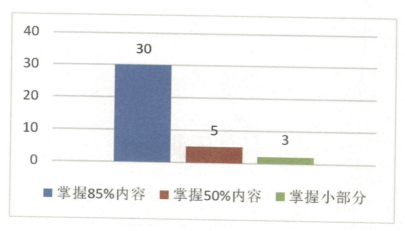

图 5-8   学生对课堂内容的掌握情况

依据图 5-8 学生对课堂内容的掌握情况，可以说明这节课学生的听课效率较好，进而证明这节课多次使用数字教材等信息技术，充分调动了学生的学习积极性。此外，全班仅少部分学生出现有一小段时间走神，有 3 人只听了半节课，其余学生一直都在

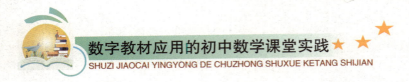
认真听课，说明这节课学生听课状态良好。

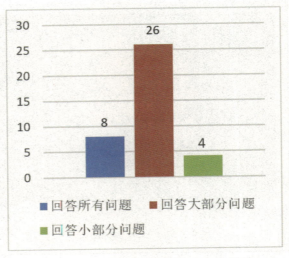

图 5-9　学生课上对老师提问的反馈情况

依据图 5-9 学生课上对老师提问的反馈情况，可以说明这节课内容难度适中，小部分学生对自己的答案没有自信，可以采取学生小组合作学习的方式加强学生克服困难的信心。

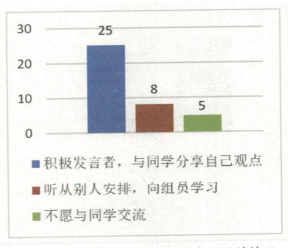

图 5-10　学生小组合作与探究的反馈情况

依据图 5-10 学生小组合作与探究的反馈情况，可以说明这节课生生对话非常热烈，表明课堂学习氛围浓厚。

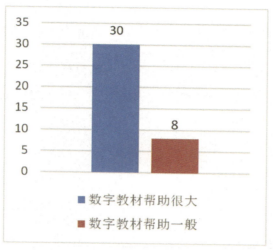

图 5-11　数字教材使用的反馈情况

依据图 5-11 数字教材使用的反馈情况，可以说明学生基本适应数学课堂与数字教材的融合，已逐渐学会利用数字教材的多样性功能提高课堂学习效率。此外，全班有 30 人认为通过使用数字教材增加了课堂的趣味性，有 8 人认为一般，说明在信息化时代，学生更加希望可以直接将知识的形成过程直观、生动、便捷地展示出来，课堂可以充满乐趣。

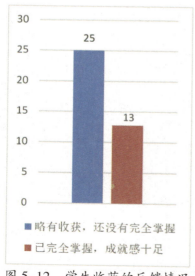

图 5-12　学生收获的反馈情况

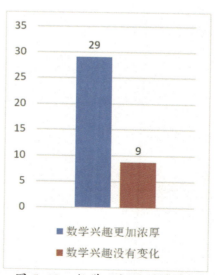

图 5-13　数学兴趣的反馈情况

依据图 5–12、图 5–13 可以发现，有 34%的学生已完全掌握这节课内容，成就感十足；有 76%的学生提高了数学兴趣，说明这节课学生的学习兴趣浓厚，有较强的学习动力。

从上述每个维度的数据可以看到，这节课难度适中，学生的参与度较高，教师能更多地发挥出学生的主动性以及创造性。

在数字教材环境下，有效地利用初中数学课堂评价体系，让教师的教学目标更加明确，使教学过程更好地引起、维持和促进学生的学习兴趣。

基于数字教材应用的初中数学教学案例

本章主要呈现了作者在实践中形成的基于数字教材应用的初中数学教学案例，再现精彩的教学过程，展示数字教材融入数学教学的方法和途径，旨在引发中学数学教师对数字教材在课堂教学中应有的教育价值的探索。

6.1 基于数据分析的一元二次方程单元小结

6.1.1 基本信息

学校	学科	班级	执教教师	课题	教材版本
上海市新杨中学	数学	八(6)班	鲍成成	一元二次方程单元小结	沪教版

课堂环境（请打"√"）	教师电脑	学生电脑			网络	其他信息技术(请注明)
		手提	台式	平板		
	√			√	√	希沃白板
数字教材功能（请打"√"）	阅读	做笔记	流转笔记		完成练习	插入资源
		√				√

6.1.2 教学设计

6.1.2.1 教材分析

本节课是沪教版八年级第一学期第十七章的复习课，前面已经学习了一元一次方程和二元、三元一次方程（组），掌握了方程的初步知识，领略了研究方程和探索方程（组）解法的思考方法。一元二次方程是运用数学知识解决实际问题的重要工具，也是扩展方程知识的必然。本节课从解决实际问题出发，提炼、梳理、巩固基础知识，重点解决在学生中存在的易错点和混淆点，加深学生对解方程基础知识和技能的掌握与运用，进而领会数学思想方法和形成基本的数学能力。

针对本校学生学情，以数字教材、希沃助手、希沃白板为平台，利用大数据分析，设计初中数学单元教学设计的精准教学模式，构建初中数学教学模式的实施路径，为大数据时代提高初中数学教学质量提供了一种易操作、可行的教学模式。

6.1.2.2 教学目标

依据课程标准和对教材的分析，结合学生已有的知识基础，确定本节课教学目标：

（1）通过具体实例，完成一元二次方程知识点的梳理，建构知识体系；

（2）总结概括解一元二次方程的四种方法，能根据方程特征选择适当的方法，在解一元二次方程的过程中体会转化等数学思想；

（3）经历在具体情境运用一元二次方程的相关知识解决问题的过程，培养学生发现问题、分析问题、解决问题的能力。

6.1.2.3 教学重难点

教学重点：本章知识要点、一元二次方程解法。

教学难点：一元二次方程根的判别式的应用，根据方程的根的情况确定方程中一个字母系数的取值范围，并进一步探求方程的根。

6.1.2.4 设计思路

以"17.2 一元二次方程的解法"第一课时课后配套习题答题情况为例。

姓名	大题号 小题号 正确率 只看答错	习题1 78.57% ☐	习题2 85.71% ☐	习题3 92.86% 	习题4 71.43% ☑	习题5 85.71% ☐
施德鑫		B ✓	B ✓	D ✗	D ✗	A ✗
陈绍卿		A ✗	C ✓	C ✓	D ✗	B ✓
陆子豪		B ✓	B ✓	A ✗	D ✗	B ✓
沈龙溪		A ✗	B ✓	C ✓	B ✗	B ✓
邱栗欣		B ✓	B ✓	C ✓	D ✗	B ✓
范翔		B ✓	A ✗	C ✓	D ✗	B ✓
刘凭瑞		B ✓	A ✗	C ✓	B ✓	A ✗
何文杰		B ✓	A ✗	C ✓	A ✗	B ✓

图 6-1　学生答题情况统计

图 6-2　单题答题情况

如图 6-1，习题 3 得分率 90% 以上，习题 2 和习题 5 得分率 85% 左右，说明学生对于利用开平方法解简单的一元二次方程掌握较好；错误率最高的题目是习题 4，正确率仅为 71.43%，未掌握该题的学生有 8 人，是需要着重关注的学生。

如图 6-2，用时最短的有 3 秒，该同学口算能力还是相当不错的，计算功底强。

通过这两个图可以分析出大部分学生掌握了开平方法解决此问题的知识点，但对于求解过程的计算能力还有待加强，部分学生有"轻敌"思想，不注意符号问题。

上一题 第十七章 一元二次方程 第二节 一元二次方程的解法 课堂诊断 第一课时 习…

单题答题情况 **习题详情** 讲解模…

一元二次方程 $(x-1)^2=2$ 的根是（ ）

A. $x_1 = -1$，$x_2 = 3$；

B. $x_1 = 1$，$x_2 = -3$；

C. $x_1 = 1-\sqrt{2}$，$x_2 = 1+\sqrt{2}$；

D. $x_1 = \sqrt{2}-1$，$x_2 = \sqrt{2}+1$；

图 6-3　习题详情

如图 6-3，可总结错因：会利用开平方法解一元二次方程的根，但进一步化简出错。

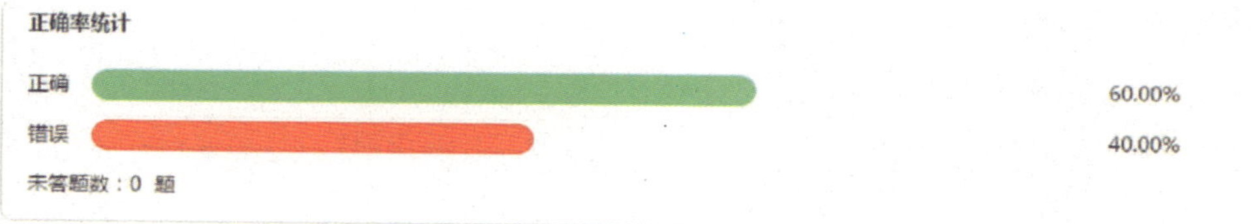

正确率统计

| 正确 | | | 60.00% |
| 错误 | | | 40.00% |

未答题数：0 题

序号	答案	结果
习题1	B	✓
习题2	A	✗
习题3	C	✓
习题4	C	✓
习题5	A	✗

图 6-4　个人答题情况示例

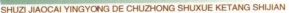

图 6-4 为栾同学 5 个诊断练习单题答题情况，其中习题 2 与习题 5 出错——对于全班正确率较高、极个别出错的题目，可以有针对性地进行一对一辅导。

如上所示，课前收集第十七章 8 个课时共计 40 个题目的课后诊断练习数据：

（1）聚焦每章节正确率较低的题目，并通过只看错题选项查看做错的同学；

（2）关注每个学生答题情况；

（3）分析错因，确定课后补充题型以及知识巩固内容，为单元与小结提供授课方向。

通过以上 3 个方面，最终分析出学生的易错点以及混淆点，确定本节课的教学目标、教学重难点和课堂题目设计。

6.1.3　教学实录

教学环节	活动过程	设计意图
课前自学	师生互动交流预习任务，并帮助学生梳理列一元二次方程应用题的一般步骤。 课前任务：一块长方形空地的长是 24 米，宽是 12 米，现要在它的中央划一个小长方形区域种植花卉，其余四周种草。如果四周的宽度相同，小长方形面积是原长方形面积的 $\frac{5}{9}$，那么小长方形的长与宽分别是多少米？ 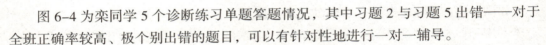 全班 32 人，两人一组，除其中一组两人均上交的情况收集全班 17 份作业，答题质量较高，全员参与，完成度非常高。筛选出两种不同做法，课堂展示学生预习作业，学生代表分享不同做法，教师及时总结提炼，并分享优秀作业。	（1）此环节教师及时高效地掌握学生预习情况，并即时调整教学设计。 （2）教师云分享预习任务，学生完成并上传预习反馈，达到了数字教材的中层次应用。 优秀作业作为一个范本，既有利于学生理解问题思考的方向，又可以鼓励学生探索的精神。学生将作品上传至数字教材云笔记，同学之间彼此学习，相互纠错，学会分享的同时大大提高了学习效率。

续表

教学环节	活动过程	设计意图

课中探究	**一、本章知识结构梳理**
	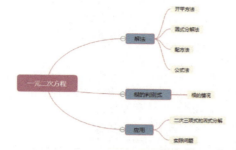
	数学思想方法：方程思想、转化思想、特殊与一般相结合的思想方法。
	从课前布置的具体实际问题处理，引导学生建立一元二次方程，进而研究解法和如何确定根的问题。
	二、例题讲解
	例题1 关于 x 的一元二次方程 $x^2-(2k-1)x+k^2=0$（k 为实数）：
	（1）如果方程的一个根是 -1，求 k 的值；
	（2）$k=1$ 时，不解方程，判断根的情况；
	（3）如果方程有两个相等的实数根，求 k 的值以及这时方程的根；
	（4）如果方程有两个不相等的实数根，求 k 的取值范围，再选取一个符合条件的 k 的值，求出这时方程的根。
	思考：此题整理得到的三个方程选择了三种不同的解法，如何根据方程特点选择合适的解法？
	$$k^2+2k=0 \Rightarrow k(k+2)=0$$
	$$x^2+\frac{1}{2}x+\frac{1}{16}=0 \Rightarrow (x+\frac{1}{4})^2=0$$
	$$x^2+3x+1=0 \Rightarrow x=\frac{-3\pm\sqrt{5}}{2}$$
	请以小组为单位，完成表格：
	
	三、数字教材诊断与练习
	（1）解方程 $(x-2)^2=x$ 的最适当的方法是开平方法。（ ）
	    A. 正确 B. 错误
	（2）下列方程用什么方法解比较合适呢？（ ）
	    $y^2-(\sqrt{5}+2)y=0$ $(x-2)(x+4)=4$
		师生互动建构知识框架，形成知识体系，理清知识间的内在联系。
		
		整合其他信息技术，使用希沃同屏拍照功能，展示部分学生例题1的完成情况。
		
		借助希沃白板功能，分析题目，培养学生思维的严密性。
		
		使用希沃同屏拍照功能，展示学生思考题的回答情况，各小组分享思考过程，在集体思维碰撞中，归纳推导出不同解法适用的方程特点。
		
		数字教材即时反馈，提高课堂效率。

一元二次方程解法	一元二次方程特点	注意事项
开平方法		
因式分解法		
配方法		
公式法		

续表

教学环节	活动过程	设计意图
课中探究	$\frac{1}{9}(x-2)^2 = 4$ A. 因式分解法、因式分解法、开平方法 B. 公式法、因式分解法、因式分解法 C. 因式分解法、公式法、开平方法 D. 因式分解法、公式法、配方法 （3）在解方程 $2x^2 - 8x = 0$ 时，可用因式分解法将方程化为 $2x(x-4)=0$，从而得到两个一元一次方程 $2x=0$ 或 $x-4=0$，进而求得原方程的解。这种解法体现的数学思想方法是（　）。 A. 方程思想　　B. 转化思想　　C. 类比思想 从正确率上来看，第二题答题正确率较低，为40%，出错学生中原本关注的4人全部正确，说明本节课的复习还是对于在此类型题目有问题的同学起到了作用。原本没问题的同学出现了问题，经课堂沟通了解，在于做题求速度，忽视了质量。 **四、拓展提升** 已知关于 x 的方程 $kx^2 - (2k-1)x + k = 0$ 有实数根，求 k 的取值范围。 **本题小结：** （1）二次项中含有字母系数的方程有两个实数根问题必须满足两个条件：①$a \neq 0$；②$\Delta \geq 0$。 （2）关于 x 的方程有实数根时，要进行分类讨论，不要忽略方程为一元一次方程的情况。	希沃投屏学生作业，强调分类讨论的思想，培养思维的严密性。

续表

教学环节	活动过程	设计意图
课中探究	在规定的时间内，课堂共收集 25 份作业，班级学生 32 人，完成度接近 80%，说明大部分学生抓住了课堂效率，听课有保障；同时 25 份作业正确率 80%以上，质量较高，说明本节课突破了难点。 **五、课堂小结** 通过本节课的学习，你有哪些收获？ 我知道了……（知识）　　我领悟了……（思想） 我掌握了……（方法）　　我积累了……（经验） 针对课上学生反馈以及课堂练习情况，教师通过数字教材自编题目功能将筛选的题目进行编辑发布，分层训练巩固。	引导学生从知识、思想、方法、经验等方面进行总结回顾。
课后反馈	课后反馈 9 题中有 4 题正确率在 93%以上，4 题正确率在 80%左右，正确率较课前有了很大的提升，也说明数据分析下的专题训练更有针对性、指向性更清晰； 前期关注的同学中，3 人全部正确，还有 2 人会继续跟踪关注； 习题 3 得分率 53.33%，此题难度较大，一直是本章的难点，后期将有针对性地继续补充拓展。	选取课堂易错题型，通过数字教材自编题目功能进行编题，借助诊断与练习的数据进行分析，及时掌握学生课堂所学情况。

6.1.4　总结反思

6.1.4.1　教学思路

6.1.4.1.1　课前数据采集与分析，确定教学方向

课前，教师在数字教材平台上向学生推送导学案、预习资源和布置诊断练习，系统平台记录学生学习资源的时间、答题正确率、参与人数等数据，教师通过数据分析出整体存在的问题和需要重点讲解的内容，也会对每个学生的个体情况进行分析，以此确定本次课的整个班级教学目标、难点和重点，也可精准定位到课后需要特别辅导的学困生及其知识盲点。

以本节课为例，首先借助数字教材"诊断与练习"功能进行前期的数据收集，对

17.1—17.4各小节的配套习题中正确率较低的题目进行逐个分析，以此找到学生在这一章薄弱的知识板块：（1）灵活应用一元二次方程的四种解法；（2）根据根的情况确定一元二次方程中一个字母系数的取值范围，并在应用过程中体会分类讨论的思想；（3）借助方程思想解决实际问题。通过数据分析了解学生学情，进而确定本节课教学目标和教学重难点。其次，设计本节课的变式，由浅入深、层层递进的方式更易让学生接受和理解，尤其是梳理归纳出各知识之间的联系与区别，这是上好这节课的关键。在教学设计时，对题目的筛选、题型的变化都进行了深入的思考。从学生角度出发，立足于知识的发现和发展，引导启发学生进行小组探究及自主学习，并及时地加以总结和反馈，旨在借助数字教材即时诊断功能，提高课堂效率。

6.1.4.1.2 课中通过即时数据分析，实现精准教学

课中，教师根据课前采集的数据分析和本次课内容特征，精心创设问题情境，让学生在具体问题中构建知识体系，同时教师可将重点和共性问题通过希沃投屏进行展示，师生共同讨论解决。最后教师可根据学生的课堂反馈，进行补充与完善，也可根据课前数据分析针对不同的学生发布分层作业，再次检测学生的学习效果。

本节课以此为主线，主要从以下5个层次设计：（1）通过课前布置的实际问题的求解过程引入学生熟悉的一元二次方程，构建知识结构，梳理本章内容，并进行知识点的完善与补充。（2）例题1是关于含有字母系数的一元二次方程有无实数根以及如何求根的题目，4个问题层层递进，既有关联又有区别，在巩固方程根的判别式应用的同时，整理概括一元二次方程的4种解法所适用的方程特点及注意事项，通过希沃助手投屏展示，集体纠错。例题1是本节课的重点也是难点，所以在整个课堂学习中，引导学生口、脑、手并用，小组讨论交流，整体合作，解决问题，既提高了学生的自学能力，又提高了学生分析问题、解决问题的能力。同时，学生通过自学、讨论、合作解决问题，体会到探索的乐趣和成功的欢乐，进一步培养了学生热爱数学的思想。（3）练习巩固环节针对错误率低的题型进行即时诊断，此环节可直接查看各题正确率以及答错学生名单，以强大的数据支撑提高学生学习数学的兴趣和积极性。（4）拓展提升环节围绕二次项系数含有字母的一元二次方程有无实数根的问题，让学生通过自主探究，总结概括解此类字母系数题目的方法，开拓学生思维，体现数学的严谨性。（5）在小结反思中，不同学生有不同的体会，尊重学生的个体差异，激发学生主动参与意识，为每个学生都创造在数学活动中获得活动经验的机会。

6.1.4.1.3 课后反馈数据，实现有效评价

数字教材自编题目功能是实现因材施教的一个途径，教师可针对优等生和学困生进行针对性的分层作业设计与指导，对于学有余力的学生应鼓励他们树立更高的学习目标，拓展习题的广度，提高习题的深度；对于学困生要重视课后作业基础知识的巩

固与加深。本节课课后，借助数字教材自编题目功能布置分层作业，尊重学生的个体差异，激发学生学习积极性。

6.1.4.2　技术支撑

技术运用（1）：课前、课中和课后均借助数字教材的"诊断与练习"功能进行即时诊断，聚焦每个题目的正确率、答题时间、答错学生名单等要素，及时高效地诊断学生学情，达到课前预诊，有效备课；课中共诊，有效互动；课后自诊，有效评价。

技术运用（2）：借助数字教材的"云笔记"功能进行课堂作业提交，将接收到的作业反馈及时进行课堂展现，很好地解决了传统黑板板书费时、空间小的问题，在点评时注意引导学生去欣赏作品，鼓励学生先点评优点，给生生互动、师生互动提供了平台，提高了效率，体现了数字教材联系性应用。同时，优秀作业与模范作业可利用"云笔记"保存并分享，学生课下可以对比优秀作业，及时发现自己在答题过程中存在的问题与不足并修正，真正达到取他人之长补己之短的目的。

技术运用（3）：借助希沃助手投屏展示功能将小组完成的当堂作业进行投屏展示，小组间成果共享及时，同学们彼此学习，相互纠错，在学会分享的同时大大提高了学习效率。同时以这种方式增强学生自信，鼓励学生的自主探究和合作交流，养成在合作交流中陈述自己意见的习惯，体会合作共赢的精神。

本节课在使用数字教材时紧扣教学目标，结合教学内容，系统思考数字教材应用的关键问题，准确把握数字教材的不同应用层次，在教学中采用了数字教材的笔记、云笔记、添加资源、诊断练习等功能，同时课堂上还融合了希沃授课助手等信息化教学手段，为数学课程提供了丰富的学习资源，创设更有利于学生发挥主动性和创造性的条件，提高教学质量。

6.1.4.3　反思提升

大数据时代是教育的创新，也是课堂改革的必然趋势。本节课数字教材的使用让我感到区别于传统课堂的优势与效率。在数据分析的强力支持下，讲评时的讲解和训练更有针对性，对普遍存在的问题和错误率较高的题目得以重点剖析，做到就题论理、正本清源，让学生对所学新知识加以复习、巩固，进一步了解这部分知识在解决问题时所起的作用。

另外，贯穿课前、课中和课后的教学设计给课堂更多发展的空间，即在讲评时不能仅局限于"就题论题"，而是在求"准"的基础上灵活运用以前所学的知识，力求"一题多解"或"一解多题"。这样不仅可以巩固新知识、复习旧知识，而且可以从中找到哪一种是最基本、最典型的方法，哪一种是最简便的方法，让学生掌握解题的"通性通法"。同时，也使学生知道不同对象要不同对待，要针对各种题型不同的特点，采用特定的解法。这样举一反三，可以起到事半功倍的作用，摆脱题海战术，真正从应试教育向素质教育转变。

学生是课堂教学实施之本，课堂实施是否成功还要看课堂教学是否让不同的学生得到不同的发展。借助信息化媒介助力课堂，学会基于数据分析进行教学设计，将是我不断思考的方向。作为一名年轻教师，我将在实践的道路上不断地学习他人先进的教学方法和教学经验，不断地探索钻研，追求卓越，让"创新"之光点亮课堂。

6.2 《勾股定理》教学案例

6.2.1 基本信息

学校	学科	班级	执教教师	课题	教材版本
上海市新杨中学	数学	八(5)班	颜惠	勾股定理	沪教版

课堂环境（请打"√"）	教师电脑	学生电脑			网络	其他信息技术(请注明)
		手提	台式	平板		
	√			√	√	AI Class

数字教材功能（请打"√"）	阅读	做笔记	流转笔记	完成练习	插入资源
	√	√		√	√

6.2.2 教学设计

6.2.2.1 教学目标

本节课是沪教版八年级上册第十九章第九节的内容，第九节一共 4 个课时，本节是第一课时。学生在前面几个章节中已经学习了直角三角形角的性质，这节内容主要关注直角三角形三条边之间的等量关系。在勾股定理的学习中，学生将领略人类文明的辉煌成就，感受理性思维的精神和包容世界文化的意义，了解勾股定理导出的过程和它在度量几何中的作用，进一步理解形数之间的联系。

依据课程标准和对教材的分析，结合学生已有的知识基础，确定本节课的教学目标：

（1）体验勾股定理的探索过程，掌握勾股定理并能简单运用；

（2）经历"观察—猜想—归纳—验证"的数学过程，体会数形结合的数学思想和由特殊到一般的研究问题的方法；

（3）了解中国古代在勾股定理方面的成就，知道勾股定理在人类重大科技发现中的地位。

6.2.2.2 设计思路

学生通过课前的自学，增加对数学文化的了解，丰富课外知识，增强学习兴趣，充分体会勾股定理的文化价值。勾股定理的证明方法很多，学生通过上网搜集勾股定理的证明方法，同学之间进行展示和交流。课堂上老师规范勾股定理的正确书写，指导学生正确地应用勾股定理。学生运用数字教材的圈画和标注功能加深对勾股定理的理解；运用数字教材的配套习题，及时检测反馈。

6.2.3 教学实录

教学环节	活动过程	设计意图
课前：设计自学预习单；布置自学任务。	阅读数字教材； 完成自学预习单； 了解勾股定理的数学史（语音交作业）； 证明勾股定理（拍照上传）。	插入预习单； 学生完成拍照上传作业并上传语音作业。
课中： 一、自学作业交流 （1）预习单中学习的定理（文字语言、图形、符号语言）。	定理：**在直角三角形中，斜边大于直角边.** 在 Rt△ABC 中， ∵ ∠C=90°， ∴ AB>AC, AB>BC（在直角三角形中，斜边大于直角边）	运用数字教材笔记功能、插入 PPT 功能。
（2）预习作业中的问题。	**勾股定理：** **直角三角形两条直角边的平方和，等于斜边的平方.** 在 Rt△ABC 中， ∵ ∠C=90°， ∴ $BC^2+AC^2=AB^2$（勾股定理） 或者 $a^2+b^2=c^2$	运用插入附件功能展示勾股定理的动态图。

续表

教学环节	活动过程	设计意图
(3) 勾股定理的数学史。 (4) 勾股定理的证明。 二、指导 例题1：在 Rt △ABC 中，∠C = 90°。 (1) 已知 a = 5，b = 12，求 c。 (2) 已知 a = 8，c = 17，求 b。 例题2： 已知△ABC 中，AB = BC = CA = 1，则 $S_{\triangle ABC}$ = ？ (1) 要求 $S_{\triangle ABC}$，必须先求出什么？ (2) 如何求高？	 第（1）小问老师在黑板上板书； 第（2）小问学生在平板上练习； 老师同步投影学生练习的过程。 答：（1）求一边上的高。 　　（2）作 BC 边的高 AD， 由等腰三角形三线合一可求出线段 $BD = \frac{1}{2}$，再由勾股定理可知 $AB^2 = AD^2 + BD^2$， 求出 $AD = \frac{\sqrt{3}}{2}$，就可以求出 $S_{\triangle ABC} = \frac{1}{2}AD \cdot BC = \frac{\sqrt{3}}{4}$。 答：类似于上题的做法，$S = \frac{\sqrt{3}}{4}a^2$。 	通过插入批注等应用，对数字教材相关内容进行补充和说明，建立内容联系。 数字教材的圈画。

续表

教学环节	活动过程	设计意图
拓展：如果等边三角形的边长为a，那么面积S是多少？	数学知识： （1）在直角三角形中，斜边大于直角边。 （2）勾股定理：在直角三角形中，两条直角边的平方和等于斜边的平方。 数学思想： （1）数形结合。 （2）分类讨论。 定理　在直角三角形中，斜边大于直角边. 等腰直角三角形中，以两条直角边为边的两个正方形面积的和等于以斜边为边的正方形的面积.　以"形"来诠释。 或者说： 等腰直角三角形中，两条直角边的平方和等于斜边的平方.　以"数"来阐述。 勾股定理　直角三角形两条直角边的平方和，等于斜边的平方.	
三、反馈 数字教材习题第十九章第九节第一课时：根据答题的正确率对部分题目进行分析讲解。	研究方法： （1）由特殊到一般。 （2）观察—归纳—猜想—证明。	运用数字教材的及时检测和反馈功能。
四、小结 收获的数学知识、数学思想、研究方法。		结合学生回答情况和数据统计，联系之前的操作探究活动，归纳知识点。
课后：了解勾股定理更多的证明方法，微视频推送给学生。		插入视频功能。

6.2.4 总结反思

本节课借助数字教材与其他信息技术的结合，取得很大的成效。

这节课我主要采用"先学后教，以学定教"的方法进行教学，课程内容的完成度高。勾股定理第 1 课时内容比较多，传统的课时上课要引出勾股定理，要证明勾股定理，要了解勾股定理的数学史，需要花费课上很多的时间，因此课上对于勾股定理的运用会很少。运用信息化技术后，把勾股定理的引入、勾股定理的证明和数学史作为前置学习，老师通过系统可以查看学生的预习情况，酌情进行课堂的分析讲解。课堂上着重进行勾股定理应用的练习。有了数字教材，可以更好地实现学生的自主学习，老师则在课堂上留出更多的时间在挖掘教学内容的深度和广度上。

借助数字教材的配套练习进行学习后的反馈，老师能直接看到学生每道题的答题正确率和答题的时间，可以有选择地进行评讲。学生在完成相应题目后能够看到题目的详细解析，能够较快地掌握知识。数字教材的这一功能帮助老师在第一时间掌握学生的学习情况，以便及时调整课堂教学。显然，这样的练习比纸质练习更加有效和快速。5 道选择题中，第 1 题就是概念，全对，不需要评讲；第 2、3、4 题有个别同学错误，经过重新做，第 4 题还有学生错，所以课堂上我着重讲了第 4 题。

数字教材的圈画、高亮、插入附件功能能够帮助学生对知识点进行总结和归纳。这些笔记方便保存、整理、修改、分享，成为他们自主学习的财富。数字教材的使用记录了学生的学习过程。这节课中，等边三角形面积公式通过数字教材的云笔记功能分享给学生。学生可以在自主阅读教材后添加笔记、标注，在学习过程中或课后及时修改完善自己的笔记，便于课后的复习整理。除此之外，学生可以在教材中插入各类教材资源对教材进行补充说明，记录学习过程，从而拥有属于自己的个性化课本。

数字教材软件的出现为教育信息化的常态化提供了支持。数字教材功能的运用为学生提供了自主学习、互动交流、反思改进的机会，提高了课堂的效率。在课堂中，我们将数字教材与其他信息技术相结合，将数字教材与诸多软件相结合，更好地为课堂服务。

6.3 《平面直角坐标系》教学案例

6.3.1 基本信息

学校	学科	班级	执教教师	课题	教材版本
上海市新杨中学	数学	七(5)班	鲍成成	平面直角坐标系	沪教版
课堂环境 （请打"√"）	教师电脑	学生电脑			网络	其他信息技术(请注明)
		手提	台式	平板		
	√			√	√	希沃白板
数字教材功能 （请打"√"）	阅读	做笔记	流转笔记	完成练习	插入资源
	√	√	√	√	√

6.3.2 教学设计

6.3.2.1 教学目标

依据课程标准和对教材的分析，结合学生已有的知识基础，确定本节课教学目标：

（1）理解平面直角坐标系的有关概念，知道平面内每一点都有唯一的有序实数对与它对应；

（2）会根据直角坐标系内点的位置写出它的坐标，体会数形结合的数学思想；

（3）通过平面直角坐标系的数学史故事，引发思维碰撞，培养探索精神，感受探索的乐趣；

（4）鼓励学生确定人生坐标，明确前进方向，超越自我。

6.3.2.2 设计思路

从"自学—交流—指导—反馈"四步展开教学设计，尽可能增加教学过程的趣味性。利用预习任务单提前完成预习，突出学生的主体性，使学生通过课前思考、课中集体讨论、小组活动，以合作学习促进自主探究，完成教学任务，体会数形结合的数学思想，并在老师的适当点拨和有效的练习中学会知识的应用。最后运用数字教材的配套习题，及时检测反馈。

6.3.2.2.1 课前自学

（1）教师设计课前预习单，插入数字教材中并云分享给每位学生，引导学生进行课前预习。

（2）学生预习后提交预习单，教师批改并即时调整课堂教学要求，提高教学效率。

6.3.2.2.2 课中探究

（1）通过展示云笔记中的预习单引导学生进行交流，教师适当点拨，学生概括特征。

（2）通过学生自主阅读，完成探究一任务，理解平面直角坐标系的有关概念，并运用数字教材中的"圈画"功能，将概念进行圈画，利用"批注"功能进行关键字标注，形成笔记。

（3）通过小组合作学习促进自主探究，探索出平面内每一点都有唯一的有序实数对与它对应，引导学生运用自己的语言进行表达。

（4）借助数字教材的"云笔记"功能进行练习的反馈，并请学生代表从优点和不足两方面进行评价。

（5）借助数字教材的配套练习进行学习后的反馈，教师能直接看到学生每道题的答题正确率和答题的时间，可以选择性地进行评讲。

6.3.2.2.3 课后反馈

（1）对这节课所做的笔记进行归类整理，整理好后上传到云笔记，形成资源共享，引导学生掌握这种梳理、反思、复习的学习方法。

（2）在本节课相应位置利用"批注"功能将感想记录下来。

6.3.3　教学实录

教学环节	活动过程	数字教材的应用
课前：设计自学预习单，布置自学任务	（1）布置预习任务单。 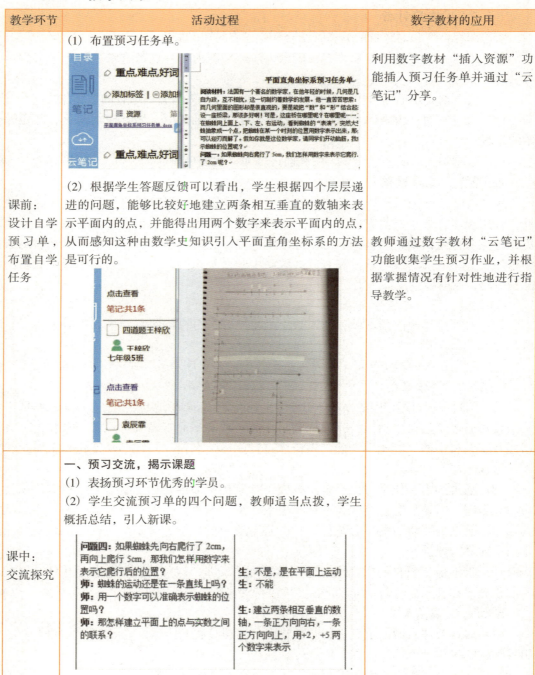 （2）根据学生答题反馈可以看出，学生根据四个层层递进的问题，能够比较好地建立两条相互垂直的数轴来表示平面内的点，并能得出用两个数字来表示平面内的点，从而感知这种由数学史知识引入平面直角坐标系的方法是可行的。	利用数字教材"插入资源"功能插入预习任务单并通过"云笔记"分享。 教师通过数字教材"云笔记"功能收集学生预习作业，并根据掌握情况有针对性地进行指导教学。
课中：交流探究	**一、预习交流，揭示课题** （1）表扬预习环节优秀的学员。 （2）学生交流预习单的四个问题，教师适当点拨，学生概括总结，引入新课。 **问题四**：如果蜘蛛先向右爬行了 2cm，再向上爬行 5cm，那我们怎样用数字来表示它爬行后的位置？ **师**：蜘蛛的运动还是在一条直线上吗？ **师**：用一个数字可以准确表示蜘蛛的位置吗？ **师**：那怎样建立平面上的点与实数之间的联系？ 生：不是，是在平面上运动 生：不能 生：建立两条相互垂直的数轴，一条正方向向右，一条正方向向上，用+2，+5两个数字来表示	

续表

教学环节	活动过程	数字教材的应用
课中： 交流探究	板书：15.1 平面直角坐标系 （3）观看笛卡尔引入平面直角坐标系的视频。	利用数字教材"插入资源"功能插入视频并通过"云笔记"分享。
	二、探究一：平面直角坐标系的有关概念 （1）学生自主阅读数字教材第 122—123 页，完成导学案填空题。	利用数字教材"插入 PPT"功能。
		利用数字教材"阅读"和"圈画"功能，将概念进行圈画，形成笔记。
	（2）动手操作——画一个平面直角坐标系，上传到数字教材云笔记，学生间相互评价。	通过数字教材"云笔记"功能收集学生作业。

续表

教学环节	活动过程	数字教材的应用
课中： 交流探究	**三、探究二：根据平面内点的位置找点的坐标** 小组合作，交流探讨：平面直角坐标系中的点如何表示呢？ 师：回顾问题四，假设不知道蜘蛛的初始位置，也不清楚蜘蛛的运动路径，你可以找到表示蜘蛛位置点 Q 的一个实数对吗？ 师：对于直角坐标平面内的任意一点 P，如图，过点 P 作 x 轴的垂线，垂足为 M，可得点 M 在 x 轴上所对应的实数 a；再过点 P 作 y 轴的垂线，垂足为 N，可得点 N 在 y 轴上所对应的实数 b，那么有序实数对 (a,b) 表示点 P，这样的有序实数对是唯一确定的。 在直角坐标系 xoy 中，点 P 所对应的有序实数对 (a,b) 叫作点 P 的坐标，记作 $P(a,b)$，其中 a 叫作横坐标，b 叫作纵坐标。 师：有序数对 $(2,5)$ 和 $(5,2)$ 在直角坐标平面内表示的是不是同一点？ 【适时小结】在 (a,b) 中，a 和 b 顺序不能颠倒。当 $a \neq b$ 时，(a,b) 与 (b,a) 表示不同的点；当 $a=b$ 时，(a,b) 与 (b,a) 表示相同的点。 **四、新知应用** 例题 1 写出图中直角坐标平面内各点的坐标。	利用数字教材"插入PPT"功能。

续表

教学环节	活动过程	数字教材的应用
课中： 交流探究	**例题 2** 写出图中坐标轴上的点 E、点 F 的坐标。 挑选学生代表进行讲解，教师根据讲解情况进行针对性指导。 【适时小结】 （1）坐标轴上的点坐标的特征： ①x 轴上的点纵坐标为 0，即（x，0）； ②y 轴上的点横坐标为 0，即（0，y）。 （2）坐标原点 O 的坐标是（0，0），它既在 x 轴上，又在 y 轴上。 练习： （1）写出图中 A，B，C，D，E，F 各点的坐标。 A＿＿＿，B＿＿＿，C＿＿＿，D＿＿＿，E＿＿＿，F＿＿＿。 （2）点 P 的纵坐标是 2018，横坐标是 $-\sqrt{3}$，点 P 的坐标是＿＿＿＿＿＿。 （3）中国象棋在中国有着悠久的历史。红方为"相"，黑方为"象"。它的走法是每次循对角线走两格，俗称"象飞田"。如果"象"在图中的坐标为（1，0），若"象"再走一步，试写出下一步它可能走到的位置的坐标：＿＿＿＿＿＿。	利用数字教材"插入 PPT"功能。

续表

教学环节	活动过程	数字教材的应用
课中： 交流探究	**五、应用拓展** 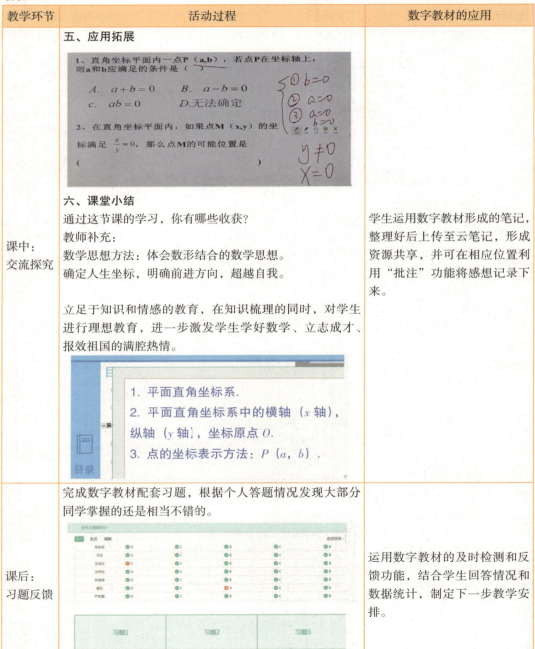 **六、课堂小结** 通过这节课的学习，你有哪些收获？ 教师补充： 数学思想方法：体会数形结合的数学思想。 确定人生坐标，明确前进方向，超越自我。 立足于知识和情感的教育，在知识梳理的同时，对学生进行理想教育，进一步激发学生学好数学、立志成才、报效祖国的满腔热情。	学生运用数字教材形成的笔记，整理好后上传至云笔记，形成资源共享，并可在相应位置利用"批注"功能将感想记录下来。
课后： 习题反馈	完成数字教材配套习题，根据个人答题情况发现大部分同学掌握的还是相当不错的。	运用数字教材的及时检测和反馈功能，结合学生回答情况和数据统计，制定下一步教学安排。

续表

教学环节	活动过程	数字教材的应用
课后： 习题反馈	**上一题**　第十五章 第一节 第一课时 习题2 单题答题情况　**习题详情** 下列说法中，正确的是（　）。 　A.平面直角坐标系是由两条互相垂直的直线组成的； 　B.平面直角坐标系是由两条相交的数轴组成的； 　C.平面直角坐标系中的点的坐标是唯一确定的。 根据每个题目的得分率——第二个题目得分率只有55.88%，其他题目得分率在85%以上，说明课后要针对平面直角坐标系的有关概念进行巩固加深。	

6.3.4　总结反思

随着教学中使用数字教材的深入，我越来越感觉到未来的教育就是构建在互联网上的新教育。以信息化为支撑的探究式、讨论式、参与式教学等新型教与学方法将逐步普及。教师不再是课堂教学的绝对中心，以教师为主导的教学必然向基于学生学习的自主性学习模式转变，从而更好地发挥学生学习的主观能动性和可持续学习能力。

本节课概念比较多，概念的引入、教学方式、教学方法都需要去精心安排，特别是各个知识点的衔接，这是上好这节课的关键。因此课前我对本节课进行了深入的思考，从学生角度出发，采用了"创设情境—提出问题—解决问题—应用拓展"的教学过程。立足于问题情境的创设，将原本枯燥的平面直角坐标系与现实生活紧密联系起来，在解决实际问题中学习知识；立足于知识的发现和发展，引导启发学生进行探究及自主学习，并及时地加以总结和反馈，应用平面直角坐标系去分析和解决实际问题；立足于知识和情感的教育，在知识教学的同时，对学生进行理想教育，又在本课结束前对学生进行人生观的教育。旨在借助数字教材与其他信息技术的配合使用，把课堂留给学生，在丰富课堂的同时大大地提高了学生学习数学的兴趣，提高了课堂效率。

6.3.4.1　以数字教材为媒介，借助数学史创设问题情境，大大激发学生求知欲望

平面直角坐标系是法国数学家笛卡尔发明的。在笛卡尔之前，几何与代数是数学中两个不同的研究领域。相传有一天笛卡尔生病卧床，但他头脑一直没有休息，而在

反复思考一个问题：几何图形是直观的，而代数方程则比较抽象，通过什么样的办法，才能把"点"和"数"联系起来？突然，他看见屋顶角上的一只蜘蛛，拉着丝垂了下来，一会儿，蜘蛛又顺着丝爬上去，在上边左右拉丝。蜘蛛的"表演"，使笛卡尔的思路豁然开朗。他想，可以把蜘蛛看作一个点，它在屋子里上、下、左、右运动，能不能把蜘蛛的每个位置用一组数确定下来呢？于是在蜘蛛的启示下，笛卡尔创建了直角坐标系。

因此本节课借助这个有趣的传说，创设问题情境，设计预习任务单，利用数字教材"云笔记"进行分享，让学生在课前思考，进而由一维数轴知识自然过渡到二维空间平面直角坐标系。在这个过程中学生自主探索出可以通过建立两条数轴来确定平面上点的位置，与数学家笛卡尔的研究不谋而合，从而对本节课产生了浓厚的兴趣，课堂气氛活泼起来，也最大限度地激发学生探求知识的欲望。另外，在了解笛卡尔故事时，值得肯定的是笛卡尔是个勤于思考的人，因此我在教学中潜移默化地教育学生在生活中要细心观察，多思考，鼓励每位同学相信自己有当数学家的潜能。

6.3.4.2　启发探究式教学揭示认识的过程，提高学生的自主学习能力

课中设计两个探究活动，探究一让学生自主学习平面直角坐标系的有关概念，并请同学代表根据所画的坐标系介绍有关概念，知识与图形相结合能加深学生对概念的印象并培养学生的语言表达能力，然后学生自己动手画平面直角坐标系；探究二根据平面上的点写出坐标，并探究平面上的点与有序实数对是一一对应的关系，加强数学与实际的联系，让学生体会数学在生活中的广泛应用，激发学生的学习兴趣。

在整个探究的过程中，为了避免教师枯燥乏味的讲解，探究一通过设置问题引导学生自主解答—学生代表讲解—教师适当点拨—学生自己动手操作的方式进行，配合数字教材的使用更好地实现了学生的自主学习，在一定程度上培养学生在自主学习中发现问题、提出问题和解决问题的能力。学生通过数字教材"云笔记"上传作品，并展示多位同学的作品，很好地解决了传统黑板板书费时、空间小的问题。教师在点评时注意引导学生去欣赏作品，鼓励学生先点评优点，真正体现了教学中的育人精神。

6.3.4.3　学会分享，合作共赢

学生是学习的主体，懂得知识的分享比学会解决一道题目更有意义，因此在课堂教学中，合作学习、知识共享是必不可少的环节。比如：

探究平面上的点与有序实数对是一一对应的关系时，积极尝试小组合作学习，鼓励学生的自主探究和合作交流，养成在合作交流中陈述自己的意见的习惯。

习题三的选取来源于实际生活，学生们非常感兴趣，学生互相配合，共同完成，体会合作共赢的精神。

课上例题练习的解答以及课后知识的归纳梳理，学生都会将作品上传到数字教材"云笔记"，这样一来，同学们彼此学习，相互纠错，在学会分享的同时大大提高了学习效率。

6.3.4.4　体现数学价值，升华情感

课堂小结环节中，根据学生发言，立足于知识和情感的教育，在知识梳理的同时，激发学生对数学的热爱以及进一步激发学生学好数学、立志成才、报效祖国的满腔热情。利用数字教材"批注"功能及时记录感想，体现数学的价值。

课下的反馈有助于学生及时巩固和消化所学知识，因此学生利用数字教材的"插入资源"功能将整理好的笔记和上课学习的痕迹上传至"云笔记"，实现资源共享，同时留下本节课学习的精华，促进师生之间、生生之间的互动和相互学习。

通过本节课的设计，我感受到数字教材作为信息时代的新生事物，以其功能的多样性、学生参与度高而越来越受到重视，数字教材常态化教学将成为一种趋势，它实现了将学生课下学习成果搬进课堂、将纸质资源转向永久电子资源的转变，这是传统教学很难实现的。教学亟须充分利用信息技术的优势进行相应的变革，使我们的课堂变得更加丰富和多彩。

6.4　《一元整式方程》教学案例

6.4.1　基本信息

学校	学科	班级	执教教师	课题	教材版本
上海市新杨中学	数学	八(1)班	芮德静	一元整式方程	沪教版
课堂环境 （请打"√"）	教师电脑	学生电脑 （手提、平板）	学生电脑 （台式）	网络	学校平台（请注明）
	√	√		√	
数字教材功能 （请打"√"）	阅读	做笔记	完成练习	流转笔记	使用资源
	√	√	√		√

6.4.2　教学设计

6.4.2.1　教学分析

本节课的内容是在学生已经了解一元一次方程和一元二次方程的基础上，进一步拓展，其基本思路是一元方程的次数增加，涉及一元高次方程，而本节课主要需要学生知道一元整式方程与高次方程的有关概念，并初步掌握它们的基本解法，从中体会由特殊到一般的研究问题的方法，感受类比的数学思想。

6.4.2.2 学情分析

学生在之前有代数方程的学习，对于整式方程的解法已经有了一定的了解，但是对于分类讨论的思想还是比较薄弱，而本节课主要是在"问题驱动"的原则下，有效组织学生开展探究活动，让学生经历含字母系数方程的解法的过程，不断引导学生积极思考，不断总结，逐步领会其中蕴含的分类讨论的数学思想。

6.4.2.3 教学目标

（1）经历从具体问题中的数量相等关系引进含字母系数的方程的过程，知道含字母系数的一元一次方程、一元二次方程的概念，初步掌握它们的基本解法；

（2）通过解含字母系数的一元一次方程、一元二次方程，体会分类讨论的思想；

（3）在一元整式方程与高次方程的有关概念形成过程中，体会由特殊到一般的研究问题的方法，感受类比的数学思想。

6.4.2.4 设计思路

本节课的内容可以分成两部分，第一部分是了解含字母系数的整式方程，并让学生在求解过程中体会分类讨论思想。主要有两种题型：第一种要通过简单的代数说理说明当方程两边同除以一个字母系数时，这个字母系数不等于零；第二种如要实施开平方运算，要通过简单的代数说理说明被开方数大于等于零。第二部分是类比一元一次方程、一元二次方程归纳一元整式方程、高次方程的概念及特征，并可以做出正确的判断。

6.4.2.5 设计过程

教学环节	活动过程	设计意图
课前： 自主预习	在上课之前，让学生完成预习作业： （1）含_____且未知数_____的_____方程叫一元一次方程。 （2）只含有_____且未知数_____的_____方程叫一元二次方程。 （3）判断下列方程哪些是一元一次方程，哪些是一元二次方程： ① $x = \dfrac{1}{x}$； ② $3x = 12$； ③ $4a^2 = 16$. （4）根据下列问题列方程： A. 买 a（a 是正整数）本同样的练习本共需 12 元钱，求练习本的单价； B. 一个正方形的面积的 b（$b > 0$）倍等于 $2s$（平方单位），求这个正方形的边长。 并让学生通过数字教材"插入资源"，同时上传到"云笔记"。	通过复习一元一次方程和一元二次方程有关概念为本课的学习做好铺垫。 通过实际问题情境，让学生感受问题思考的现实意义。通过列方程的活动，引导学生认识含字母系数的一元一次方程、一元二次方程。

续表

教学环节	活动过程	设计意图
课中： 指导反馈	**一、复习回顾** 通过"笔记流转"展示学生的预习作业，并让学生思考这类方程有什么特征，应该如何求解。 **二、学习新知** （1）让学生初步感知含字母系数的一元一次方程和一元二次方程的解法，并认识到含有条件的字母方程的解法和数字系数的方程一致。 （2）让学生了解对于不含条件的字母方程的解法，并帮助学生学习如何对字母的取值进行分类讨论及完整表达解题过程。 （3）通过学习让学生认识到高次方程的存在，感受到拓展方程类型的必要性。 **三、巩固练习** （1）本节课的第一部分练习是例题之后的巩固练习，主要是帮助学生及时巩固概念，以及熟悉分类讨论思想。 （2）本节课的第二部分练习是数字教材的配套练习，通过学生作答的正确率统计，对错误率比较高的题型进行讲解。 **四、课堂小结** 最后，全班小结：今天你们学习了什么内容？ 让学生相互交流，小组讨论。对于回答不完整的内容，学生之间可以相互补充。	直接利用预习作业引导学生观察、比较概括概念，同时点明本节课的课题。 通过引导运用"字母表示数"的思想，初步感知含有条件的字母方程的解法和数字系数的方程一致。 通过学生讨论及教师引导感知分类讨论思想。 通过类比一元一次方程、一元二次方程归纳一元整式方程、高次方程的概念及特征。 通过数字教材的"笔记流转"功能，让每一位学生都能很清晰地了解到分析过程以及一些典型错误。 通过数字教材的配套练习可以快速了解学生的理解程度。 让学生从知识、思想方法、能力三方面总结自己的收获。
课后： 加强巩固	让学生完成数字教材的配套练习，并将今天的笔记进行分析、整理并上传到"云笔记"，以及进行课后反思。对于课内比较模糊的内容可以通过"云笔记"学习加深理解。	课后及时反思反馈，并通过数字教材"云笔记"功能，保存课堂的重要内容。

6.4.3　教学实录

环节	活动过程	数字教材应用
课前预习	完成预习作业： （1）含有_____且未知数_____的_____方程叫一元一次方程。 （2）只含有_____且未知数_____的_____方程叫一元二次方程。 （3）判断下列方程哪些是一元一次方程，哪些是一元二次方程： ① $x=\dfrac{1}{x}$ ； ② $3x=12$ ； ③ $4x^2=16$. （4）根据下列问题列方程： ① 买 a（a 是正整数）本同样的练习本共需 12 元钱，求练习本的单价； ② 一个正方形的面积的 b（$b>0$）倍等于 $2s$（平方单位），求这个正方形的边长。	插入资源：
指导	（1）观察比较： 预习作业中的两个方程 $ax=12$（a 是正整数）与 $bx^2=2s$（$b>0$）之间有什么区别？ （2）含字母系数的方程叫作字母系数方程，这些字母叫作字母系数。 对字母系数方程进行圈画。	插入资源： 圈画：

续表

环节	活动过程	数字教材应用
指导	（3）例题讲解。 **例题 1** 解下列关于 x 的方程： ① $ax+b^2=bx+a^2$ （$a\neq b$）； ② $bx^2=2s$ （$b>0$，$s>0$）． **例题 2** 解下列方程： ① $(3a-2)\ x=2\ (3-x)$； ② $bx^2-1=1-x^2$ （$b\neq-1$）．	插入资源： 例题1、解下列关于x的方程 （1）$ax+b^2=bx+a^2$ （$a\neq b$）； 解：移项，$ax-bx=a^2-b^2$ 合并同类项，$(a-b)x=a^2-b^2$， $\because a\neq b,\ \therefore a-b\neq 0$ 将x系数化为1，$x=\dfrac{(a+b)(a-b)}{a-b}$ $x=a+b$ $\therefore$ 原方程的根是 $x=a+b$． 方程两边除以一个数时，这个除数不能为零，当这个数的表现形式是一个"式"时，要判断这个"式"是否为零． （还记得以前解数字系数的一元一次方程的基本步骤吗？） （解含字母系数的一元一次方程与数字系数的一元一次方程有什么区别？） 例题1、解下列关于x的方程 （2）$bx^2=2s$ （$b>0,s>0$） 解：$\because b>0$， $\therefore x^2=\dfrac{2s}{b}$ 又 $\because s>0$，$\therefore \dfrac{2s}{b}>0$， $\therefore x=\pm\sqrt{\dfrac{2s}{b}}$ 即 $x=\pm\dfrac{\sqrt{2sb}}{b}$ $\therefore$ 原方程的根是 $x_1=\dfrac{\sqrt{2sb}}{b}$，$x_2=-\dfrac{\sqrt{2sb}}{b}$ （解这类方程又要注意什么？） （1）要通过简单的代数说理说明当方程两边同除以一个字母系数时，这个字母系数不等于零； 2）如要实施开平方运算，要通过简单的代数说理说明被开方数大于等于零。 插入资源： 例题2、解下列关于的方程： 1）$(3a-2)x=2(3-x)$； 解：去括号，$3ax-2x=6-2x$ 整理，$3ax=6$ 字母系数没有给定条件，分情况讨论 1）当 $a\neq 0$ 时 $x=\dfrac{2}{a}$ 2）当 $a=0$ 时 原方程无解 $\therefore$ 当 $a\neq 0$ 时，原方程的根是 $x=\dfrac{2}{a}$，当 $a=0$ 时，原方程无解。 （下面如何求解？）（$x=\dfrac{6}{3a}$ $x=\dfrac{2}{a}$ 正确吗？）（本题和例1有何区别？）（分类讨论） 2）$bx^2-1=1-x^2$ （$b\neq-1$）． 解：$bx^2+x^2=1+1$ $(b+1)x^2=2$ $\because b\neq-1$，$\therefore b+1\neq 0$ $\therefore x^2=\dfrac{2}{b+1}$ 因为 $b+1$ 正负性不确定，所以要分类讨论： 1）当 $b+1>0$ 即 $b>-1$ 时， $x=\pm\dfrac{\sqrt{2b+2}}{b+1}$ 2）当 $b+1<0$ 即 $b<-1$ 时， 原方程无实数根 $\therefore$ 当 $b>-1$ 时原方程的根是 $x_1=\dfrac{\sqrt{2b+2}}{b+1}$ $x_2=-\dfrac{\sqrt{2b+2}}{b+1}$ （能直接开方吗？）

续表

环节	活动过程	数字教材应用
反馈	(1) 完成巩固练习。 (2) 把书写格式错误的上传到云笔记，让学生找出其错误。 (3) 数字教材的配套练习第 1 至第 3 题。	拍照上传： 笔记流转： 配套练习：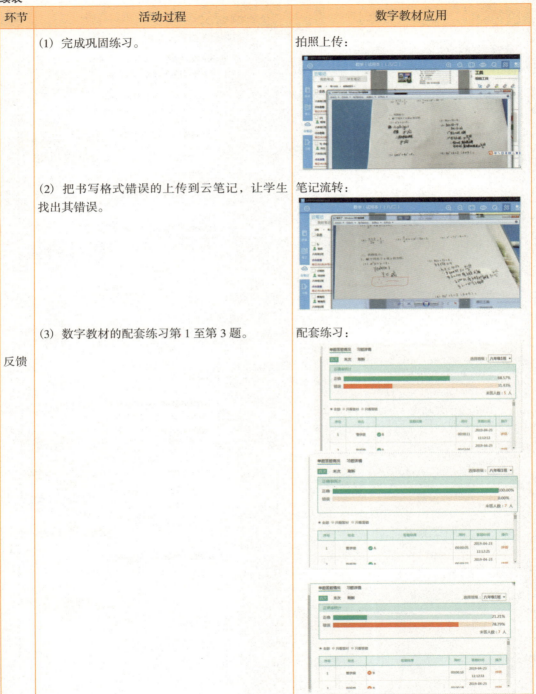

续表

环节	活动过程	数字教材应用
反馈	（4）针对错误率高的第 3 题进行讲解。	配套练习：
课堂小结、布置作业	（1）课堂小结： 你今天学习了什么内容？ （2）作业布置。	插入资源（PPT）： （1）完成数字教材配套练习 21.1 的第 4、第 5 题。 （2）完成练习册 14.4。

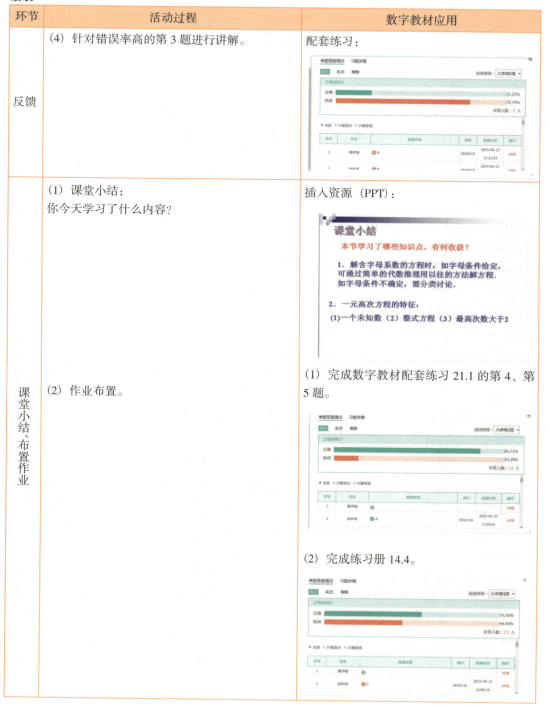

6.4.4　总结反思

信息化教学已成为当今教学模式与方法改革的热潮。时代在进步，教育在发展，这在不断地给我们带来便利的同时，也给我们提出了更高的要求。很荣幸的是，数字教材是迄今为止最能实现信息技术与教学的完美结合的存在，是教学最有效的补充。数学这门课是生动形象的，需要学生主动思考并学会将未知转化为已知，而数字教材在这个过程中发挥了非常重要的作用。以本节课为例，我从预习—交流—指导—反馈四步教学法出发，使用"圈画"功能，加深学生对概念和定义的印象；使用"插入资源"功能，让课堂形式多样化；使用"笔记流转"功能，可以增加老师和学生之间的互动，而且更加形象生动；使用"配套习题"，课前统计课后巩固。

第一，课前让学生将完成好的预习作业利用"插入资源"功能上传到"云笔记"，教师根据学生上传的作业，了解到学生基本可以类比一元一次方程、一元二次方程归纳含字母系数的整式方程，所以课堂的重点放在对含字母系数整式方程的解法上，主要是学生讨论以及教师引导相结合，让学生充分体验分类讨论的数学思想。

第二，在学生了解含有条件的字母系数整式方程的解法后，教师利用"插入资源"功能将数字教材与PPT结合，引导学生自主探究对于没有条件的字母系数整式方程的解法，从而有意识地培养学生主动思考的能力，有效地开展探究性学习。

第三，反馈环节主要使用"笔记流转"功能。例2讲解环节，教师首先帮助学生梳理哪些需要讨论，让学生独立完成并将书写内容通过"笔记流转"再反馈给教师。对于巩固练习，选择让学生独立完成，教师将反馈结果进行总结并针对一些典型错误进行讲解，同时规范学生书写格式。最后利用"笔记流转"将错误的纠正分享给学生，并让学生保存笔记，形成学习档案，帮助学生用于课后自主复习。

第四，"配套习题"的使用。本节课在课堂练习环节的第二个练习，让学生完成21.1的配套练习第1至第3题，其中第3题的错误率最高达到了78.79%，因此有针对性地进行了错因分析。配套练习第4、第5题留作回家作业，通过学生的反馈情况，了解到学生对于字母系数的讨论还是存在一定的问题，这部分将会以专题训练的形式进行巩固加深。

信息化飞速发展的今天，对于学生而言，平板的使用固然能够激发学生的兴趣、拓宽他们的知识面、给他们学习的空间，但是由于年龄的特点，如果不能很好地引导、管理，那将是得不偿失的结果。对于教师而言，面对信息化教学资源所感受到的不仅是便利，更多的是挑战。由于教师与学生面对的是同样的信息资源，教师必须具有较高的课堂驾驭能力和课堂管理能力。相信在未来实践的道路上，会有很多很多的困难与疑惑，同时也会不断反思，不断成长！

6.5 《一元一次不等式组》教学案例

6.5.1 基本信息

学校	学科	班级	执教教师	课题	教材版本
上海市新杨中学	数学	六(6)班	谭家敏	一元一次不等式组	沪教版
课堂教学环境（请打"√"）	教师电脑	学生电脑			网络
		台式	手提	平板	
	√			√	√
数字教材功能（请打"√"）	阅读	做笔记	流转笔记	完成练习	插入资源
	√		√		√

6.5.2 教学设计

6.5.2.1 教学目标

本节课是沪教版六年级第二学期第六章第七节第一课时的内容，主要教学内容是一元一次不等式组及其解集等概念，利用数轴确定一元一次不等式组的解集，解简单的一元一次不等式组。在此之前学生已经掌握了一元一次不等式的相关概念，会求解一元一次不等式，这些都为本节课的顺利进行做了铺垫。

依据课程标准和对教材的分析，结合学生已有的知识基础，确定本节课教学目标：

（1）理解一元一次不等式组及其解集等概念，会利用数轴确定一元一次不等式组的解集，会解简单的一元一次不等式组；

（2）用数轴求不等式组的解集，体会数形结合的思想；

（3）在探索思考、讨论交流的过程中，体会合作的愉快，提高学习数学的兴趣。

6.5.2.2 设计思路

教学环节	活动过程	数字教材的应用
课前自主预习	（1）通过数字教材中的"云笔记"功能，将微视频分享给学生。 （2）布置预习任务单。 （3）将学生自学环节的预习作业优秀名单插入数字教材中。	（1）利用数字教材"附件"功能插入微视频。 （2）阅读数字教材的相关内容。 （3）利用数字教材"附件"功能插入图片。

续表

教学环节	活动过程	数字教材的应用
课中交流指导	**一、创设情境，揭示课题** 微视频中涉及一个高速公路的行车问题，为了解决这个实际问题，这节课我们来学习一元一次不等式组。 板书：6.7 一元一次不等式组 （1）通过设计的思考题，师生交流得一元一次不等式组和不等式组解集的概念。 教师小结： （1）由几个含有同一个未知数的一次不等式组成的不等式组，叫作一元一次不等式组。 （2）不等式组中所有不等式的解集的公共部分叫作这个不等式组的解集。 （2）完成天闻系统中的游戏练习，并让错误较多的同学进行再次交流，进一步巩固一元一次不等式组的概念。 **二、交流预习作业，探究一元一次不等式解集的相关规律** （1）回答 PPT 课件上的小问题 3。 （2）表扬预习环节优秀的学员。 （3）通过作品库挑选出两位同学的预习作业，针对典型问题进行全班交流、指正，解决预习环节的困惑。 （4）请同学们再次拿出预习单，结合数轴，小组合作探究一元一次不等式组的解集与一元一次不等式解集的关系。 （5）直接运用规律求下列不等式组的解集。 教师小结： （1）当两个不等号都是大于号时，不等式组的解集取数字较大的那个。	学生通过运用数字教材中的"圈画"功能，将一元一次不等式组和不等式组解集的概念进行圈画，形成笔记。 借助于天闻系统将游戏练习推送给学生，教师通过即时反馈系统来了解学生对一元一次不等式组的概念的掌握情况，并有针对性地进行指导教学。 学生通过观看从数字教材插入的优秀预习作业名单来回顾课前的预习成果。 借助于天闻系统的作品库功能，让全班同学对于问题作业出现的问题进行交流，做到对知识的进一步深化。

续表

教学环节	活动过程	数字教材的应用
课中交流指导	总结规律：同大取大。 （2）当两个不等号都是小于号时，不等式组的解集数字取较小的那个。 总结规律：同小取小。 （3）当未知数大于较小数而小于较大数时，不等式组的解集是它们的中间部分。 总结规律：大小小大中间找。 （4）当未知数大于较大数而小于较小数时，不等式组的解集没有公共部分，无解。 总结规律：大大小小找不着。 **三、观察研究，探索新知** 我们会找不等式组的解集了，下面我们就来看一看如何来求解不等式组。 （1）出示例 1，解不等式组 $\begin{cases} 3x-1>2x+3 & ① \\ x-1<2x+1 & ② \end{cases}$ 为了解题方便，在不等式后面写个编号，叫①②式，请同学们小组讨论该如何来求解这个不等式组。 板书： 解：由①得 $x>4$， 　　由②得 $x>-2$， 在数轴上表示不等式①②的解集： 所以，原不等式组的解集是 $x>4$。 （2）请同学小结求解一元一次不等式组的解题步骤。 （3）练习：解不等式组 $\begin{cases} 4x \geqslant 2x-6 \\ 1+3x>7x-3 \end{cases}$ 请同学们先在"工作单"上完成，再拍照上传到班级作品库。先完成的同学查看其他同学的进行纠错，看谁找到的错误多。最后请一位同学上来讲解。	学生通过从数字教材插入的 PPT 课件了解规律并对课件上的不等式组直接运用规律求解集。 学生通过运用数字教材中的"圈画"功能，将求解一元一次不等式组的解题步骤进行圈画，形成笔记。 借助于天闻系统的作品库功能，让全班同学可以进行纠错，做到对知识的进一步深化。

续表

教学环节	活动过程	数字教材的应用
课中交流指导	**四、课堂研讨，大胆拓展** （1）不等式组 $\begin{cases} x \geq 2 \\ x \leq 2 \end{cases}$ 的解集是？ （2）已知：$\begin{cases} x > a \\ x > b \end{cases}$ 的解集是 $x > b$，试比较 a ____ b（填等号或不等号）。 （3）求不等式组 $\begin{cases} x > -2 \\ x > 4 \\ x > 6 \end{cases}$ 的解集。 **五、课堂小结** 通过这节课的学习，你有哪些收获？ 教师补充：交流讨论也是一种收获！	借助于天闻系统的课堂研讨功能将课堂拓展内容推送给学生，学生可以互相讨论，达到课堂资源共享目的。教师通过即时反馈系统来了解学生情况，并有针对性地进行指导教学。 学生运用数字教材形成的笔记，整理好后上传到"云笔记"，形成资源共享，并可在相应位置利用批注功能将感想记录下来。
课后习题反馈	完成数字教材第 64 页的课后习题。	完成数字教材的课后习题，达到课下及时巩固的目的。

6.5.3　教学实录

教学环节	活动过程
课前自主预习	（1）通过数字教材中的"云笔记"功能，将微视频分享给学生； （2）布置预习任务单； （3）将学生自学环节的预习作业优秀名单插入数字教材中。 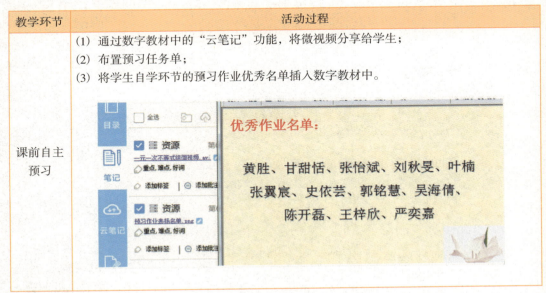

续表

教学环节	活动过程
课中交流 指导	**一、创设情境，揭示课题** 教师：微视频中涉及一个高速公路的行车问题，为了解决这个实际问题，这节课我们来学习一元一次不等式组。 板书：6.7 一元一次不等式组 问1：通过对微视频的学习，哪位同学能总结出一元一次不等式组的概念呢？ 学生：由几个含有同一个未知数的一次不等式组成的不等式组，叫作一元一次不等式组。 问2：什么是不等式组的解集呢，谁来说一说？ 学生：不等式组中所有不等式的解集的公共部分叫作这个不等式组的解集。 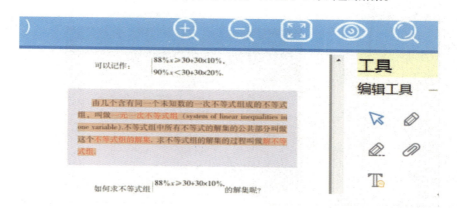 教师：请同学们先来玩一个小游戏，看谁做得又快又好。 教师：王怡宁同学错了两道，请他来给我们讲一讲。 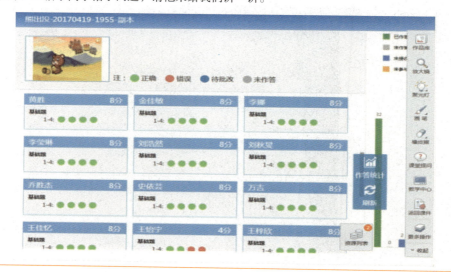

续表

教学环节	活动过程
课中交流 指导	**二、交流预习作业，探究一元一次不等式解集的相关规律** 教师：我们来回答一下第三个小问题：找不等式解集的三步骤是什么？ 学生：画数轴；把不等式的解集在数轴上表示出来；找公共部分并写出来。 教师：那我们来看一看同学们的预习作业，看大家解集找得怎么样。 （1）表扬预习环节优秀的同学。 （2）通过作品库挑选出两位同学的预习作业，针对典型问题进行全班交流。 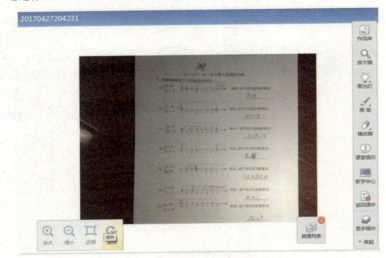 学生：李娜第三题公共部分画得不对，应该要再画出交叉部分。 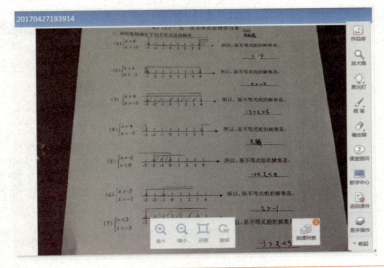

续表

教学环节	活动过程
课中交流 指导	学生：周怡倩第六题公共部分没有画阴影，最后一题方向反了。 教师：同学们说得都非常好，希望以后能避免这些错误。 （3）合作探究： 请同学们再次拿出预习单，结合数轴，小组合作探究一元一次不等式组的解集与一元一次不等式解集的关系。 小组1：当两个不等号都是大于号时，不等式组的解集取数字较大的那个。 小组2：当两个不等号都是小于号时，不等式组的解集数字取较小的那个。 小组3：当未知数大于较小数而小于较大数时，不等式组的解集是它们的中间部分。 小组4：当未知数大于较大数而小于较小数时，不等式组的解集没有公共部分，无解。 教师：同学们说得都很好，我来帮大家总结，把语言提炼一下。 一元一次不等式组 不等式组的解集与两个不等式的解集的关系：　找规律 （1）同大取大 （2）同小取小 （3）大小小大中间找 （4）大大小小找不着 教师：请同学们直接运用规律求下列不等式组的解集。 一元一次不等式组 练习1. 运用规律求下列不等式组的解集： （1） $\begin{cases} x > -2 \\ x > -5 \end{cases}$ 　原不等式组的解集是：_____ （2） $\begin{cases} x < 0 \\ x < -4 \end{cases}$ 　原不等式组的解集是：_____ （3） $\begin{cases} x > -1 \\ x < 4 \end{cases}$ 　原不等式组的解集是：_____ （4） $\begin{cases} x > 0 \\ x < -4 \end{cases}$ 　原不等式组的解集是：_____ （5） $\begin{cases} x < 1 \\ x \geq -2 \end{cases}$ 　原不等式组的解集是：_____

续表

教学环节	活动过程
课中交流指导	**三、观察研究，探索新知** 教师：我们会找不等式组的解集了，下面我们就来看一看如何来求解不等式组。 **例 1** 解不等式组 $\begin{cases} 3x-1>2x+3 & ① \\ x-1<2x+1 & ② \end{cases}$ 为了解题方便，在不等式后面写个编号，叫①②式，请同学们小组讨论该如何来求解这个不等式组。 小组 1：应该先求解出两个不等式的解集，再画数轴，找公共部分并写出解集。 小组 2：由①得 $x>4$。 小组 3：由②得 $x>-2$。 小组 4：画数轴，大于向右。 小组 5：所以，原不等式组的解集是 $x>4$。 板书： 解：由①得 $x>4$， 　　由②得 $x>-2$， 在数轴上表示不等式①②的解集： 所以，原不等式组的解集是 $x>4$。 教师：请同学小结求解一元一次不等式组的解题步骤。 教师：解不等式组 $\begin{cases} 4x \geqslant 2x-6 \\ 1+3x>7x-3 \end{cases}$ 请同学们先在"工作单"上完成，再拍照上传到班级作品库。先完成的同学查看其他同学的进行纠错，看谁找到的错误多。 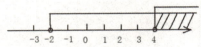

续表

教学环节	活动过程
课中交流指导	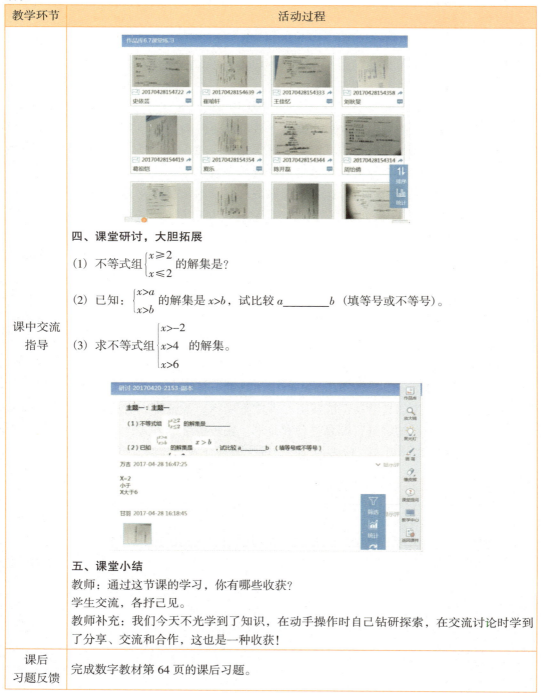**四、课堂研讨，大胆拓展** （1）不等式组 $\begin{cases} x \geqslant 2 \\ x \leqslant 2 \end{cases}$ 的解集是？ （2）已知：$\begin{cases} x > a \\ x > b \end{cases}$ 的解集是 $x > b$，试比较 a_____b（填等号或不等号）。 （3）求不等式组 $\begin{cases} x > -2 \\ x > 4 \\ x > 6 \end{cases}$ 的解集。 **五、课堂小结** 教师：通过这节课的学习，你有哪些收获？ 学生交流，各抒己见。 教师补充：我们今天不光学到了知识，在动手操作时自己钻研探索，在交流讨论时学到了分享、交流和合作，这也是一种收获！
课后习题反馈	完成数字教材第 64 页的课后习题。

6.5.4　总结反思

　　本节课教学重点是理解一元一次不等式组解集的含义，并会用数轴表示不等式组的解集。本次自学任务主要使用了数字教材的插入微视频和图片的功能。课前学生通过观看微视频完成预习作业，用"作品库"功能上传。教师查看学生预习作业，总结出学生的思路与错误规律，调整课堂教学重点，继而导入具有代表性的笔记，作为课堂的探讨材料。通过交流一元一次不等式组和不等式组解集等基本概念，巩固新知，然后通过数字教材"圈画"功能加深概念，接着通过游戏练习检测自学情况，提高学生学习兴趣；教师通过即时反馈系统来了解学生对一元一次不等式组的概念的掌握情况，并有针对性地进行指导教学。学生通过观看从数字教材插入的优秀预习作业名单来回顾课前的预习成果。通过作品库挑选出两位同学的预习作业，针对典型问题进行全班交流、指正，解决预习环节的困惑，做到对知识的进一步深化。通过"作品库"功能达到班级资源共享目的，同学之间互相纠错，提高课堂效率。最后借助于天闻系统的课堂研讨功能将课堂拓展内容推送给学生，达到互相交流探讨解题思路、互相帮助提高的目的，学生可以互相讨论，实现课堂资源共享。

　　由于使用数字教材和天闻系统的时间尚短，我在使用的过程中还存在许多不足和需要完善之处。以后在工作中应多向其他老师学习，尽快熟悉数字教材和天闻系统的各项功能。此外，由于学生对数字化教材的操作尚不熟悉，部分学生在自学过程中花费了较传统作业更长的时间。对于这个问题，相信只要坚持使用，假以时日一定有所改善。

　　总体而言，数字化教材提高了学生的学习兴趣，体现了学生的主体地位。通过分享笔记的功能，学生的自学反馈能实时在课堂上展示，教师可以直接进行讲解纠错和组织讨论，并对探讨结果进行汇总整理和分享。相较传统的方式，数字化教材大大节约了时间，提高了教学效率，应多加应用，使之形成体系，让课堂更加丰富多彩。

6.6 《反比例函数》教学案例

6.6.1　基本信息

学校	学科	班级	执教教师	课题	教材版本
上海市新杨中学	数学	八(6)班	张萱	反比例函数	沪教版
课堂教学环境（请打"√"）	教师电脑	学生电脑			网络
		台式	手提	平板	
	√			√	√
使用数字教材功能(请打"√")	阅读	做笔记	流转笔记	完成练习	插入资源
		√		√	√

6.6.2 教学设计

6.6.2.1 教学任务分析

（1）教材分析：函数是初中数学中的重要内容之一，是数学中重要的基本概念之一。它是从现实世界中抽象出来的，是从数量关系的角度刻画事物运动变化规律的工具。函数也是一种重要的数学思想，运用函数的思想方法可以加深对一些代数问题的理解。函数知识渗透在初中数学的许多内容中，与物理、化学等学科知识有密切联系。通过函数的学习，可以初步感受现实世界中除了确定的量——常量外，还有变量；理解变量之间的依赖关系；以运动、变化的观点看待相关数量问题。

函数内容在初中教材中主要分布在八年级和九年级中，八年级第一学期学习函数的概念，研究两个最简单的函数——正比例函数和反比例函数的有关图像和性质；八年级第二学期学习一次函数的有关图像和性质；九年级第一学期学习二次函数的有关图像和性质；九年级第二学期在拓展 II 中进一步对二次函数进行深入的研究。本节课是八年级上册第十八章第三节反比例函数第三课时，是学生在学习了正比例函数与反比例函数的图像和性质之后，综合运用图像和性质解决简单的函数问题的一节课。学生通过本节课的学习复习正、反比例函数的图像与性质，学习如何求两个函数的交点坐标以及解析式等。

（2）学情分析：初中学习函数的要求是理解函数的意义，理解正比例函数、反比例函数、一次函数和二次函数的概念，能画出它们的图像，并根据图像知道它们的一些基本性质。这样首先出示基本概念，然后由易到难地研究一些特殊函数的编排方式，符合学生的认知规律，帮助学生充分理解函数的基本思想。对于八年级的学生来说，函数是一个新的内容，学生初次接触函数，对函数的研究还处于初步阶段。通过这几节课的学习，学生能初步运用函数的图像及性质进行解题。

（3）技术应用分析：①通过信息技术将教学内容和教学资源以多种方式呈现，灵活地实现各种排列和重组，增强学习的趣味性，促进学生学习的主动性，提高学习效率。通过教学活动的设计，借助信息技术的助力，可以促进师生、生生之间的互动。学生运用阅读、圈画功能初步阅读教材，通过云笔记分享功能推送练习，并在完成后即时反馈。②使用云笔记分享功能，让学生将笔记分享到班级群里，便于教师及时了解学生的听课效率，教师也可以将优秀笔记推送给学生，便于没有做好笔记的学生查漏补缺。③使用插入资源和云笔记功能，拓宽学生知识面，丰富本节课内容。由于数字教材的数字化存储方式，使得资源在数量上可以得到充分的扩展，能够实现个性化定制及减轻教与学双方面负担，从而使资源的价值最大化，并能够通过数据分析使资源分类更为科学合理。

（4）教学重难点：正、反比例函数的综合运用。

6.6.2.2 教学目标

（1）能运用反比例函数的性质，确定反比例函数中字母系数的取值范围，会求正

比例函数和反比例函数图像的交点，进一步体会数形结合、化归的数学思想；

(2) 用待定系数法确定较复杂的函数解析式。

6.6.2.3　设计思路

(1) 课前（自学）：①复习正比例函数、反比例函数的图像与性质并完成表格的填写。②教师查阅学生的表格，分类整理，及时调整课堂教学。

(2) 课中（交流与指导）：①复习表格展示交流，师生互动交流复习表格。②例题讲解（通过例题的讲解复习旧知学习新知，深化学生对知识的理解）。③课堂小结（借助数字教材的平台与希沃投屏技术配合使用，目标达成度较高，提高教学效果）。

(3) 课后（反馈）：①完善课堂思考题，并上传至平台，师生进行交流。②学生运用数字教材整理本节课所学的知识点，整理好后上传至云笔记，形成资源共享，并可在相应位置利用批注功能将感想记录下来。数字教材云笔记分享也是区别于纸质教材的优越方面，可以实现互相学习、资源共享。

6.6.2.4　过程设计

教学环节	活动过程	设计意图
自学	复习旧知，填写下表（出示 PPT）。 表格（见下） 	复习正比例函数、反比例函数的性质等知识，为本节课综合运用性质解决问题做好准备。
交流指导	**例3** 已知反比例函数 $y=\dfrac{2k+1}{x}$。 (1) 如果这个函数的图像经过点（2，−1），求 k 的值； (2) 如果在这个函数图像所在的每个象限内，y 的值随 x 的值增大而减小，求 k 的取值范围。 小组讨论交流： 问1：函数的图像经过点（2，−1）说明什么？ 问2：如何求 k 的值？ 解：(1) ∵反比例函数 $y=\dfrac{2k+1}{x}$ 经过点（2，−1）， ∴把 $x=2$，$y=-1$ 代入解析式，得 $-1=\dfrac{2k+1}{2}$，解得 $k=-\dfrac{3}{2}$。	通过例题复习旧知，运用函数的性质解决问题。整合其他信息技术，使用希沃同屏拍照功能，展示学生的回答情况。

表格（自学环节）：

函数	正比例函数		反比例函数	
解析式	$y=kx\,(k\neq 0)$		$y=\dfrac{k}{x}\,(k\neq 0)$	
k>0	图像	性质	图像	性质
k<0	图像	性质	图像	性质

续表

教学环节	活动过程	设计意图
交流指导	小组讨论交流： 问3：（2）中函数图像所在的每个象限内，y 的值随 x 的值增大而减小，说明什么？ 问4：此题中的比例系数是什么？ 解：（2）由函数图像所在的每个象限内，y 的值随 x 的值增大而减小，可知 $2k+1>0$，解得 $k>-\dfrac{1}{2}$。 小结：运用反比例函数的性质，可以得到比例系数的取值范围，就能建立一个不等式，确定所含字母系数的范围。 **课堂练习**：P73 第 1 题 1.已知反比例函数 $y=\dfrac{2k+1}{x}$ 的图像有一支在第二象限，求常数 k 的取值范围。 **例 4（补充例题）** 已知正比例函数 $y=k_1x$ $(k_1\neq0)$ 与反比例函数 $y=\dfrac{k_2}{x}$ $(k_2\neq0)$ 的图像交于点（2，1）。 （1）求两个函数的解析式； （2）求另一个交点坐标。 小组讨论交流： 问1：两个函数的图像交于点（2，1）说明什么？ 问2：如何求这两个函数的解析式？ 问3：如何求交点坐标？ 解：（1）∵ 正比例函数 $y=k_1x$ $(k_1\neq0)$ 与反比例函数 $y=\dfrac{k_2}{x}$ $(k_2\neq0)$ 的图像交于点（2，1）， ∴ 把 $x=2$，$y=1$ 分别代入 $y=k_1x$ $(k_1\neq0)$ 和 $y=\dfrac{k_2}{x}$ $(k_2\neq0)$，得 $1=2k_1$，$1=\dfrac{k_2}{2}$，解得 $k_1=\dfrac{1}{2}$；$k_2=2$。 ∴ 正比例函数解析式是 $y=\dfrac{1}{2}x$，反比例函数的解析式是 $y=\dfrac{2}{x}$。 两个函数图像的交点坐标能同时满足这两个函数解析式。 （2）$\begin{cases} y=\dfrac{1}{2}x \\ y=\dfrac{2}{x} \end{cases}$	通过练习反馈所学。 借助希沃同屏功能，展示学生完成情况。 通过例题学习如何求两个图像的交点坐标，并理解函数与方程之间的关系。 借助白板功能，分析题目，培养学生的逻辑能力。 让学生经历讨论的过程，各小组分享思考过程，深刻理解函数的运用。

续表

教学环节	活动过程	设计意图
交流指导	解得：$\begin{cases} x_1=2 \\ y_1=1 \end{cases}$ $\begin{cases} x_2=-2 \\ y_2=-1 \end{cases}$ ∴ 另一个交点坐标是（-2，-1）。 **小组讨论交流：** 问 4：两个交点（2，1）和（-2，-1）之间有什么特殊的位置关系？ **小结：** （1）两个函数图像的交点能够同时满足这两个函数解析式。 （2）求两个函数图像的交点坐标就是把这两个函数解析式联立为方程组。 （3）正比例函数与反比例函数的图像若有交点，则这两个交点关于原点对称。 **课堂练习：** P73 第 2 题 **例 5**（书上原例 4）已知：$y=y_1-y_2$，y_1 与 x 成正比例，y_2 与（$x-2$）成反比例，当 $x=-2$ 时，$y=-7$；当 $x=3$ 时，$y=13$。 （1）求 y 与 x 的解析式； （2）求当 $x=5$ 时的函数值。 解：（1）设 $y_1=k_1x$（$k_1\neq0$）， $$y_2=\frac{k_2}{x-2}\quad(k_2\neq0)。$$ ∵$y=y_1-y_2$，∴$y=k_1x-\frac{k_2}{x-2}$。 把 $x=-2$，$y=-7$ 和 $x=3$，$y=13$ 分别代入 $y=k_1x-\frac{k_2}{x-2}$， 得：$\begin{cases} -7=-2k_1-\dfrac{k_2}{-2-2} \\ 13=3k_1-\dfrac{k_2}{x-2} \end{cases}$ 整理得：$\begin{cases} 8k_1-k_2=28 \\ 3k_1-k_2=13 \end{cases}$ 解得：$\begin{cases} k_1=3 \\ k_2=-4 \end{cases}$ ∴ 所求的函数解析式是 $y=3x+\dfrac{4}{x-2}$。 （2）当 $x=5$ 时，$y=3\times5+\dfrac{4}{5-2}=16\dfrac{1}{3}$。 ∴ 当 $x=5$ 时，函数值是 $16\dfrac{1}{3}$。 问：此题和例 3（1）中待定系数法求函数解析式有什么区别？ 注意：（1）两个不同的函数，比例系数需要不同的字母 k_1，k_2 表示？ 　　　（2）注意计算的正确性。	**小结：**（学生小结） 一般地，任何两个正比例函数与反比例函数图像如果有交点，那么这两个交点关于原点对称。 有兴趣的同学可以课后尝试说明这个结论的正确性。 通过各小组分享的结果，锻炼学生数学语言表达能力的同时，提高学生概括能力，培养学生思维的深刻性。 使用希沃同屏拍照功能，展示学生的回答情况。 借助白板功能，分析题目，培养学生的逻辑能力。

续表

教学环节	活动过程	设计意图
反馈	**课堂练习（补充练习题）：** 已知 $y=y_1+y_2$，y_1 与（$x-4$）成正比例，y_2 与 x 成反比例，当 $x=-2$ 时，$y=-3$；当 $x=1$ 时，$y=1$。求 y 与 x 的解析式。	借助白板功能，分析题目，培养学生分析问题的逻辑能力。 借助希沃同屏功能，展示学生完成情况。
小结	通过本节课的学习，你有哪些收获？	培养学生数学语言的表达、概括能力以及归纳总结的学习习惯。

6.6.3　实施过程

6.6.3.1　课前应用

课前应用	（课前完成表格的填写） 经过课前预习、自学，教师通过数字教材中学生上传的预习作业，提前了解学生的掌握情况，发现学生较集中、较典型的问题，教学时也会有针对性地施教，从而提高课堂效率。课前预习可以使学生的新知识处于有准备的状态，自己通过预习可以了解在哪些方面还弄不懂，这样带着问题走入课堂比漫无目的地去听课效果要好很多。通过预习，学生对所要学习的内容有了一定的认识，将一些简单易懂、自己有兴趣的内容进行了内化，并有了困惑和疑问，在课堂上学生提出问题，师生共同探讨。这样既节省了不必要的讲授时间，给学生更充分的探讨时间，又激起了学生的学习兴趣和解决问题的欲望，使听课具有针对性，为掌握新知识做好心理方面的准备。学生在预习时，对自己不懂的内容都做了标记。听课时，就会主动地、有重点地听课。 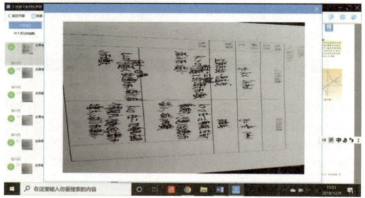

6.6.3.2　课堂应用

课堂应用

(学习例题，做好笔记)

学生在课堂学习中，通过小组讨论以及生生、师生交流，完成例题的学习。将所学的内容记录在导学稿上，规范书写，并拍照上传，既方便日后复习，又便于教师查阅学生的记录情况，看到学生实时的反馈，掌握学生的情况，为下节课的学习奠定基础。

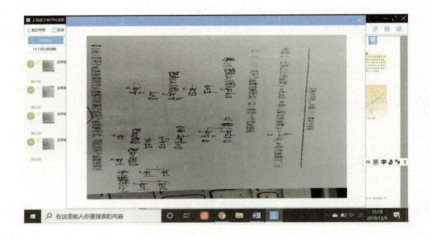

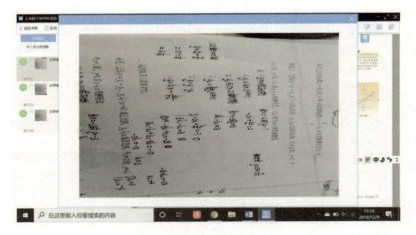

学生课堂记笔记的过程是一个由感知，转化为联想、分析、综合，再转化为文字表达的比较复杂的思维过程。因时间有限、空间有限，学生随堂在书上做笔记，不可能长篇大论，把课堂上所讲的内容——记下，也不能乱写乱画，最后搞得自己也看不清。这就要求学生在课堂上边听师生发言，边要筛选、提炼重要的、有价值的信息，言简意赅地记录。

6.6.3.3　课后应用

课后应用	（完成反馈练习） 课堂反馈包括练习的反馈、小结的反馈、笔记的反馈。 通过练习教师可以较为全面地了解学生的学习情况。通过小结，在锻炼学生数学语言的表达能力的同时，还可以达到再次交流的目的。通过笔记的反馈，在锻炼学生归纳总结的能力之外，也可以再次和学生进行交流，对学生理解知识的程度有一个更好的把握。 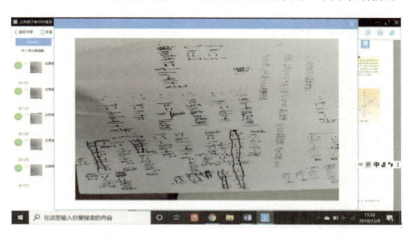 学生运用数字教材整理本节课知识点，整理好后上传到云笔记，形成资源共享，并可在相应位置利用批注功能将感想记录下来，为今后的学习奠定基础。

6.7　《比的意义》教学案例

6.7.1　基本信息

学校	学科	班级	执教教师	课题	教材版本
上海市新杨中学	数学	六(4)班	谭家敏	比的意义	沪教版

课堂教学环境 （请打"√"）	教师电脑	学生电脑			网络
		台式	手提	平板	
	√			√	√

使用数字教材功能（请打"√"）	阅读	做笔记	流转笔记	完成练习	插入资源
	√	√	√		√

6.7.2　教学设计

6.7.2.1　教学目标

本节课是沪教版六年级第一学期第三章第一节第一课时的内容，主要教学内容是比和比值的意义，求比和比值，建立比与除法、分数等概念之间的联系与区别。在此之前学生已经学习了除法和分数，这些都为本节课的顺利进行做了铺垫。

依据课程标准和对教材的分析，结合学生已有的知识基础，确定本节课教学目标：

（1）能理解比和比值的意义；

（2）能区分比和比值，会求比和比值；

（3）建立比与除法、分数等概念之间的联系与区别。

6.7.2.2　设计思路

教学环节	活动过程	数字教材的应用
课前 自主预习	（1）通过数字教材中的"云笔记"功能，将微视频分享给学生； （2）布置预习任务单； （3）将学生自学环节的预习作业优秀名单插入数字教材中。	（1）利用数字教材"附件"功能插入微视频； （2）阅读数字教材的相关内容； （3）利用数字教材"附件"功能插入图片。
课中 交流指导	**一、创设情境，揭示课题** 预习单中涉一个小明和小杰的投篮问题，为了解决这个实际问题，这节课我们来学习比的意义 板书：3.1　比的意义 （1）通过设计的思考题，师生交流得比的意义、比的前项、比的后项、比值的概念。 教师小结： ①a 和 b 是两个数或两个同类的量，为了把 b 和 a 相比较，将 a 和 b 相除，叫作 a 与 b 的比。记作 $a:b$，或写成 $\frac{a}{b}$，其中 $b \neq 0$；读作 a 比 b，或 a 与 b 的比。 学生：a 叫作比的前项，b 叫作比的后项。 ②两数或两个同类量相除叫作比，而除法的结果就是商，比的结果我们称为比值。前项 a 除以后项 b 所得的商叫作比值。	学生通过运用数字教材中的"圈画"功能，将比的意义、比的前项、比的后项、比值的概念进行圈画，形成笔记。

续表

教学环节	活动过程	数字教材的应用
课中 交流指导	（2）完成天闻系统中的游戏练习，并让错误较多的同学进行再次交流，进一步巩固比的意义、比的前项、比的后项、比值的概念。 **二、交流预习作业，探究如何表示两数或两同类量之比** （1）回答 PPT 课件上的小问题 3； （2）表扬预习环节优秀的学员； （3）通过作品库挑选出两位同学的预习作业，针对典型问题进行全班交流、指正，解决预习环节的困惑； （4）小练习：写出下列两个数或两个量的比。 ①上面问题中小明投篮次数与小明进球次数之比可表示为_____； ②班级现在正在听课的学生人数与授课教师人数之比可表示为_____； ③36 与 6 之比可表示为_____； ④$1\frac{4}{5}$ 与 $\frac{2}{7}$ 之比可表示为_____； ⑤7.5 cm 与 40 mm 之比可表示为_____； ⑥18 秒与 1.5 分钟之比可表示为_____。 小组讨论：在表示两数或两同类量之比时应注意什么？ 教师小结： （1）比是有序的，前后项不能颠倒。 （2）比是一种运算而不是一个数值，不能表示为带分数的形式。 （3）比的后项为 1 时不能省略。 **三、观察研究，探索如何求比值** 我们理解了比的意义并且会求比了，下面我们就来看一看比值的求法： 强调概念：前项 a 除以后项 b 所得的商叫作比值。 （1）出示例 1，求下列各个比的比值： ①15：6； ②7.5 cm：40 mm 板书： 解：①$15：6=15÷6=\frac{5}{2}=2\frac{1}{2}=2.5$ ②7.5 cm：40 mm 　　=75 mm：40 mm 　　=75：40=$\frac{25}{8}$	借助于天闻系统将游戏练习推送给学生，教师通过即时反馈系统来了解学生对比的相关概念的掌握情况，并有针对性地进行指导教学。 学生通过观看从数字教材中插入的优秀预习作业名单来回顾课前的预习成果。 借助于天闻系统的作品库功能，让全班同学对于作业出现的问题进行交流，做到对知识的进一步深化。 学生通过从数字教材插入的 PPT 课件了解比的意义并尝试求比。 学生通过运用数字教材中的"圈画"功能，将比值的意义及求法进行圈画，形成笔记。

续表

教学环节	活动过程	数字教材的应用
课中交流指导	（2）请同学小结： ①比和比值有何区别？ ②比值的求法及注意事项。 （3）练习：求下列各比的比值。 ①9∶15； ②1.5∶0.5； ③$2\frac{1}{2}∶\frac{4}{5}$； ④75 g∶0.5 kg； ⑤1.5 m∶40 dm； ⑥5 时∶160 分； ⑦16 时∶5 天. 请同学们先在"工作单"上完成，再拍照上传到班级作品库。先完成的同学查看其他同学的进行纠错，看谁找到的错误多。最后请一位同学上来讲解。 **四、课堂研讨，大胆拓展** 把 25 克盐溶入 100 克水中，求： （1）盐与水的比的比值； （2）盐与盐水的比的比值； （3）水与盐水的比的比值。 **五、课堂小结** 前面学习过分数与除法的关系，能否说明比、分数和除法三者之间的关系？ 师生完成表格，并由学生总结： （见下表） 教师：它们有什么区别吗？ 教师：了解这几个概念的联系与区别有助于我们灵活地在三者间进行转化。 通过这节课的学习，你有哪些收获？	借助于天闻系统的作品库功能，让全班同学可以进行纠错，做到对知识的进一步深化。 借助于天闻系统的课堂研讨功能将课堂拓展内容推送给学生，学生可以互相讨论，实现课堂资源共享。教师通过即时反馈系统来了解学生情况，并有针对性地进行指导教学。 学生运用数字教材形成的笔记，整理好后上传至"云笔记"，形成资源共享，并可在相应位置利用批注功能将感想记录下来。
课后习题反馈	完成数字教材第 131 页的课后习题。	完成数字教材的课后习题，达到课下及时巩固的目的。

表格（课堂小结）：

比	前项∶后项=比值
分数	$\dfrac{分子}{分母}$=分数值
除法	被除数÷除数=商

6.7.3 教学实录

教学环节	活动过程
课前 自主预习	（1）通过数字教材中的"云笔记"功能，将微视频分享给学生； （2）布置预习任务单； （3）将学生自学环节的预习作业优秀名单插入数字教材中。
课中 交流指导	**一、创设情境，揭示课题** 教师：预习单中涉及一个小明和小杰的投篮问题，为了解决这个实际问题，这节课我们来学习比的意义。 板书：3.1　比的意义。 问1：通过对微视频的学习，哪位同学能总结出比的意义呢？比的前项和比的后项又是什么呢？ 学生1：a 和 b 是两个数或两个同类的量，为了把 b 和 a 相比较，将 a 和 b 相除，叫作 a 与 b 的比。记作 $a:b$，或写成 $\dfrac{a}{b}$，其中 $b\neq0$；读作 a 比 b，或 a 与 b 的比。 学生2：a 叫作比的前项，b 叫作比的后项。 问2：什么是比值呢，谁来说一说？ 学生：两数或两个同类量相除叫作比，而除法的结果就是商，比的结果我们称为比值。前项除以后项所得的商叫作比值。

续表

教学环节	活动过程
课中 交流指导	教师：请同学们先来玩一个小游戏，看谁做得又快又好。  教师：周益民同学出现了错误，请他来给我们讲一讲。 **二、交流预习作业，探究如何表示两数或两同类量之比** 教师：小明和小杰在篮球场上定点投篮，小明投了 15 次，进球 6 次；小杰投了 10 次，进球 5 次。谁的投篮水平高呢？ 学生 1：小明高，因为小明进球个数比小杰多。 学生 2：投篮水平的高低不仅与进球数有关，还与投篮的次数有关。 教师：可见解决此问题，需对每个人投进球的次数与其投球的总次数这两个同类量进行比较。可以用除法比较两个同类量或者两个数的关系。这就是我们今天将要共同学习的内容——"比的意义"。 让我们来看一看同学们的预习作业。 （1）通过作品库挑选出两位同学的预习作业，针对典型问题进行全班交流。 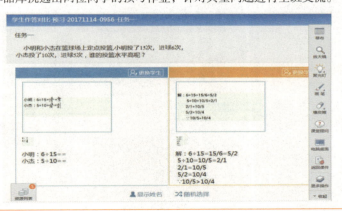

续表

教学环节	活动过程
课中 交流指导	学生1：李娜同学没有给出最后的结论，方法正确。 学生2：周怡情算式是正确的，结果分子分母颠倒了。 教师：同学们说得都非常好，希望以后能避免这些错误。 （2）合作探究： 请同学们小组讨论：在表示两数或两同类量之比时应注意什么？ 小组1：比是有序的，前后项不能颠倒。 小组2：比是一种运算而不是一个数值，不能表示为带分数的形式。 小组3：比的后项为1时不能省略。 教师：同学们说的都很好，那请同学们来试一试。 **试一试** 写出下列两个数或两个量的比： （1）上面问题中小明投篮次数与小明进球次数之比可表示为_____； （2）班级现在正在听课的学生人数与授课教师人数之比可表示为_____； （3）36与6之比可表示为_____； （4）$1\frac{4}{5}$与$\frac{2}{7}$之比可表示为_____； （5）7.5cm与40mm之比可表示为_____； （6）18秒与1.5分钟之比可表示为_____； **三、观察研究，探索如何求比值** 教师：我们理解了比的意义并且会求比了，下面我们就来看一看比值的意义及求法。 **例1** 求下列各个比的比值： （1）$15:6$；（2）$7.5\,cm:40\,mm$. 教师：请同学们小组讨论：（1）比和比值有何区别？（2）比值的求法及注意事项。 小组1：比可看作是一种运算，而比值是比的结果，它是一个数值。 小组2：求比值时，先要将同类量单位统一，再用前项除以后项求商。 小组3：求比值时，没有单位就直接拿前项除以后项。 小组4：比值是一个数值。 板书： 解：（1）$15:6=15\div6=\frac{5}{2}=2\frac{1}{2}=2.5$ （2）$7.5\,cm:40\,mm$ 　　$=75\,mm:40\,mm$ 　　$=75:40=\frac{25}{8}$

续表

教学环节	活动过程
课中 交流指导	教师：求下列各比的比值。 (1) $9:15$； (2) $1.5:0.5$； (3) $2\frac{1}{2}:\frac{4}{5}$； (4) $75\,g:0.5\,kg$； (5) $1.5\,m:40\,dm$； (6) 5 时 $:160$ 分； (7) 16 时 $:5$ 天． 请同学们先在"工作单"上完成，再拍照上传到班级作品库。先完成的同学查看其他同学的进行纠错，看谁找到的错误多。

续表

教学环节	活动过程
课中 交流指导	**四、课堂研讨，大胆拓展** 把 25 克盐溶入 100 克水中，求： （1）盐与水的比的比值； （2）盐与盐水的比的比值； （3）水与盐水的比的比值。 **五、课堂小结** 前面学习过分数与除法的关系，能否说明比、分数和除法三者之间的关系？ 师生完成表格，并由学生总结： 教师：它们有什么区别吗？ 学生 1：通常比是表示两个量的一种倍数关系。 学生 2：分数是一个数值。 学生 3：除法是表示一种运算。 教师：了解了这几个概念的联系与区别有助于我们灵活地在三者间进行转化。 教师：通过这节课的学习，你有哪些收获？ 学生交流，各抒己见。 教师补充：我们今天不光学到了知识，在动手操作时自己钻研探索，在交流讨论时学到了分享、交流和合作，这也是一种收获！
课后 习题反馈	完成数字教材第 131 页的课后习题。

6.7.4　总结反思

本节课教学重点是理解比和比值的意义，理解比与除法、分数等概念之间的区别。本次自学任务主要使用了数字教材的插入微视频和图片的功能。课前学生通过观看微视频完成预习作业，用"作品库"功能上传。教师查看学生的预习作业，总结出学生的思路与错误规律，调整课堂教学重点，继而导入具有代表性的笔记，作为课堂的探讨材料。通过交流比的意义、比的前项、比的后项、比值的概念等基本概念，巩固新知，然后通过数字教材"圈画"功能加深概念，接着通过游戏练习检测自学情况，提高学生学习兴趣；教师通过即时反馈系统来了解学生对比的意义、比的前项、比的后项、比值的概念的掌握情况，并有针对性地进行指导教学。学生通过观看从数字教材插入的优秀预习作业名单来回顾课前的预习成果。通过作品库挑选出两位同学的预习作业，针对典型问题进行全班交流、指正，解决预习环节的困惑，做到对知识的进一步深化。通过"作品库"功能达到班级资源共享目的，同学之间互相纠错，提高课堂效率。最后通过天闻系统的课堂研讨功能将课堂拓展内容推送给学生，达到互相交流探讨解题思路、互相帮助提高的目的，学生可以互相讨论，实现课堂资源共享。

由于使用数字教材和天闻系统的时间尚短，我在使用的过程中还存在许多不足和需要完善之处。以后在工作中要多向其他老师学习，尽快熟悉数字教材和天闻系统的各项功能。此外，由于学生对数字化教材的操作尚不熟悉，部分学生在自学过程中花费了较传统作业更长的时间。对于这个问题，相信只要坚持使用，假以时日一定有所改善。

总体而言，数字化教材提高了学生的学习兴趣，体现了学生的主体地位。通过分享笔记的功能，学生的自学反馈能实时在课堂上展示，教师可以直接进行讲解纠错和组织讨论，并对探讨结果进行汇总整理和分享。相较传统的方式，数字化教材大大节约了时间，提高了教学效率，应多加应用，使之形成体系，让课堂更加丰富多彩。

6.8　《特殊的平行四边形复习》教学案例

6.8.1　基本信息

学校	学科	班级	执教教师	课题	教材版本
上海市新杨中学	数学	八(5)班	颜惠	特殊的平行四边形复习	沪教版

课堂环境（请打"√"）	教师电脑	学生电脑			网络	其他信息技术(请注明)
		手提	台式	平板		
	√			√	√	AI Class、白板

数字教材功能（请打"√"）	阅读	做笔记	流转笔记	完成练习	插入资源
	√	√	√	√	√

6.8.2　教学设计

6.8.2.1　教学目标

本节是一节复习课，内容是沪教版八年级下册第二十二章第三节"特殊的平行四边形"。在此之前，学生已经理解平行四边形、矩形、菱形和正方形的概念、特殊性质和判别方法，已具备对简单图形的识别判断和说理论证能力，但还有部分学生对稍复杂图形的分析、转换能力比较薄弱。因此，依据课程标准和对教材的分析，结合学生已有的知识基础，确定本节课的教学目标：

（1）通过分析四边形、平行四边形与各种特殊平行四边形之间的联系与区别，认识特殊与一般的关系，从中体会事物之间总是互相联系又互相区别的辩证唯物主义观点；

（2）探索平行四边形对角线分割成的特殊三角形的性质，从而感受几何的内在结构；

（3）通过矩形的折叠操作与分析结合，让学生感知菱形的判定方法的实用性，体会数学与生活的联系，感受生活中蕴含的数学。

6.8.2.2　设计思路

在第二十二章第三节5个课时的新课学习过程中，学生已经在数字教材上进行了概念的圈画、知识点的整理分享、课后配套练习的独立完成。以此为基础，本节课我的设计思路如下。

（1）课前：第一，学生自主复习平行四边形、矩形、菱形、正方形的性质和判定，在以前整理的笔记基础上运用图表、框图等形式梳理它们之间的从属关系和共同属性，并将其整理的笔记上传到云笔记。第二，学生对数字教材配套练习中自己做错的题目进行错题的整理、订正、反思，并分享到云笔记。第三，教师通过数字教材配套练习的答题统计情况，整理出6道错误率较高的题，通过分析易错点，从对称性、关于角的计算、关于面积的计算3个主题进行设计教学。

（2）课中：主要围绕分享学生整理的知识框架、错题分析并巩固提高和活动探究3个环节进行。

环节一：采用小组讨论评选出优秀的作业，进而通过学生点评、老师点评等方式，将最优秀的作业分享到云笔记，供其他同学进行订正和学习。

环节二：教师已经预设了学生的错题，课中根据学生对相应的知识点的反馈进行选择性地讲解和指导。

环节三：首先分析数字教材第86页练习1和第88页练习2，让学生体会数学与生活的联系，感受生活中蕴含的数学；在此基础上让学生利用矩形纸片折叠出菱形、等边三角形（课后探究）；根据折叠过程正确画出图形，写出已知、求证和证明。学生学会构建图形，从图形感性的认识上升到理性的认识，培养学生的动手操作能力和空间想象能力。

在这 3 个环节中，多次利用信息技术展现学生的作业、答题率、小组合作成果、过程性操作等。

（3）课后：完成 2 个任务，一是学生整理课上笔记，二是完成活动探究——矩形折叠出等边三角形并写出证明过程，最后上传至云笔记进行分享。

6.8.3　教学实录

教学环节	活动过程	数字教材的应用
课前： 布置课前 学习任务	学生： （1）在原有笔记的基础上自主复习整理四边形、平行四边形、矩形、菱形、正方形之间的关系，分享到云笔记。 （2）对数字教材配套练习中自己答错的题目进行反思并分享到云笔记。 教师： （1）汇总学生得分率低的题，然后根据知识点分类，相对应地预设一些巩固提高题目。 （2）根据学生对错题的分析，及时调整课堂的教学。 （3）从数学教材云笔记中下载所有学生的知识整理作业，挑出 6 份有代表性的作业。 有一组邻边相等并且有一个内角是直角的平行四边形叫做正方形（square）。 如图 22—41 所示，结合矩形或菱形的定义，直接可得： 正方形判定定理 1　有一组邻边相等的矩形是正方形. 正方形判定定理 2　有一个内角是直角的菱形是正方形. 由正方形的定义可知，它既是有一组邻边相等的矩形，又是有一个内角是直角的菱形．所以，正方形既具有矩形的性质，又具有菱形所有的性质. 	（1）阅读，圈画。 （2）学生完成拍照分享到云笔记。 （3）运用数字教材的即时检测功能。 （4）运用数字教材笔记功能。 （5）数字教材插入资源。

续表

教学环节	活动过程	数字教材的应用
课前： 布置课前 学习任务		
课中： 一、分享 课前整理 的知识框 架	教师： （1）将6份有代表性的作业分享到云笔记。 （2）让学生推选出最优秀的作业，同屏到一体机上。 （3）将最优秀的作业分享到云笔记。 学生： （1）在数字教材云笔记中查看6份作业。 （2）学生选出最优秀的作业投屏。 （3）学生点评。 （4）课后学生对自己整理的知识框架进行修改。	（1）整合其他信息技术，使用同屏功能。 （2）运用数字教材笔记功能。

续表

教学环节	活动过程	数字教材的应用
二、错题分析，巩固提高		（3）整合其他信息技术，使用同屏拍照功能、答题自动统计功能。
三、活动探究	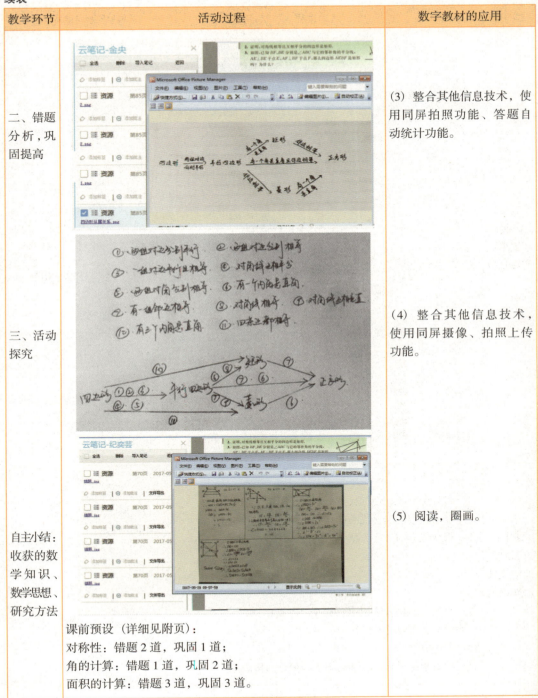	（4）整合其他信息技术，使用同屏摄像、拍照上传功能。
自主小结：收获的数学知识、数学思想、研究方法		（5）阅读，圈画。

课前预设（详细见附页）：

对称性：错题 2 道，巩固 1 道；

角的计算：错题 1 道，巩固 2 道；

面积的计算：错题 3 道，巩固 3 道。

续表

教学环节	活动过程	数字教材的应用
	课中：根据学生对错题的反思，及时调整课堂教学（详细见附页）。 矩形折叠问题（动手试一试）： （1）矩形折叠出正方形（学生说出理由）。 （2）矩形折叠出菱形（学生动手操作、小组讨论、同学展示）。教师指导学生画出图形，共同写出已知，求证。学生课后完成证明过程，上传到作品库。学生互评，老师点评。 （3）矩形折叠出等边三角形（课后探究）。教师可鼓励学生在课后用多种方法加以证明。	
课后	教师分享笔记给学生，留作复习用。	笔记流转功能。

6.8.4 总结反思

以往的复习课流程都是课堂上整理知识，做题讲题。这次我借助数字教材和其他信息技术的整合，结合我校四步教学法（自学—交流—指导—反馈），从学生云笔记的订正出发再反思，再设计，进行巩固提高。这节课利用信息技术的优势，形象生动地帮助学生整理知识，注重学习和认知过程，及时反馈。

选择不同的信息化技术应用于课前、课中、课后：

课前学生自主整理知识，自主分析错题，通过数字教材云笔记功能共享给老师，老师及时调整了课堂的教学。比如我之前预设的学生错题共6道，分成了3个主题。后经过学生分享给我的错题笔记，及时调整了教学主题。

课中的应用让师生、生生的交流变得自然、便捷、全面，反馈及时、准确、清晰。同屏、拍照、摄像等功能极大地提高了学生学习的兴趣，改变了以往交流的静态模式。

课后的资料分享能够再次复习整理，为下一节课也做好了铺垫。学生通过课后的整理养成了好的习惯。学生可以在教材中插入各类教材资源对教材进行补充说明，记录学习过程，从而拥有属于自己的个性化课本。总之，信息技术的使用提高了课堂效率，改变了学习方式，提升了素质。

这节课在信息技术的帮助下，目标达成度高，重难点突出，学生体会了知识间的联系，感受到了数学学习的乐趣。

附1：课堂第二环节
错题分析及巩固提高（预设）

一、数字教材配套练习数据反馈（6 道题）

第二十二章 第二节 第二课时	全班正确率统计			
请选择班级 八年级5班▼			首次 末次 刷新		
	只看做错	只看做错	只看做错	只看做错	取消筛选
答题统计	73.52%	97.05%	94.11%	79.41%	64.70%
崔艾伦（3）	❌ D	✅	✅	✅	❌ C
纪奕芸（4）	✅	✅	✅	✅	❌ B
钱晶晶（4）	✅	✅	✅	✅	❌ A
沈妍青（3）	✅	✅	✅	❌ C	❌ B
朱玉婷（4）	✅	✅	✅	✅	❌ B
林婕（4）	✅	✅	✅	✅	❌ A
秦铭皓（3）	❌ D	✅	✅	✅	❌ C
袁凯恩（4）	✅	✅	✅	✅	❌ A
张鑫（3）	❌ B	✅	✅	✅	❌ A

第二十二章 第三节 第一课时	全班正确率统计			
请选择班级 八年级5班▼			首次 末次 刷新		
	只看做错	只看做错	取消筛选	只看做错	只看做错
答题统计	88.23%	73.52%	38.23%	70.58%	47.05%
纪奕芸（2）	✅	✅	❌ 30	❌ 8	❌ 24
沈妍青（1）	❌ A	❌ 30	❌ 18	✅	❌ 24
王绞俐（2）	✅	✅	❌ 18	❌ 4√2	❌ 24
朱玉婷（1）	❌ D	✅	❌ 30	❌ 23	❌ 288
昊婷（2）	✅	❌ 15	❌ 30	✅	❌ 24
顾俊杰（2）	✅	❌ 5根号..	❌ 30	✅	❌ 24
顾逸辰（4）	✅	✅	❌ 18	✅	✅
金翌晨（2）	❌ D	✅	❌ 30	✅	❌ 16
寇嘉伟（1）	✅	❌ 15	❌ 30	❌ 5	❌ 6

第二十二章	第三节	第二课时		全班正确率统计

请选择班级 八年级5班 ▾ 　　　　　　　　　　　　　　　　首次　末次　刷新

	只看做错	取消筛选	只看做错	只看做错	只看做错
答题统计	88.23%	58.82%	91.17%	91.17%	94.11%
王佼俐（4）	✓	✗ 15	✓	✓	✓
何靖涛（3）	✓	✗ 15	✗ 30	✓	✓
金翌晨（4）	✓	✗ 48	✓	✓	✓
寇嘉伟（2）	✗ 4	✗ 15	✓	✗ B	✓
叶凯华（3）	✓	✗ 12	✓	✗ B	✓
俞晓卿（4）	✓	✗ 12	✓	✓	✓
张子洋（3）	✓	✗ 15	✓	✓	✗ B
孙逸哲（4）	✓	✗ 48	✓	✓	✓
史欣玮（4）	✓	✗ 15	✓	✓	✓

第二十二章	第三节	第五课时		全班正确率统计

请选择班级 八年级5班 ▾ 　　　　　　　　　　　　　　　　首次　末次　刷

	习题一	习题二	习题三	习题四	习题五
	只看做错	只看做错	只看做错	只看做错	取消筛选
答题统计	91.17%	85.29%	85.29%	38.23%	64.70%
纪奕芸（3）	✓	✓	✓	✗ 48	✗ C
王佼俐（4）	✓	✓	✓	✓	✗ C
朱玉婷（2）	✓	✓	✗ 2	✗ 16	✗ A
寇嘉伟（3）	✓	✓	✓	✗ 7	✗ C
叶凯华（2）	✓	✗ 40	✓	✗ 14	✗ C
俞晓卿（3）	✓	✓	✓	✗ 28	✗ C
袁凯恩（4）	✓	✓	✓	✗	✗ A
张鑫（3）	✓	✓	✓	✗ 50	✗ C

二、错题分类

主题1	对称性
数字教材原题	22.2（2）习题五 在直角坐标平面内，平行四边形 ABCD 的对角线的交点正好与坐标轴原点重合，且 A 和 B 的坐标分别为 (–3，–1) 和 (1，–1)，若想求出点 C、点 D 的坐标，最便捷的方法是运用平行四边形的下列哪个性质定理（　　）。 A. 如果一个四边形是平行四边形，那么这个四边形的两组对边分别相等； B. 如果一个四边形是平行四边形，那么这个四边形的两组对角分别相等； C. 如果一个四边形是平行四边形，那么这个四边形的两条对角线互相平分； D. 平行四边形是中心对称图形，对称中心是两条对角线的交点。
	22.3（5）习题五 一条直线把正方形的周长两等分，这样的直线有（　　）。 A. 2 条　　　　B. 无数条　　　　C. 4 条
巩固提高	能不能用一条直线把下图所示的这块木板分成面积相等的两部分（尝试多种方法）？
设计意图	利用中心对称性质、图形的转化方法平分图形的面积，培养学生从特殊到一般、化归的数学思想，培养学生的团队协助能力。

主题2	角的计算
数字教材原题	22.3（1）习题三 如图，矩形 ABCD 的对角线相交于 O 点，AE⊥BD，垂足为 E，若 ∠DAE=4∠BAE，那么 ∠EAC=_____度。

续表

主题 2	角的计算
巩固提高	（1）如图，矩形 ABCD 的对角线相交于 O 点，AE 平分∠BAD 交 BC 于 E，∠CAE=15°，则∠BOE=_____度。 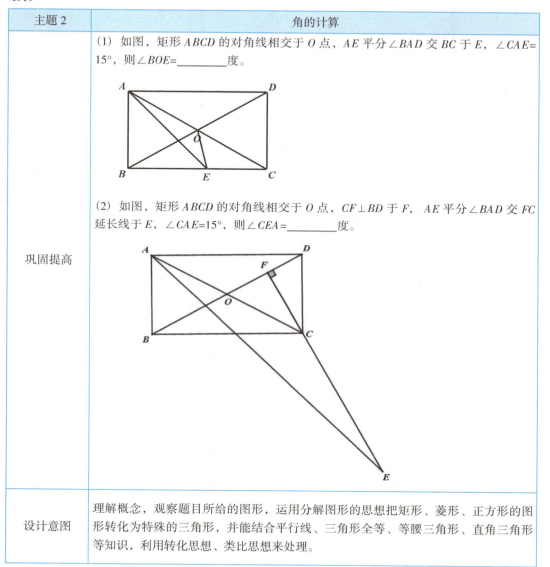 （2）如图，矩形 ABCD 的对角线相交于 O 点，CF⊥BD 于 F，AE 平分∠BAD 交 FC 延长线于 E，∠CAE=15°，则∠CEA=_____度。
设计意图	理解概念，观察题目所给的图形，运用分解图形的思想把矩形、菱形、正方形的图形转化为特殊的三角形，并能结合平行线、三角形全等、等腰三角形、直角三角形等知识，利用转化思想、类比思想来处理。

主题3	面积的计算
数字教材原题	**22.3（1）习题五** 菱形的对角线之比为 4∶3，且周长为 40，那么菱形的面积为_____。 **22.3（2）习题二** 已知：菱形 $ABCD$ 中，$AD=5$，$BD=6$，那么它的面积是_____。 **22.3（5）习题四** 正方形内有一点到各边的距离为 2，3，4，5，则正方形的面积是（　　）。
巩固提高	（1）在正方形 $ABCD$ 中，E 是 BC 边的中点，如果 $DE=10$，那么四边形 $ABED$ 的面积是（　　）。 （2）如图，将正方形 $ABCD$ 折叠，使点 C 与点 D 重合于正方形内点 P 处，折痕分别为 AF 和 BE，如果正方形 $ABCD$ 的边长是 2，那么△EPF 的面积是_____。 （3）如图，将矩形纸片 $ABCD$ 折叠，点 B、点 C 恰好重合落在 AD 边上点 P 处，已知 $\angle MPN=90°$，$PM=3$，$PN=4$，那么矩形纸片 $ABCD$ 的面积为_____。
设计意图	基本图形的面积计算，学生在多次练习后没有问题。翻折问题是中考的热点，通常是把某个图形按照给定的条件折叠，然后求长度、角度或面积。我选择了几道折叠后求面积的题目，重在培养学生的识图能力以及灵活运用数学知识解决问题的能力，提高学生的数学兴趣。

附2：课堂第二环节
错题分析及巩固提高（调整）

一、对称性

原题	22.2（2）习题五	22.3（5）习题五
学生订正	全部正确	全部正确
学生反思	(1) 没有看到"最便捷的"。 (2) 对称性性质的理解。	(1) 画出图形，发现无数条。 (2) 用全等的方式证明得出。
教师反思后的教学设计	课堂上让学生分享全等证明的方法。 适时小结：过中心对称图形的对称中心的任一条直线平分面积和周长。 巩固提高： 能不能用一条直线把下图所示的这块木板分成面积相等的两部分（尝试多种方法）？ 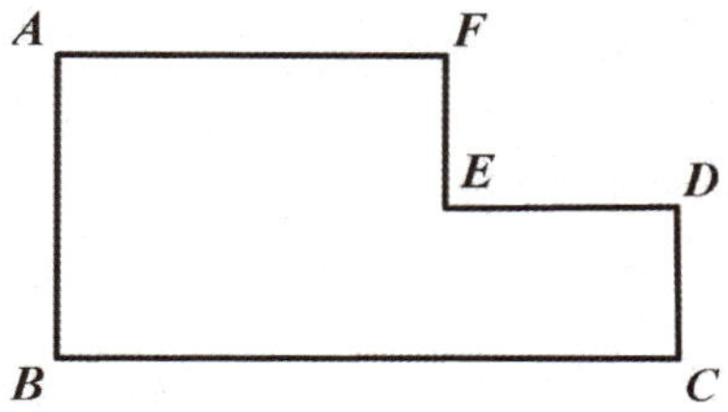 适时小结：化归思想。	

二、角的计算（调整后改成相关计算）

原题	22.3（1）习题三
学生订正	全部正确
学生反思	（1）看错了问题。 （2）忽略了 $OA=OB$。
教师反思后的教学设计	学生在反思中提出忽略了 $\triangle OAB$ 是等腰三角形，说明学生对矩形两条对角线相交所形成的特殊三角形还不会灵活运用。 在此基础上，我想到菱形的两条对角线、正方形的两条对角线同样会形成特殊的三角形，所以调整教学设计，将原先计算矩形中角的度数，改成关注特殊平行四边形中特殊三角形的相关计算。 巩固提高： （1）如图，菱形 $ABCD$ 的对角线相交于点 O，$DE \perp AB$，垂足为点 E，联结 OE，如果 $\angle DAB=50°$，那么 $\angle DEO=\underline{\qquad}$ 度。 （2）如图，正方形 $ABCD$ 的对角线相交于点 O，点 M 是边 BC 上的一点，线段 AM 交 BD 于点 N，如果 $\angle DAM=3\angle BAM$，$CM=2$，那么 $ON=\underline{\qquad}$。 适时小结： （1）矩形的两条对角线把矩形分成两对全等的等腰三角形。 （2）菱形的两条对角线把菱形分成四个全等的直角三角形。 （3）正方形的两条对角线把正方形分成四个全等的等腰直角三角形。

三、面积的计算（调整后删掉这部分内容）

原题	22.3（1）习题五	22.3（2）习题二	22.3（5）习题四
学生订正	全部正确	全部正确	全部正确
学生反思	菱形的对角线长度求错了。	菱形的对角线性质。	没有画图。
教师反思后的教学设计	这三道题目相对难度较低，学生错误的原因大多是没有认真画图，并且这一主题所对应的题目与后面的专题课——折叠问题有很大联系，因此本节课中准备重点关注前面两个主题，面积的计算主题放在后面一节进行学习。		

6.9 《平移》教学案例

6.9.1　基本信息

学校	学科	班级	执教教师	课题	教材版本
上海市新杨中学	数学	七(4)班	谭家敏	平移	沪教版
课堂教学环境（请打"√"）	教师电脑	学生电脑			网络
		台式	手提	平板	
	√			√	√
使用数字教材功能（请打"√"）	阅读	做笔记	流转笔记	完成练习	插入资源
	√	√	√		√
	√				

6.9.2　教学设计

6.9.2.1　教材分析

"图形的平移"是第十一章"图形的运动"的第一节，它对图形变换的学习具有承上启下的作用。平移是现实生活中广泛存在的现象，是现实世界运动变化的最简捷的形式之一。它不仅是探索图形变换的一些性质的必要手段，也是解决现实世界中的具体问题以及进行数学交流的重要工具。探索平移的基本性质，认识平移在现实生活中的广泛应用，是学习本节内容的主要目标。

6.9.2.2　学情分析

从认知特点来看，七年级的学生爱问好动、求知欲强、想象力丰富，对实际操作活动有浓厚兴趣，对直观事物感知欲强，处在形象思维向抽象思维发展过渡的阶段，逻辑能力逐步发展。在前面的学习中对图形的学习基础多限于"静态"，本课初步以"动态"的角度认识图形，使得学生充满好奇心和表现欲，并积极投入新的求知旅程中去。基于学生的认知水平、年龄特征，教材中对图形平移运动的研究仅限于操作层面，主要通过"图形的平移"进行观察和实验，以获得形象认知；观察图形平移过程中的

变量和不变量，找出规律。图形的平移运动是一种位移，只要给出图形上一个点的移动方向和距离，就可以画出这个图形平移后的图形，只要求学生体会在方格纸上画沿横、纵方向平移后的图形。

6.9.2.3 教学目标

(1) 通过观察，理解平移及其对应点、对应角、对应线段的概念；
(2) 经历观察测量，归纳出图形平移后图形的形状、大小保持不变的性质；
(3) 会在方格纸上画出经过平移后的平面图形，体会平移变换的思想。

6.9.2.4 设计思路

基于本节课内容和七年级学生的心理及思维发展的特点，在教学中选择引导探索发现法，配合演示法、讨论法和总结法。在演示、引导学生进行观察、分析、操作、抽象概括、练习巩固的各个环节中运用多媒体进行辅助教学，增强直观性，提高教学效率，激发学生的学习兴趣。本课的学习，学生应立足于自身已有的生活经验，自觉地运用自身已具备的初步的数学活动经验，通过观察、分析、操作、抽象概括等共同探讨，以数学角度对问题进行分析研究，进而逐步形成正确的数学观。

6.9.2.5 过程设计

教学环节	活动过程	设计意图
课前： 自主预习	在上课之前，让学生完成预习作业：收集生活中的物体运动的微视频和图片，并通过数字教材"插入资源"，同时上传到"云笔记"。	学生利用数字教材将作业上传到"云笔记"，教师可以根据学生的作业情况整理并制作微视频，让全体学生感受各种各样的物体运动。通过具体情景，学生对平移的直观认识上升到理性认识，并让知识得到巩固。
课中： 指导反馈	**一、平移的定义** (1) 出示微视频和图片引出平移课题。 通过"笔记流转"展示学生的预习作业(收集生活中的物体运动的微视频和图片)，并播放整理汇总后的微视频，让学生思考视频中的物体运动是什么运动。 (2) 将移门的移动抽象看作是由长方形围成的平面图形的移动，以此来寻找图形平移的特征，归纳平移的定义。 学生利用数字教材圈画课本，寻找定义中的关键词(教师予以再次强调)。 【练习】 判断右图是否可以通过左图的平移组成。	从现实生活中的具体实例抽象出数学问题，感受图形的基本运动，同时引出本节课的课题。 通过"圈画"功能学生及时巩固概念。 进一步巩固平移的定义。

续表

教学环节	活动过程	设计意图
课中： 指导反馈	 **二、平移中的对应关系** 给出平移图形中的对应关系（对应角、对应边、对应线段），问题：图中是否只有三组对应点呢？ **三、图形平移的性质** （1）给出平移距离的概念： 平移后各对应点之间的距离叫作图形平移的距离。 （2）通过学生动手操作，引导学生归纳图形平移的性质（两条）： 学生利用刻度尺、量角器分组测量△ABC与△$A'B'C'$各对应点之间的距离、对应线段的长度以及对应角的大小。 【巩固练习】 （1）如图，四边形 $EFGH$ 是由四边形 $ABCD$ 平移得到的，已知 $AD=5$，$\angle B=70°$，则（　　）。 A. $FG=5$，$\angle G=70°$　　B. $EH=5$，$\angle F=70°$ C. $EF=5$，$\angle F=70°$　　D. $EF=5$，$\angle E=70°$ （2）△ABC 平移后与△$A'B'C'$ 能重合，则点 B' 对应点_____，$A'C'=$_____。 （3）如图所示，△$A'B'C'$ 是由△ABC 沿 BC 方向平移3个单位后得到的，则点 A 到点 A' 的距离是_____个单位。	学生对对应点、对应线段、对应角有一个直观认识，为下一个环节（图形平移的性质）的描述做铺垫。 通过动手实际度量各对应点之间的距离、对应线段的长度以及对应角的大小，归纳平移的一般性质，培养学生观察、总结的能力。 通过数字教材的配套练习可以快速了解学生的理解程度；通过学生作答的正确率统计，对错误率比较高的题型进行讲解。 让学生从知识、思想方法、能力三方面总结自己的收获。

续表

教学环节	活动过程	设计意图
课中：指导反馈	**四、作图** (1) 教师指导学生作图。 例题：画出三角形 ABC 向右平移 7 格再向下平移 4 格后的图形。 (2) 学生完成练习。 (3) 观察图形 A 如何平移至图形 B。 **五、课堂小结** (1) 通过今天的学习中，你学到了哪些知识？ (2) 通过这节课你有什么体会？	学生把画图练习通过拍照形成笔记上传到"云笔记"；教师将针对一些格式不规范的作业进行纠正，并将纠正好的作业通过"笔记流转"分享给每一个学生，提醒学生注意解题规范。
课后：加强巩固	让学生完成数字教材 11.1 的配套练习第 4、第 5 题；小组合作，完成思维导图；将今天的笔记进行分析、整理并上传到"云笔记"，以及进行课后反思。对于课内比较模糊的内容可以通过"云笔记"学习加深理解。	课后及时反思反馈，并通过数字教材"云笔记"功能，可以保存课堂的重要内容。

6.9.3　教学实录

环节	活动过程	数字教材应用
课前预习	学生完成预习作业：收集生活中的物体运动的微视频和图片，并通过数字教材"插入资源"，同时上传到"云笔记"。	插入资源：

续表

环节	活动过程	数字教材应用
指导	(1) 思考：视频中的物体运动是什么运动？ (2) 将移门的移动抽象看作是由长方形围成的平面图形的移动，来寻找图形平移的特征，归纳平移的定义。学生利用数字教材圈画课本，寻找定义中的关键词。 (3) 给出平移图形中的对应关系（对应角、对应边、对应线段）。 (4) 平移距离的概念的给出。 (5) 通过学生动手操作，引导学生归纳图形平移的性质（两条）。 (6) 例题讲解：画出三角形 *ABC* 向右平移 7 格再向下平移 4 格后的图形。	插入资源—圈画： 笔记流转： 图中是否只有三组对应点呢？ 圈画： 例题：画出三角形ABC向右平移7格，向下平移4格后的图形 所以三角形A′B′C′即为平移后的图形。

133

续表

环节	活动过程	数字教材应用
反馈	（1）完成课本第 96 页第 1 题、第 2 题。 （2）把错误的作业上传到"云笔记"，让学生找出其错误。 （3）数字教材的配套练习第 1 至第 3 题。	拍照上传： 笔记流转： 配套练习：

续表

环节	活动过程	数字教材应用
	（4）针对错误率高的第 2 题进行讲解。	配套练习： 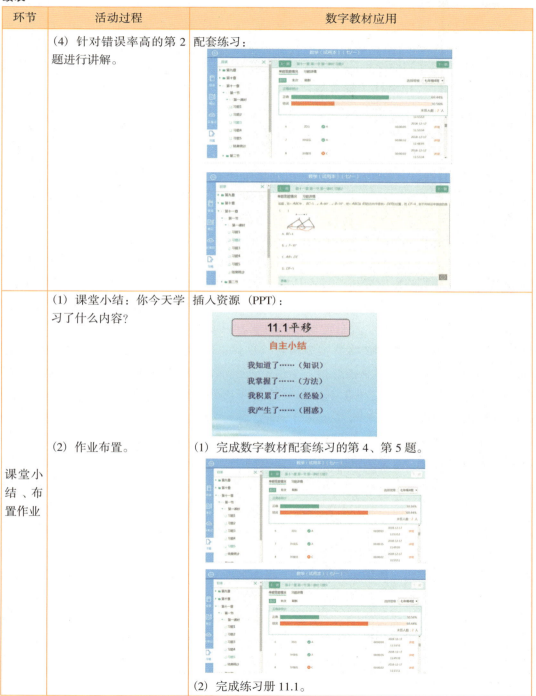
课堂小结、布置作业	（1）课堂小结：你今天学习了什么内容？	插入资源（PPT）： **11.1平移** **自主小结** 我知道了……（知识） 我掌握了……（方法） 我积累了……（经验） 我产生了……（困惑）
	（2）作业布置。	（1）完成数字教材配套练习的第 4、第 5 题。 （2）完成练习册 11.1。

6.9.4 总结反思

现代教育技术手段为课堂教学所提供的教学环境，使得课堂上的信息来源变得丰富多彩，教师和课本不再是唯一的信息源，多种媒体的运用不仅能够扩大知识信息的含量，还可以充分调动学生的多种感官，为学生提供一个良好的学习情境，有利于提高学生的主动性、积极性。随着数字教材的应用，教师的主要作用不再是提供信息，而是培养学生自己获取知识的能力，指导学生的学习探索活动，让学生主动思考、主动探索、主动发现，从而形成一种新的教学活动的稳定结构形式。在整个进程中，教师有时处于中心地位（以便起主导作用），但并非自始至终如此；学生有时处于传递—接受学习状态（这时教师要特别注意帮助学生建立"新知"与"旧知"之间的联系，以便使学生实现有意义的学习），但更多的时候是在教师指导下进行主动思考与探索；教学媒体有时作为辅助教学的教具，有时作为学生自主学习的认知工具。

第一，课前让学生收集生活中物体平移的图片和小视频，利用"插入资源"功能上传到"云笔记"，教师对学生上传的作品进行收集整理汇总做成微视频，再利用数字教材"笔记流转"分享给学生，让全体学生感受各种各样的物体运动。通过具体情景，学生对平移的直观认识上升到理性认识，并让知识得到巩固。这让每一位学生感受到了数学与生活的密切联系，充分调动学生的学习积极性。

第二，本节课的教学内容有很多概念（平移、对应点、对应边、对应角、平移距离）在日常教学过程中容易被忽视，学生常常出现概念模糊不清的问题，数字教材的"圈画"功能可以有效地帮助学生加深对概念的印象，同时在寻找关键词的过程中也帮助学生理解和把控概念。

第三，本节课的教学目标要求学生会在方格纸上画出平移后的平面图形，但是画图的规范性往往是学生欠缺的，甚至需要教师单独指导学生，这在传统课堂上往往很难办到，但对于数字教材背景下的课堂却很容易解决。学生把画图练习通过拍照形成笔记上传到"云笔记"；教师针对一些格式不规范的作业进行纠正，将纠正好的作业通过"笔记流转"分享给每一个学生，提醒学生注意解题规范，同时也可以针对典型错误进行讨论、总结。最后利用"笔记流转"将错误的纠正分享给学生，并让学生保存笔记，形成学习档案，帮助学生用于课后自主复习。

第四，"配套习题"的使用。本节课在课堂练习环节的第二个练习，让学生完成11.1的配套练习第1至第3题，其中第2题的错误率最高达到了61.11%，因此，教师有针对性地进行了错因分析。配套练习的第4、第5题留作家庭作业，通过学生的反馈情况，了解到学生对于平移方向的确定还是有一定的问题，这部分将会以专题训练的形式进行巩固加深。

数字教材给学生提供了个别化学习的可能，学生可以通过多媒体技术完整呈现学习内容与过程，自主选择学习内容的难易、进度，并随时与教师、同学进行交互。在现代教育技术手段所构造的教学环境下，学生可逐步摆脱传统的教师中心模式，由传统的被动学习变为独立的主动学习，在学习过程中包含更多的主动获取知识、处理信息的方式，有利于因材施教。同时，这也对教学提出了更高的要求，教师需要精心准备每一节课，要灵活运用各种现代化资源，做到"教有法而无定法"。

6.10 《全等三角形的判定（2）》教学案例

6.10.1 基本信息

学校	学科	班级	执教教师	课题	教材版本
上海市新杨中学	数学	七（1）班	芮德静	全等三角形的判定（2）	沪教版
课堂环境（请打"√"）	教师电脑	学生电脑（手提、平板）	学生电脑（台式）	网络	学校平台（请注明）
	√	√		√	
数字教材功能（请打"√"）	阅读	做笔记	完成练习	流转笔记	使用资源
	√	√	√	√	√

6.10.2 教学设计

6.10.2.1 教学目标

本节课的内容是在学生学习了全等三角形的概念、全等三角形的性质及全等三角形判定方法以后展开教学的，是证明两个三角形全等的重要方法之一。全等三角形是两个三角形最简单、最常见的关系，它不仅是学生将来学习对称、四边形、圆、相似等知识的基础，也是进一步研究证明线段相等、角相等的工具性内容。因此本节课在教材中具有承上启下的作用。

6.10.2.2 学情分析

学生在本章前一节学习了全等三角形的定义和性质，了解了全等三角形基本的图形特点。三角形是最基本的几何图形之一，它不仅是研究其他图形的基础，在解决实际问题中也有着广泛的应用。学生对于研究它的全等的判定有着足够的感知经验，但是也存在着困难。全等三角形的判定对于学生的识图能力和逻辑思维能力是一个挑战，特别是学生的逻辑思维能力，在此之前学生所接触的逻辑判断中直观多于抽象，用自己的语言表述多于用数学语言表述。所以，怎样引导学生发挥认知和操作方面的经验，为掌握规范和有效的数学思维方式服务，将是学习本节内容的关键。本节课主要是"角边角"这一基本事实的发现，我在课堂教学中尽量让学生进行小组合作学习，在

"做"的过程中潜移默化地渗透分类讨论的数学思想方法,遵循"教是为了不教"的原则,让学生自得知识、自寻方法、自觅规律、自悟原理。

6.10.2.3 教学目标

(1) 进一步掌握全等三角形判定2、判定3并规范书写;

(2) 能初步运用全等三角形的判定方法判定两个三角形全等,体会说理表达的严密性;

(3) 会从图形中寻找隐含条件,并会将图形分解成基本图形,提高识图与证题能力。

6.10.2.4 设计思路

为了达成教学目标,基于本节课的教学重难点,首先通过自主预习让学生从实际出发考虑全等三角形判定2的正确性,并通过数字教材上传作业;课上由此引出判定2的叠合法说理;接下来介绍判定2的文字语言、图形语言以及符号语言,再通过思考、小组讨论得到全等三角形的判定3;最后通过例题和变式让学生能初步运用全等三角形的判定方法判定两个三角形全等,体会说理表达的严密性。

6.10.2.5 过程设计

教学环节	活动过程	设计意图
课前: 自主预习	在上课之前,让学生完成预习作业(如图,小明不慎把三角形模具打碎为三块,他是否可以只带其中的一块碎片到商店去,就能配一块与原来一样的三角形模具呢?请画出这个三角形),并让学生通过数字教材"插入资源",同时上传到"云笔记"。	复习如何画三角形,并为判定2的学习做铺垫。同时学生利用数字教材将作业上传到"云笔记",教师可以根据学生的作业情况及时地调整教学设计。
课中: 指导反馈	**一、复习回顾** 通过"笔记流转"展示学生的预习作业,并让学生思考:为什么选择第三块?如果转化为数学问题又如何解释? **二、学习新知** (1) 引导学生规范书写全等三角形判定2,并通过小组讨论思考全等三角形判定3的说理过程。 (2) 圈画课本第94、95页的判定2、3,并思考这两种方法的联系和区别。 (3) 在例题部分采用一题多变的形式,培养学生正确选择全等三角形的判定方法,让学生体会说理表达。 **三、巩固练习** (1) 本节课的第一部分练习是课本例题1的变式,老师将分析过程通过"笔记流转"分享给每一位学生,并要求学生把完整的解答过程通过拍照形成笔记上传到"云笔记";教师将针对一些书写格式不规范的作业进行纠正,将纠正好的作业通过"笔记流转"分享给每一个学生,提醒学生注意书写规范。	直接利用预习作业展示叠合的过程并说明判定方法2的正确性,同时点明本节课的课题。 通过学生讨论及教师引导将判定方法3转化成判定方法2来说明。 通过学生"圈画"功能及时复习这两种方法。 通过例题及时反馈。 通过数字教材的"笔记流转"功能,让每一位学生都能很清晰地了解到分析过程以及一些典型错误。

续表

教学环节	活动过程	设计意图
课中：指导反馈	（2）本节课的第二部分练习是数字教材配套练习第1至第3题，通过学生作答正确率的统计，对错误率比较高的题型进行讲解。 **四、课堂小结** 最后，全班小结：今天你们学习了什么内容？让学生相互交流，小组讨论。对于回答不完整的内容，学生之间可以相互补充。	通过数字教材的"配套习题"可以快速了解学生的理解程度。 让学生从知识、思想方法、能力三方面总结自己的收获。
课后：加强巩固	让学生完成数字教材14.4的"配套练习"第4、第5题，将今天的笔记进行分析、整理并上传到"云笔记"，以及进行课后反思。对于课内比较模糊的内容可以通过"云笔记"学习加深理解。	课后及时反思反馈，并通过数字教材"云笔记"功能保存课堂的重要内容。

6.10.3　教学实录

环节	活动过程	数字教材应用
课前预习	完成预习作业： 上课之前会以一张简短的任务单的形式给学生安排作业，用于复习前一节的知识：如图，小明不慎把三角形模具打碎为三块，他是否可以只带其中的一块碎片到商店去，就能配一块与原来一样的三角形模具呢？请画出这个三角形模具。 	插入资源：  

续表

环节	活动过程	数字教材应用
指导	（1）思考：如果，在△ABC和△A′B′C′中，已知∠A=∠A′，∠B=∠B′，AC=A′C′，那么△ABC与△A′B′C′全等吗？请说明理由。 问：你能用语言来叙述这一事实吗？ （2）对判定2和判定3进行圈画。 （3）例题讲解。 例1：如图，已知AB与CD相交于点O，AO=BO，∠A=∠B，说明△AOC与△BOD全等的理由。 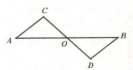 例2：如图，已知AE=AC，∠B=∠D，说明△DEA与△BCA全等的理由。 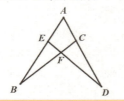	插入资源： 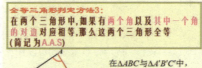 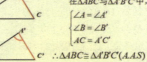 圈画：  笔记流转： 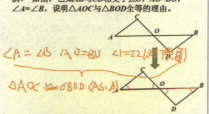 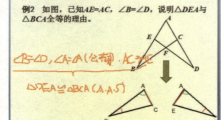

续表

环节	活动过程	数字教材应用
反馈	（1）完成变式练习。 变式 1：如图，已知 AB 与 CD 相交于点 O，$AO=BO$，$AC /\!/ BD$，说明 $\triangle AOC$ 与 $\triangle BOD$ 全等的理由。（一题多解） （2）把书写格式错误的上传到"云笔记"，让学生找出其错误。 （3）完成数字教材配套练习的第 1 至第 3 题。	拍照上传： 笔记流转： 配套练习：

续表

环节	活动过程	数字教材应用
反馈	(4) 针对错误率高的第三题进行讲解。	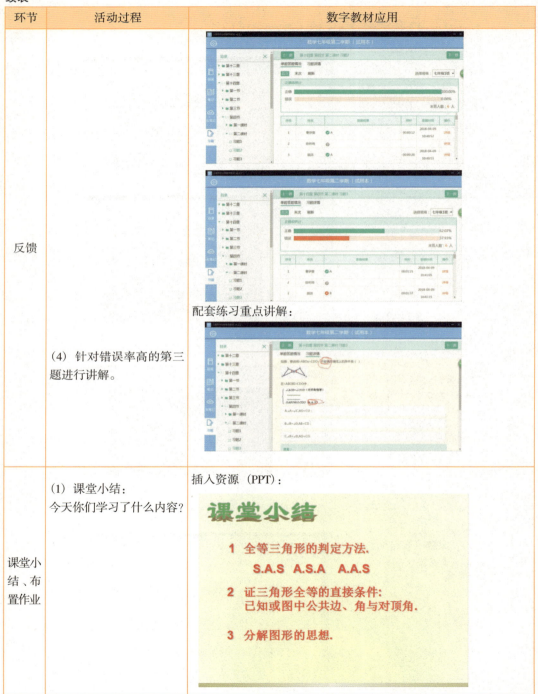配套练习重点讲解：
课堂小结、布置作业	(1) 课堂小结：今天你们学习了什么内容？	插入资源（PPT）： **课堂小结** 1 全等三角形的判定方法. 　S.A.S　A.S.A　A.A.S 2 证三角形全等的直接条件： 　已知或图中公共边、角与对顶角. 3 分解图形的思想.

续表

环节	活动过程	数字教材应用
课堂小结、布置作业	(2) 作业布置。	(1) 完成数字教材配套练习 14.4 的第 4、第 5 题。  (2) 完成练习册 14.4。

6.10.4　总结反思

现代社会飞速发展，教学模式也在不断地转变，数字教材是迄今为止最能实现信息技术与教学的完美结合的应用，是教学最有效的补充。数学这门课是生动形象的，需要学生主动思考并学会将未知转化为已知，而数字教材在这个过程中发挥了非常重要的作用。以本节课为例，我从预习—交流—指导—反馈四步教学法出发，使用"圈画"功能，加深学生对概念和定义的印象；使用"插入资源"功能，让课堂形式多样化；使用"笔记流转"功能，可以增加老师和学生之间的互动，而且更加形象生动；使用"配套习题"，课前统计课后巩固。

旨在充分利用数字教材的多样性功能，让课堂越来越完善，越来越凸显出以学生为主体、教师起引导作用的课堂氛围。

第一，课前让学生将画好的三角形利用"插入资源"功能上传到"云笔记"，教师根据学生上传的作业，了解到 90% 以上的学生已经掌握三角形的画法，所以及时调整教学任务，将引入的重点放在对判定 2 的叠合法说理，主要是利用学生准备的三角形进行演示，同时根据动手操作填写完整的说理过程。

第二，在学生得到判定 2 之后，教师利用"插入资源"功能将数字教材与 PPT 结合，让学生很清晰地了解到文字语言—图形语言—符号语言三者之间的转化，并让学生去探究判定 3 的正确性以及三种语言的转化，从而有意识地培养学生主动思考的能

力，有效地开展探究性学习。

第三，反馈环节主要使用"笔记流转"功能。例1讲解环节，教师首先帮助学生梳理已知和未知条件，并将分析过程通过"笔记流转"云分享给每一位学生，学生独立完成说理过程并通过"笔记流转"再反馈给教师。变式1的一题多解题，要求学生自己进行题目的分析并选择一种方法进行说理，教师将反馈结果进行总结并针对一些典型错误进行讲解，同时规范学生书写格式。最后利用"笔记流转"将错误的纠正分享给学生，并让学生保存笔记，形成学习档案，帮助学生用于课后自主复习。

第四，"配套习题"的使用。本节课在课堂练习环节的第二个练习，让学生完成14.4的配套练习第1至第3题，其中第3题的错误率最高达到了37.93%，因此有针对性地进行了错因分析。配套练习第4、第5题留作回家作业，通过学生的反馈情况，了解到学生对于判定方法的选择还是有一定的问题，这部分将会以专题训练的形式进行巩固加深。

作为新时代的学生，他们无时无刻不感受着信息化带来的便利，学习习惯和学习方式也在潜移默化中发生了很大的变化，更有能力和条件参与到信息化的教学活动中，这对学生而言是一种机会也是一种挑战，同时也对新时代的教师们提出了更高的要求。相信未来的教育将以数字教材为载体，更大程度地提高教师专业素养，激发学生的潜能。

在线教学背景下融合数字教材应用教学

本章主要介绍了在线上教学过程中，我们把数字教材融入初中数学教学，融合多种信息技术，开展在线教学的方法；同时还介绍了通过云研讨方式开展教研活动的案例。对在线教学背景下如何借助信息技术与数字教材深度融合，引领学生从被动学习到自主学习，实践线下—线上教学的迁移，提出了一些可复制可借鉴的经验方法。

7.1 线上教学开启教学方式新篇章

2020 年，新冠肺炎疫情肆虐而来，我们度过了一个漫长且难忘的假期，身为一线教师的我们化身网络"主播"，开启"云课堂"，带学生们体验了一段全新的线上学习模式。

疫情背景下如何借助信息技术与教育深度融合，引领学生从被动学习到自主学习，实现线下—线上教学的迁移，保障"停课不停学"的教学质量，是值得每一位一线教师深思的问题。2020 年 3 月 2 日"空中课堂"开播至今，我校各学科老师们在摸索中前进，教研组、年级组、备课组一直是"研"和"教"同时进行，以线上教学为主题开展"云教研"，对网课进行了经验总结和交流，集中商讨在线教学中出现的问题，相互切磋借鉴，共享丰富的在线资源，不断优化线上教学策略，改变教学方式。

7.1.1 巧借在线教学平台开展师生、生生互动，实现教学全程跟踪

我校是上海市数学教材优秀试验学校，试点班级一直在进行数字教材应用实践研究。通过近几年的不断探索和实践，学校已积累了一些数字教材应用于课堂和自主学习的案例和运用策略。疫情背景下的线上教学，我校以不变应万变，紧密结合新形势下在线教学特点，从已有经验出发，继续开展数字教材融入课堂实践研究，并整合与运用腾讯 QQ、一起中学、问卷星、希沃白板等线上平台，对线上教学实行全程（课前、课中、课后）跟踪。

7.1.1.1 课前预习

在课前预习环节，我校主要采用以"丰富的资源支持"为核心的自主学习模式。从学生的可持续发展出发，借助信息化媒介，培养学生的预习习惯，提高学生的自学

能力。

7.1.1.1.1 借助电子版教材资源，自主划分知识板块

细读教材，标记重点，圈画疑点，反复咀嚼难点，让学生带着问题来听课，对提高课堂听课效率有非常大的作用。学生利用电子版教材进行自主预习，对知识点进行不同颜色的圈画标注（图7-1），形成学生自己独有的电子资料库，多彩的电子教材是纸质版不易实现的。

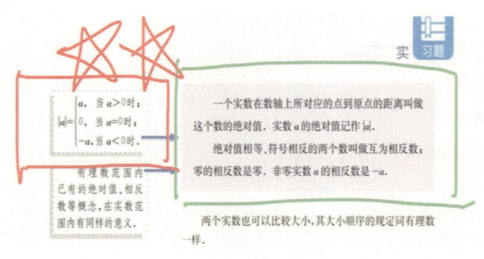

图7-1　圈画标记教材

另外，在线互动时，同步展示电子教材以及鲜明直观地呈现学生预习情况，标记不到位的地方可及时进行指导。

7.1.1.1.2 预习任务单分层发布，先学后教

以夯实基础为前提、以强化重点为目标，教师结合"空中课堂"进行预习任务单设计，根据班级学生学情特点，进行分层发布。学习单作为学生预习指南，有效引导学生"先学"，帮助学生养成自主学习的习惯。同时，教师可以及时获取学生"先学"的情况，在直播互动中有针对性地进行授业解惑，将大大提升"后教"的价值。

7.1.1.1.3 基于平台的大数据分析，精准科学地开展课前检测

在预习过程中，学生学得如何，教学目标的达成度如何，教师难以精准掌握。而借助数字教材的"诊断与练习"功能进行学习后的反馈，不仅能看到班级整体的掌握情况，还能够直接看到学生每道题的答题正确率和答题时间。如图7-2至7-4，在最短时间内精确检测出学生对这节课知识点的掌握情况，以便教师及时调整教学设计，突出解决难点问题。

大题号					
小题号	习题1	习题2	习题3	习题4	习题5
正确率	61.29%	83.87%	77.42%	93.55%	80.65%
只看答错	☐	☐	☐	☐	☐
	B ✓	A ✓	C ✓	C ✓	B ✓

图 7-2　某节诊断练习全班学生的答题情况

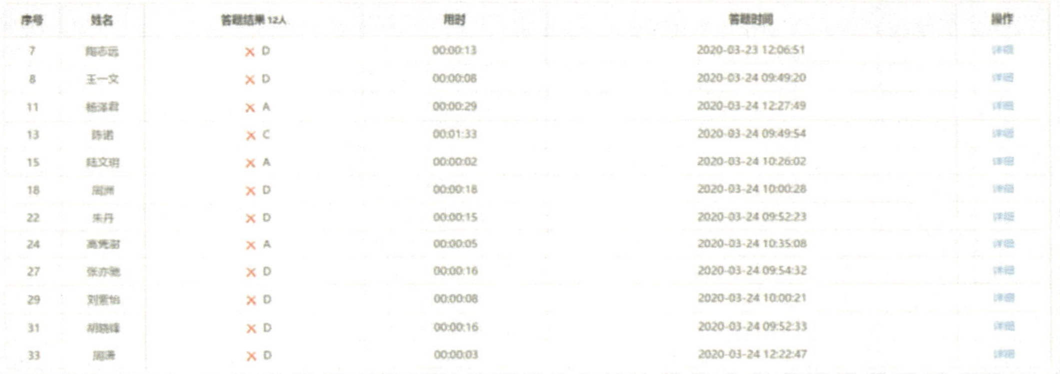

序号	姓名	答题结果 12人	用时	答题时间	操作
7	陶志远	✕ D	00:00:13	2020-03-23 12:06:51	详情
8	王一文	✕ D	00:00:08	2020-03-24 09:49:20	详情
11	杨泽君	✕ A	00:00:29	2020-03-24 12:27:49	详情
13	陈诺	✕ C	00:01:33	2020-03-24 09:49:54	详情
15	结文明	✕ A	00:00:02	2020-03-24 10:26:02	详情
18	周洲	✕ D	00:00:18	2020-03-24 10:00:28	详情
22	朱丹	✕ D	00:00:15	2020-03-24 09:52:23	详情
24	高宪潮	✕ A	00:00:05	2020-03-24 10:35:08	详情
27	张亦驰	✕ D	00:00:16	2020-03-24 09:54:32	详情
29	刘雪怡	✕ D	00:00:08	2020-03-24 10:00:21	详情
31	胡晓峰	✕ D	00:00:16	2020-03-24 09:52:33	详情
33	周涛	✕ D	00:00:03	2020-03-24 12:22:47	详情

图 7-3　某一道题答错学生情况

序号	答案	结果
习题1	D	✕
习题2	A	✓
习题3	C	✓
习题4	C	✓
习题5	B	✓

图 7-4　某一位同学整个练习的答题情况

　　数字教材配套的每道练习都有细致的解题过程，学生遇到无法解决的问题，可以根据学习指导（图 7-5），自主钻研解题过程，总结学习方法。

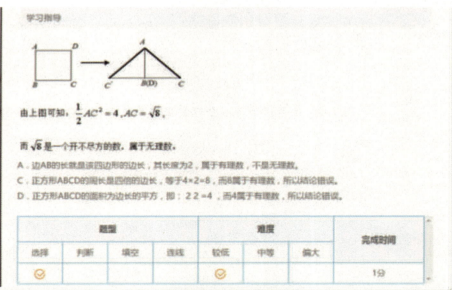

图 7-5　学习指导

除了数字教材可实现大数据分析外，一起中学 App、问卷星等平台同样可实现课前及时检测。

7.1.1.2　课中学习

在课中学习环节，我校主要采用以"直观呈现结果"为关键的互动交流模式，借助 QQ 屏幕分享功能进行直播（也可共享学生屏幕），并建立课中评价机制助力云课堂。

7.1.1.2.1　利用现有图形，提高几何教学课堂效率

七年级下学期起，学生开始几何部分的探究，图形的认知和分解是几何学习的关键。结合数字教材上现有的图形和圈画功能，帮助学生更加清晰地认识图形，并学会从较为复杂的图形中识别基本图形，老师讲解更方便（图 7-6）。

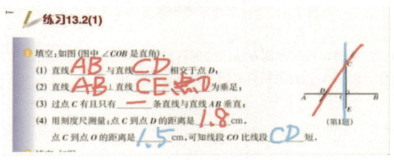

图 7-6　题目讲解

7.1.1.2.2 手动书写板演，提高互动实效性

对于课后习题、练习册等需要板演的题目，利用数字教材的圈画功能（或者希沃白板）直接在教材页面进行标注、演算等（图7-7），直观、形象、动态地呈现过程与结果，深化学生对新知的理解，帮助学生掌握解决问题的步骤。

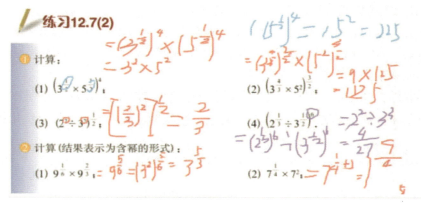

图7-7　题目讲解呈现

7.1.1.2.3 建立课堂评价机制，量化学生课堂参与度

一方面，线上教学时间短，教学任务重；另一方面，学生离开了老师面对面的督促与关注，极易出现走神的现象。建立课堂评价机制，设立奖惩措施，以积分形式量化学生课堂参与度（表7-1），把学生的注意力集中到有限的线上教学中来，可提高学生参与课堂的积极性，加大教学互动力度。

表7-1　课中评价量化表

评价指标	互动次数 （2分/次）		答题质量 （1分/3分/5分）			课中作业质量 （1分/3分/5分）			课中作业提交时间 （按时2分）	
	师生互动次数	生生互动次数	较差	合格	优良	较差	合格	优良	超时	按时
学生1										
学生2										
……										

149

7.1.1.3　课后反馈

在课后反馈环节，我校主要以"建立电子学习资料库、构建知识体系"为目的，引导学生对课堂学习进行进一步的补充和完善，进而形成涵盖学生学习过程的电子档案库。

7.1.1.3.1　在线资源共享，建立学习资料库

优秀笔记与模范作业可利用"云笔记"保存并分享（或者借助美图展评），树立榜样力量的同时，学生可以对比模范作业以及时发现自己学习中存在的问题与不足并修正，真正达到取他人之长补己之短的目的。

学生整理每节的课后习题以及典型例题并上传至数字教材的指定页码处（图7-8），每节每章坚持下来，就会形成学生独有的习题库、错题本，生成学习者的个性化教材。

图 7-8　课后习题上传

7.1.1.3.2　搭建脚手架，整合碎片化知识，构建知识体系

著名教育家赞可夫曾说："教会学生思考，这对学生来说，是一生中最有价值的本钱。"教师以问题链的方式为学生搭建一条层次清晰的思维主线，让学生沿着这条主线进行思考，深化对新知的理解，并抓住不同知识点之间的内在关联，在构建新旧知识联系的基础上，梳理出知识框架，形成知识体系。比如在沪教版初中数学第十二章"实数的概念"一节中，让学生去了解数的拓展过程（图7-9），就是希望学生追根溯源，通过对数的发展过程的挖掘与剖析，深化对知识本质的理解，构建数的发展史的知识体系。

1. 实数的概念
2. 无理数的概念
3. 实数的分类

1. 谈一下你眼中的无理数
2. 如何识别一个数是无理数
3. 了解数的拓展过程

图 7-9　拓展任务

7.1.1.3.3　多元作业布置，后测诊断学习效果

作业的布置不再局限于纸质版材料，提交与批改方式也更多元。作业分为主观题和客观题。其中客观题是根据预习环节前测数据分析和课堂互动表现，有针对性地围绕薄弱知识点、重难点进行自编题目设计的。借助数字教材、问卷星等平台进行专题巩固训练与即时检测，最终通过大数据分析把控教学成效。

在不改变线下教学模式的情况下开展线上学习，我们的学生比较容易接受，线上线下的承接性较好。这场突如其来的"线上战疫"虽然拉开了我们与学生之间的空间距离，但是隔空不隔爱，学生们能始终感觉到老师们一直的"在线陪伴"！

7.1.2　关注线上与线下教学的区别，理性看待在线教学优劣

线上教学不同于传统的线下教学，它不仅打破了时间和空间的限制，更以其灵活多样的授课方式影响着学生的学习方式。

7.1.2.1　线上平台教学资源更丰富，可反复循环利用

线上平台不仅有大量的教学资源，如精美的 PPT 课件、学科视频与音频、习题库等等，还有许多实用的教学软件，如腾讯 QQ 中的屏幕分享、直播间、作业批改、群签到、群公告等功能，希沃白板中的云课件、知识胶囊、计时、放大镜等功能，等等。对教师而言有了更多可选资源、可选工具，如何整合各教学平台，发挥技术功效，提高教学实效，决定了线上教学的质量，同时也将不断鞭策教师们信息化教学技能的成长。对于基础薄弱的学生而言，课上讲解板演的内容可截图保存，典型的例题可录制下来实现再学习。

7.1.2.2　线上教学给予学生更多自主学习空间

苏格拉底说："教育不是灌输，而是点燃火焰。"线上学习中学生自由支配的时间更充足，教师何不借此契机，一改"满堂灌"的教学方式，以讨论式、启发式教学来激活学生的思维和创新意识，让学生有更多时间自主钻研，点燃学生对学习的热情？同时，线上教学便捷高效，知识的呈现直观多样，作业的布置与提交多元精确，也更易激发学生学习的主动性，培养学生个性化的学习方式。

7.1.2.3　线上即时诊断，教学成效由粗略变精确

区别于线下教学纸质版作业的手动批改和统计分析，线上作业的布置与批改时效性更强，大数据分析功能即时呈现课前、课中、课后掌握情况，不仅大大提高了课堂效率，也减轻了教师的负担。

7.1.2.4　线上教学对学生思维的过程较难把控，不易进行因材施教

布鲁纳曾经指出："教一门学科，不是建一个小型的图书馆，而是要学生独立思

考，积极参与获得知识的过程中去。"我们知道线上平台像一个内存很大的储藏室，教师们在线下无法发送的珍贵的教学资源可以毫无保留地发送给学生，但是被动接受远远低于主动思考取得的成效。线上教学的开展，教师隔着屏幕与学生沟通，看不见摸不着，往往鞭长莫及，不能及时掌握全部学生参与课堂的情况，也很难获取每位学生思维的过程，甚至很难捕捉到思想开小差的学生。可想而知，不了解学生的思维过程，如何进行因材施教？而线下教学以师生间面对面的互动交流为主，学生时刻在教师的激励与关注下、同伴的互助与竞争下、家长的督促与监管下，学习方式以及行为规范都在老师可控范围内。往往线下师生间的一个眼神或者一句话，教师就可以感知学生思维的火花，把控整个课堂。

7.1.3　合理利用在线教学优势，整合与优化线上线下教与学

线下班级授课制与线上个性化学习相结合的线上线下混合式教学，将成为引领未来教育的主潮流。疫情得到有效控制后回归课堂，我们需要合理利用线上线下的优势，进行教学模式与学习方式的整合与优化。

首先，做好线上线下学科知识内容衔接。对本校同学已学内容进行即时诊断，针对薄弱环节进行查漏补缺，及时进行知识的梳理归纳与专题训练，引导学生通过自主复习、同伴互助、教师答疑等方式解除疑惑。

其次，做好线上线下教学方式与学习方式的衔接。线上教学有其独特的优势，可以助力线下教学。后续将以线下教学为主、线上教学为辅的模式展开。

具体做法：

（1）回看"空中课堂"视频、课堂笔记等在线资源，有序进行复习安排；

（2）周末时间观看"空中课堂"新增视频资源，线下借助学习单进行补充与完善；

（3）校内师生面对面交流探讨问题，放学后可借助直播对有疑问的学生开展线上个别辅导；

（4）数字教材诊断与练习、问卷星等即时检测功能将继续使用；

（5）班级学生分为 3 个学习小组，晚自习时间开展小组答疑活动，校外可利用交互平台或者社交工具，小组进行线上课外研讨。

疫情下的在线教学对教师而言既是机遇也是挑战，每一次课堂都有可能出现新要求，需要我们共同研讨，共同进步。

7.2 云教研里共创新，云课堂中共成长

7.2.1 问题导向

2020 年新冠肺炎让我们度过了一个漫长且难忘的假期，身为一线教师的我们化身网络"主播"，开启"云课堂"，带学生们体验了一段全新的线上学习模式。

线上学习模式可以让师生接触到海量学习资源，但是缺少面对面沟通交流，这样教师又应该如何了解学生？在传统课堂上，教师可以通过师生之间眼神交流或者一段师生对话来感知学生思维的火花，把控整个课堂。学生时刻在教师的激励与关注以及同伴的互助与竞争下学习，学习方式以及行为都在老师可控范围内。但是线上授课时，对学生思维的过程较难把控，不易进行因材施教。此外，由于线上教学局限性，缺乏让学生自主探究与合作学习的机会，又该如何培养学生的思维和创新意识？

为了帮助青年教师快速适应全新的线上教学模式，上海市新杨中学与延河中学牵手的团队教师们定期开展"云教研"，对在线教学下合理使用数字教材进行了经验总结和交流，集中商讨在线教学中出现的问题，相互切磋借鉴，共享丰富的在线资源，不断优化线上教学策略，改变教学方式。

以沪教版七年级芮德静老师授课的"等腰三角形的性质"为例，教师在线上授课过程中，发现学生课堂活跃度不高，学生作业反映出没有掌握"等腰三角形性质"的问题。所以，创新团队多次开展"云教研"帮助青年教师解决线上授课面临的困难。

7.2.2 情境再现

2020 年 4 月 8 日，这一天像往常一样，两所学校的团队老师们正为"云教研"活动准备着，此次大家"云相聚"的研讨主题为"等腰三角形的性质"的教学。

这节课内容较多、较难，传统教学中主要以讨论式、启发式教学来激活学生的思维和创新意识，学生是课堂主体，教师是引导者，但是在线教学时间有限，师生之间、生生之间被屏幕阻隔，讨论变得异常艰难，且教师无法捕捉学生眼神中的疑惑，课堂极易变成老师照本宣科式地主讲，学生被动接收，学生的思维过程难以获取，一节课上下来，教学目标实际上很难达到预期的效果。

如何能使在线教学依然成为学生为主体的课堂，让学生主动学习、自主探究呢？团队老师们争相献言献策，有的说可以让大家一起开麦讨论，有的说以文字的形式进行"群聊"，但大家的建议很快因为各种原因被否定了。突然，"微视频"的理念被提了出来——为什么不借助微视频开展预习呢？于是，团队的老师们开始一步一步地讨论如何利用数字教材"笔记流转"功能推送微视频和预习任务单，让学生通过观看微

视频预习，完成"等腰三角形的性质"的预习任务。同时教师借助数字教材"云笔记"功能接收学生的预习任务单，并分享优秀任务单，这样既节省课上时间，又让学生自主探索性质。另外，在课中可以利用数字教材的"诊断与练习"功能进行反馈，不仅能看到班级整体的掌握情况，还能够直接看到学生每道题的答题正确率和答题时间，在最短时间内精确检测出学生对这节课知识点的掌握情况，让教师及时调整教学设计，突出有待解决的难点问题。

此时，形式确定了，新问题又来了——如何制作这节课的微视频呢？有的说可以将等腰三角形的性质制作成动画，有的说可以插入几何画板演示等腰三角形的性质，大家头脑风暴想出各种方案。在思维不断碰撞的过程中，大家对"数学史"的引入产生了共鸣。在微视频加入"数学史"的元素，不仅可以揭示出数学术语背后的文化内涵，又能让学生感受到数学思维的丰富多彩。于是，我们确定这节课微视频可以从介绍等腰三角形性质在古代的应用开始，引出古人对等腰三角形的性质——等边对等角的证明方法，继而提出思考：你还可以想到哪些证明方法？这样层层递进，不断地引导学生主动思考，激发学生求知欲。

团队教师在研讨之后再进行"等腰三角形的性质"线上教学时，发现利用微视频以及数字教材之后，由于前期学生已进行了预习，有一定的思考和初步学习，课堂上学生的积极性明显提高，对于部分学生困惑的问题，通过"笔记流转"功能，学生彼此相互学习，互帮互助；教师提前已掌握学生的问题和困难，课堂教学的针对性大大提升。但是，新问题又出现了：对于学生提交上来的作业订正，等教师一篇一篇看完发现问题再找学生，很容易就错过了最佳时效。教师该如何快速批改订正呢？

这一次，团队教师的"云教研"有了前两次的基础，大家很快在数字教材的功能上找到了解决方案。数字教材"诊断与练习"功能，每道练习都有细致的解题过程，学生可以根据学习指导，自主订正，总结学习方法。利用数字教材的"云笔记"功能，给每位学生分配作业订正，采取同学之间相互纠错，最后将错误归纳总结的方式，一起查漏补缺。学生在归纳总结错误的过程中，逐渐学会反思，学会通过反思弄懂题目本质，学会学习。

通过多次研讨，我们线上教学无论是课前学生的预习、课中学生的参与，还是课后学生的反馈，都将学生的积极性、主动性调动了起来，也提升了学生的思维能力。

7.2.3 分析反思

线上教学不同于传统的线下教学，它不仅打破了时间和空间的限制，更以其灵活多样的授课方式影响着学生的学习方式。线上平台不仅有大量的教学资源，如精美的PPT课件、学科视频与音频、习题库等等，还有许多实用的教学软件，如腾讯QQ中的屏幕分享、直播间、作业批改、群签到、群公告等功能，希沃白板中的云课件、知识胶囊、计时、放大镜等功能。对于这些资源，教师应该如何与数字教材融合，更好地服务于初中数学教学？两所学校的团队教师利用"云教研"，分享自己在教学实践活动中的反思、体会和感受，这样大家可以互相借鉴，在互相启迪的过程中开阔思路，让情感在一次次碰撞中得到共鸣。此外，团队教师每次研讨都集思广益，设计出更符合学生学情的教学过程，真正帮助教师由理论走向实践，在实践中构成具有自己特点的教学风格。

在线教学期间，两所学校的团队教师"云研讨"逐步常态化，每一次的线上活动的开展、课堂教学的实践，都是不断积累、沉淀、反思的过程。在这场没有硝烟的战役中，团队教师们不断地发挥学习共同体的作用，不断总结线上教学与学习经验，让数字教材为线上教学添彩，让教育回归学生的成长和发展。

参 考 文 献

［1］赵文璞，郁梅馨. 基于数字教材的教学应用系统设计与应用：以优课数字化教学应用系统为例［J］. 教育信息技术，2013（6）：8-12.

［2］毕海滨，王安琳. 数字教材的特征分析及其功能设计［J］. 科技与出版，2012（7）：13-15.

［3］吴晓东. 高校教材数字化出版的困惑与思考［J］. 编辑之友，2011（11）：18-19.

［4］徐丽芳，邹青. 国内外中小学数字教材发展与研究综述［J］. 出版科学，2020（5）：32-33.

［5］Digital Textbook Collaborative Group. Digital Textbook Playbook［EB/OL］.［2020-08-20］. https : //transition.fcc.gov/iles/Digital Textbook_ Playbook.pdf.

［6］刘忠波. 韩国中小学数字教科书的政策推进、开发出版及问题对策［J］. 出版科学，2020，28（3）：108-113.

［7］Han SS. A Korean Model for Using ICT in Education : Policy［R］. Daegu : Korea Education and Research Information Service，2016：227-229.

［8］李哲，孙峡，李娟，张海. "学习创新工程"：日本面向 2020 年的未来学校设计［J］. 中国信息技术教育. 2014（19）：100-103.

［9］龚朝花. 基于 iPad 的电子教材特征与课堂应用实践［J］. 中国信息技术教育，2013（1）：17-20.

［10］陈俊盛，代毅. "粤教云"环境下数字教材的应用研究［J］. 教育信息技术，2014（9）：64-67.

［11］赵伟琼. 基于移动学习的交互式电子教材的设计与开发［D］. 成都：四川师范大学，2014.

［12］张培华. 纸质教材的数字化未来探析［J］. 出版广角，2017（12）：28-31.

［13］刘春林. 美国数字教科书出版概览（下）：探索数字教科书的应用［J］. 中小学信息技术教育，2013（6）：85-87.

［14］张新宇. 以数字教材融合应用优化在线教学方式的研究［J］. 上海课程教学研究，2020（6）：42-48.

［15］上海市教育委员会. 上海市中小学数学课程标准（试行稿）［S］. 上海：上海教育出版社，2004.

［16］蒋琦，曹辉. 数学教学中的数学文化教育［J］. 数学学习与研究，2020（9）.

［17］李大潜. 浅谈数学文化［J］. 中国大学教学，2013（009）：4.

［18］张齐华. 用文化润泽数学课堂［J］. 人民教育，2006（11）：31-34.

［19］李晓鑫. 浅析弗赖登塔尔的数学教学原则［J］. 现代营销，2011（08）：224-225.

［20］巩子坤.“负负得正”教学的有效模型——兼论教科书的编写［J］. 教学月刊（中学版），2010（01）.

［21］王少非. 课堂评价［M］. 上海：华东师范大学出版社，2013：4-5.

［22］费玉伟. 中学数学课堂教学评价研究［D］. 北京：首都师范大学，2008.

［23］教育部. 基础教育课程改革纲要（试行）［S］. 北京，2001.

［24］教育部. 关于积极推进中小学评价与考试制度改革的通知［S］. 北京，2002.

［25］高婷婷. 初中数学智慧课堂评价指标体系研究［D］. 长春：东北师范大学，2018.

［26］范连众. 初中数学课堂教学评价标准的研究［D］. 大连：辽宁师范大学，2005.

［27］冯剑，周庆忠. 促进初中数学概念理解的策略研究［J］. 中国数学教育，2015（11）：6-10.

［28］上海市教育委员会. 上海市数学课程标准［S］. 上海，2015.

［29］孟梦，李铁安.“问题化”：数学“史学形态”转化为“教育形态”的实践路径［J］. 数学教育学报，2018（3）：72-75.

［30］莫雷. 教育心理学［M］. 北京：教育科学出版社，2007.

［31］温明明. 刍议初中数学概念教学［J］. 南北桥，2017（23）：153-153.

［32］杨杰. 初中数学因式分解内容的教学分析［J］. 新课程（教师），2010（06）：74.

［33］郭志红. 初中生因式分解学习情况的调查与研究［D］. 石家庄：河北师范大学，2016.

［34］Wentworth G，Smith，D.E，Academic Algebra［M］. Boston：Ginn & Co.，1913.

［35］汪晓勤. 美国早期代数教科书中的“因式分解”内容［J］. 中学数学月刊，2016（11）：36-39.

［36］Sheldon. Complete Algebra［M］. New York：Sheldon & Co.，1888.

［37］Nicholson，J W. An Elementary Algebra［M］. New Orleans：F. F. Hansell & Brothers，1888.

［38］Gillet J A. Elementary Algebra［M］. New York：Henry Holt & Co.，1896.

［39］Jocelyn，L P. An Algebra for High Schools and Academies［M］. Philadelphia：Sheldon& Co.，1902.

[40] Hawkes, H E. Complete School Algebra ［M］. Boston: Ginn& Co., 1919.

[41] 中华人民共和国教育部.普通高中数学课程标准（2017 年版)［S］. 北京：人民教育出版社，2017：4-8.

[42] 维克多·J. 卡兹. 简明数学史(第一卷)［M］. 北京：机械工业出版社，2016：49-51.

[43] 张莉. 高中生数学证明的认知研究 ［D］. 四川：四川师范大学，2018：5.

[44] 赵思林. 论数学证明的教育价值 ［J］. 中学数学杂志，2016（10）：5-8.

[45] 余庆纯，汪晓勤. 基于数学史的数学文化内涵实证研究 ［J］. 数学教育学报，2020，29（03）：68-74.

[46] 上海市中小学（幼儿园）课程改革委员会. 数学：八年级第一学期（试用本）［M］. 上海：上海教育出版社，2007：52-55.

[47] 人民教育出版社课程教材研究所，中学数学课程教材研究开发中心. 数学：八年级下册 ［M］. 北京：人民教育出版社，2013：71-85.

[48] 北京市教育委员会. 数学：八年级上册 ［M］. 北京：北京师范大学出版社，2014: 75-78.

[49] 方倩，杨泓. HPM 视角下的初中函数概念教学 ［J］. 中学数学月刊，2016（11）：40-43.

[50] 贾随军. 函数概念的演变及其对高中函数教学的启示 ［J］. 课程·教材·教法，2008（07）：51-54+74.

[51] M. 克莱因. 古今数学思想（第二册） ［M］. 上海：上海科学技术出版社，1979: 125.

[52] 汪晓勤. 19 世纪中叶以前的函数解析式定义 ［J］. 数学通报，2015（5）：1-7.

[53] 马蓉. 函数概念的演变过程 ［J］. 小学教学（数学版），2009（5）：15.

[54] 汪晓勤. HPM：数学史与数学教育 ［M］. 北京：科学出版社，2017：19-23.

[55] 汪晓勤. 基于数学史的数学文化内涵课例分析 ［J］. 上海课程教学研究，2019（02）：37-43.

[56] 上海市中小学（幼儿园）课程改革委员会. 数学教学参考资料：六年级第一学期（试用本） ［M］. 上海：上海教育出版社，2019：126.

[57] 周淑芬. 数学史视角下的小学数学"圆"教学研究 ［D］. 杭州：杭州师范大学，2018：12.

[58] 李文铭，韩红军. 刘徽——中国古代数学贡献最大的人 ［J］. 数学教育学报，2008，17（5）：10-12.

[59] 汪晓勤，程靖.数学史融入数学教学：意义与方式 ［J］.成都师范学院学报，2006（1）：115-120.

[60] 陈大帅. 初中数学概念教学的有效途径探究 ［J］. 新课程导学，2017（20）：1.

［61］董国玉，卢静. 赵爽与《周髀算经注》［J］. 兰台世界，2014（14）：128–129.

［62］成晓明. 让勾股定理与列方程合作共处［J］. 初中生世界，2014（6）：17–18.

［63］李源. 初中数学有效教学之策略探讨［J］. 读写算（教育教学研究），2014（23）：192.

［64］包吉日木图. 中学数学教学中融入数学史的调查研究［D］. 呼和浩特：内蒙古师范大学，2007：12–21.

［65］汪晓勤. HPM 视角下的小学数学教学［J］. 小学数学教师，2017（7）：77–83.

［66］汪晓勤. HPM 视角下的"角平分线"教学［J］. 教育研究与评论（中学教育教学），2014（5）：30–32.

［67］路亚飞，朱哲. 追本溯源 逆向探究——以角平分线教学为例［J］. 中学教研（数学），2015（9）：6–9.

［68］王文，陈清华，徐章韬. 超级画板支持下的"角平分线"教学——对汪晓勤教授一则 HPM 案例的进一步研究［J］. 教育研究与评论（课堂观察），2014（10）：82–84.

［69］冯世豪. 从折纸活动中浅谈学生非认知因素的培养——基于"角平分线的性质"的教学设计［J］. 数学教学通讯，2017（4）:16–18.

［70］汪晓勤，贾小妮. 数学史与初中数学教学——理论、实践与案例［M］. 上海：华东师范大学出版社，2019：295–309.

［71］林昱铮. 数学教学中数学史内容的选择与使用——以"勾股定理"的教学为例［J］. 初中数学教与学，2020（08）：3–5.

［72］吴佩芳. 文化视野下的勾股定理教学设计［J］. 绍兴文理学院学报，2012（12）.

附录　基于数字教材应用的初中数学教学论文

　　附录主要呈现了几位老师在实践中形成的基于数字教材应用的初中数学教学论文，蕴含了较多的基于数字教材应用的数学文化进课堂途径以及教与学的策略，旨在为读者在数字教材具体应用中提供参考。

数字教材背景下数学概念教学五化原则

李德虎

1　研究背景

　　数学概念 (mathematical concepts) 是人脑对现实对象的数量关系和空间形式的本质特征的一种反映形式，即一种数学的思维形式。在数学中，作为一般的思维形式的判断与推理，以定理、法则、公式的方式表现出来，而数学概念则是构成它们的基础。正确理解并灵活运用数学概念，是掌握数学基础知识和运算技能、发展逻辑论证和空间想象能力的前提。

　　概念教学是初中数学最常见的一种课型，影响学生对数学知识的理解与掌握，需要在教学中进行科学的设计。现实的教学中，存在教师弱化对数学概念的理解的问题，更多强调的是通过大量习题，掌握概念的运用。通过多年的实践，笔者主张数学概念教学的五化原则：引入情景化、理解本质化、巩固问题化、应用思想化和小结结构化。

　　数字教材是上海市教研室打造的电子教材，也是富含多种可能的在线学习平台。借助于数字教材的"圈画""笔记流转"和"插入"等功能，有利于概念教学五化原则的实施。

　　本文以沪教版初中数学第十五章"平面直角坐标系"一课为例阐述五化原则。在这节课之前，学生已经学习了实数的概念，知道数轴上的点和实数一一对应，也掌握了基本的几何知识如平行线、垂直和全等三角形，这节课是学生后续学习函数和解析几何等内容的基础。

2　概念教学的五化原则

2.1　引入情景化

引入情景化是指通过情景问题，从学生的最近发展区出去，根据实际问题引导学生对概念进行探究，让学生体会到数学的有用，渗透数学建模的思想方法。

数学课程应为学生探索求知创设合适的情景，重视从问题出发、设计以解决问题的活动为基础的数学认识过程。要让学生在具体的情景中理解概念，经历从现实生活中的事例引出和抽象数学概念的过程，感受数学与生活的联系，学会用数学的眼光观察世界。

师：怎么理解"实数全体与数轴上的点一一对应"？

生：每一个实数都可以用数轴上唯一的一个点表示，反过来，任意数轴上的一个点都唯一地用一个实数来表示。

师：观察三张图片，在生活中，我们是怎么来确定队列中的战士、电影院的座位和教室中同学的位置的？

生：行数和列数、排数和号数。

师：由此请猜想，如何才能确定平面内点的位置？

生：两个实数。

师：这两个实数有没有位置关系？

生：有。

师：我们称为有序实数对。

师：几何图形是直观的，而代数则比较抽象，通过什么样的办法，才能把平面内的"点"和"数"联系起来？历史上，笛卡尔有一天看到屋顶的蜘蛛在捕猎，蜘蛛是如何定位猎物的呢？（引导学生建立平面直角坐标系）

教师借助HPM（数学史与数学教育）微视频，给学生介绍平面直角坐标系的发展历史。

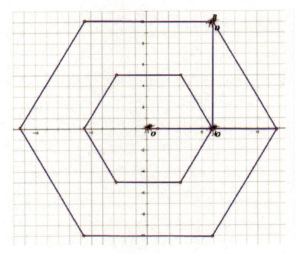

图 1　笛卡尔发现平面直角坐标系

　　平面直角坐标系的建立，包含有生活经验和直观认识的启示，更是理性思考的结果。坐标原点的选取以及坐标轴的确定是人为的，要让学生理解概念的含义和实质。在教学中，教师借助数字教材的"插入"功能，将相关历史素材插入电子教材创造情景，让学生经历概念发生发展的过程，帮助学生自然形成这一概念，利于学生对概念的理解和掌握。

2.2　理解本质化

　　理解本质化是指从概念的内涵与外延两个角度去理解概念的本质，这里强调不仅要通过问题进行辨析，更要关注概念的本质属性以及与其他概念的关联。

　　　　师生共同操作：任意给定直角坐标平面内一点 P，确定表示点 P 的"数对"方法；任意给定有序实数对 (a, b)，在平面直角坐标系中找到唯一的一个点和它对应。

　　　　师：请同学们结合所学几何知识，思考平面直角坐标系内的点和有序实数对是一一对应的根本原因。

　　　　生 1：过一点有且只有一条直线与已知直线垂直。

　　　　生 2：平面内两直线交点唯一。

　　在教学中，教师要求学生在数字教材中圈画这节课的核心概念——平面直角坐标系定义，并批注对这一核心概念的理解。平面直角坐标系本质是使平面内的点与有序实数对建立了"一一对应"关系。"一一对应"学生理解起来有一定难度，授课时教师可指出班级 38 个学生和 38 张课桌的关系给学生直观的体验，再通过具体的操作，引导学生体会这个"规则"。

2.3　巩固问题化

巩固问题化是指通过问题，让学生辨析和掌握概念。教师要选择概念核心问题、学生在概念理解时容易产生偏差的问题或者前后知识易混淆的典型问题，通过填空或者判断适时帮助学生理解和巩固概念。

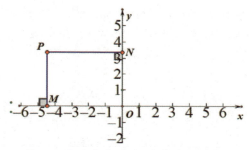

图 2　平面直角坐标系内点的坐标

师：$P(a, b)$ 和 $Q(b, a)$ 在直角坐标系内表示同一个点吗？

生1：对于点的坐标 (a, b)，a 和 b 顺序不能颠倒。

生2：当 $a \neq b$ 时，(a, b) 与 (b, a) 表示不同的点。只有当 $a = b$ 时，(a, b) 与 (b, a) 表示相同的点。

"问题化"是实现数学诸种形态转化的一个最为重要的策略。在数学教学中，借助追根溯源地问、思疑证惑地问以及聚点成块地问，深度发掘数学知识背后的育人资源、要素。在教学中，通过数字教材配套的练习，帮助学生深入理解平面直角坐标系内的点与有序实数对的"一一对应"关系，强调点的坐标是有序实数对。

2.4　应用思想化

应用思想化是指教师要关注运用概念解决问题蕴含的思想方法，让学生触类旁通，从对数学内容和数学知识的直观认识锻炼上升为理性思维。

师：A 点到 x 轴距离为 2，到 y 轴距离为 3，求点 A 坐标。

生1：点 A 坐标是（2，3）。

生2：点 A 坐标是（2，3）（–2，3）（2，–3）或（–2，–3）。

师：你能总结规律吗？

生：A 点到 x 轴距离为 a，其纵坐标为 $\pm a$，到 y 轴距离为 b，其横坐标为正负 $\pm b$。

师：某学校校门在北侧，进校门向南走 30 米是旗杆，再向南走 30 米是教学楼，从教学楼向东走 60 米，再向北走 20 米是图书馆，从教学楼向南走 20 米再向西走 10 米是实验楼，从教学楼向西走 50 米再向北走 10 米是食堂。请你选择适当的比例尺，以小组为单位，借助平面直角坐标系，画出该校的建筑位置图。

学生小组合作完成。

数学思想方法是对数学知识本质上的认识，应用思想化利于学生对知识形成网络，产生解决数学问题的根本策略。平面直角坐标系内点的坐标确定，本质上体现的是一种数形结合的思想。在教学中，教师通过画图问题，让学生小组合作，利用平面直角坐标系进行数学建模，确定学校的建筑平面图，并通过"云笔记"分享给教师。教师通过"笔记流转"把部分学生的解答在全班分享，让学生体会平面直角坐标系的价值。

2.5 小结结构化

所谓结构化，是指将逐渐积累起来的知识加以归纳和整理，使之条理化、纲领化，做到纲举目张。小结结构化是指教师要引导学生从知识层次、思想方法和情感态度价值观等几个方面层次性、系统性地进行小结，让学生的知识形成网络并存储。

师：学习了本节课，你都有哪些收获？

生1：笛卡尔善于观察生活，运用数学知识解决实际问题。

生2：同一平面内互相垂直且有公共原定的两条数轴构成平面直角坐标系。

生3：平面直角坐标系把平面内的点与有序实数对联系起来了，体现了数形结合的思想。

生4：通过合作探究，我运用所学知识解决了建筑平面图的构建。

结构化的小结，一方面是对学生数学表达的培养，另一方面是不同的情感态度价值观，需要在碰撞中产生火花。借助数字教材，学生及时批注自己的想法，或者插入本课小结。借助数字教材的存储功能，让学生在平时的学习中慢慢形成习惯。小结的结构化，利于学生把知识的短时记忆转化为长时记忆，不断地由知识点形成知识链；

同时，挖掘数学知识的人文元素，以及概念和方法蕴含的求真求实的思想，体现数学学科的育人价值。

3　讨论

在数学课堂中使用数字教材，课前教师插入丰富的资源，利于情景的创设；课中通过"圈画""笔记流转"等功能，学生分享交流对概念的理解和问题的解答，利用概念本质的理解；借助数字教材配套的典型练习，当堂检测并获得反馈数据，可以实现对概念的巩固；"笔记流转"可以展示学生对开放性问题的思考，利用应用的思想化，"批注"功能可以帮助学生培养结构化小结的习惯。

数学概念教学的过程，本质上是让学生体会概念形成的过程，理解其产生的必然性和应用的广泛性。在数字教材的支撑下，数学概念教学五化原则体现了以学生为中心、以问题为导向、以思想为重点的三位一体，让学生在学习概念的过程中，深化对概念的理解，培育数学思维品质和关键能力，培养学生数学核心素养。

参考文献：

［1］冯剑，周庆忠. 促进初中数学概念理解的策略研究［J］. 中国数学教育，2015（11）：6-10.

［2］上海市教育委员会. 上海市数学课程标准［S］. 上海，2015.

［3］孟梦，李铁安."问题化"：数学"史学形态"转化为"教育形态"的实践路径［J］. 数学教育学报，2018（3）：72-75.

［4］莫雷. 教育心理学［M］. 北京：教育科学出版社，2007.

［5］温明明. 刍议初中数学概念教学［J］. 南北桥，2017（23）：153-153.

数字教材对中学数学课后反馈环节的优化

鲍成成

1 引言

初中数学学习要求学生在掌握数学知识技能的基础上，还要增强逻辑思维能力、空间想象力、创新能力等，仅仅依靠课上的知识显然已不能满足学生学习的需求，因此课后反馈作为教学的一个重要环节，在数学教学过程中有着不可替代的重要性。

课后反馈是教师帮助学生巩固所学知识、实现课堂教学延伸的有效方式。现在的课后反馈不仅仅围绕课后数学知识，还有对数学文化的培养等多种有助于实现学有余力的学生吃饱、学有困难的学生学好的形式。而传统的课后反馈停留在作业布置以及作业小测验等简单的形式，通过教师批改纠错进行订正，缺乏针对性、即时性和高效性，并且形式单一、枯燥，易使学生失去兴趣，未能充分发挥学生的主体地位，学生往往被动地接受知识而缺乏自主学习、创新学习的能力，在一定程度上限定了学生想象的空间，不足以拓展学生的思维，对学生的成长起到了一定的阻碍作用。

随着信息技术的发展、终身学习时代的来临以及人们对教育认识的不断深化，社会对人才的素质要求产生了巨大的变化。同时信息技术的发展给教师教学发展带来了机遇，其固有优势有利于优化教学过程，优化教师教学效果，提高教学质量，为教学变革提供强大的技术支持。特别是随着新兴教学技术数字教材的出现，转变教师观念、优化教育方式成为一种趋势。

教学亟须充分利用信息技术的优势进行相应的变革，从以教师教为中心转变为以学生学为中心，培养学生的自主学习能力、创新精神与合作意识，以使教学各环节效率最大化。结合数字教材的功能，并针对教学的各个环节，我进行了积极的思考，特别是课后反馈环节。我认为在使用数字教材时需要紧扣教学目标，关注学生所需，系统思考数字教材应用的关键问题，准确把握数字教材的不同应用层次，以更好地发挥数字教材的优势，提高教学效益，真正实现课后反馈是课堂教学的深化和延伸。

2 课后反馈环节亟待解决的问题

2.1 学生个体差异，存在分层现象

课后反馈与课堂教学有着相辅相成的关系，是课堂教学的一个完美补充。而在当前的数学课后反馈中，越来越多的教师在应对学生个体差异方面呈现吃力的状态。我们知道班级中每个学生的数学基础和能力不同，在共同学习一段时间后，总是会慢慢

产生出差异来，从而出现班级分层现象。大部分教师会针对不同的学生制订不同的教学与辅导计划，而这些安排仅仅局限在学生在校时间，因此在实施的过程中，由于时间的局限性、学生的主动性等影响，出现大部分时间花费在专门辅导能够提出问题的学生身上，从而忽略了基础薄弱和学习缺乏主动性的学生的情况，在一定程度上缺乏针对性、灵活性和高效性，因而影响了课后反馈的整体效果，分层现象也没有实质性改善。

2.2　学生自主性、创新型学习能力不足

教师作为课后反馈的实施者，不能仅仅要求学生完成课后习题就可以了，需要结合数学课程学科特点和本班学生特点，拓展数学知识范围，使学生做到以小见大、见微知著。在加强对学生数学学习方法的指导的同时，更要注重对学生自主性、创新型学习方式的指导。在传统的教学中，学生接触最多的就是数学课本、练习册和数学指导教材等等纸质版的资源，师生交流最多的也无外乎知识讲授、习题巩固和解答疑惑，学生在校 90% 以上的收获无疑是学会了一节课的知识。很显然，学生可以考出很高的分数，但是不代表学生拥有丰富的知识和解决问题的能力。

2.3　忽视拓展学生数学视野，缺少数学文化培养

在我们平时的数学教学中，往往过于侧重数学知识的讲授，忽视了对学生数学文化的培养。理解数学的本质，让学生探究所学知识背后的文化内涵，感受数学方法的历史演变过程，对拓展学生数学视野是非常重要的。在教学中可以融入数学史，通过古今方法对比，让学生追随历史的足迹体会到数学学习的相似性，在探究过程中充满成就感，激发学习热情，增加数学趣味性，让我们的数学课堂内容丰富而有深度。数学文化是课堂活力的催化剂，只要找到合适的切入点，就可以充分发挥它的价值。但是由于课堂的时间限制，老师们往往把更多的时间分配在基础知识的应用上，数学文化的渗透严重不足。

3　数字教材在课后反馈环节的应用策略

3.1　行走的资料库——关注学生学习过程中的生成性资源

在课后反馈环节，我一方面引导学生对该节课进行进一步的补充和完善，将课堂笔记、课后作业等学习的过程性材料利用"云笔记"进行指定页码保存并分享；另一方面也非常关注学生的生成性资源。对于优秀笔记和作业，进行整理分类，保存在电子教材相应章节中，及时进行课堂展示与分享，在一定程度上也丰富了我的教学资源。因此，在课堂教学中得以紧紧抓住学生的"疑"与"惑"，帮助孩子们明晰问题，理清思路。

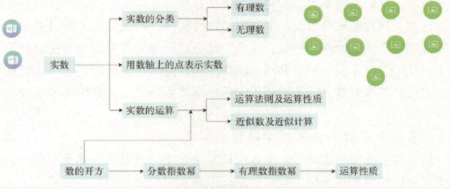

图 1　实数章节思维导图优秀作业示例

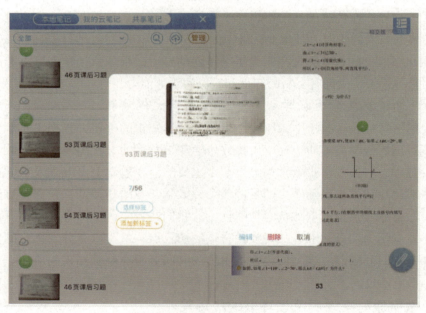

图 2　保存在相应页码处的课后作业集

　　也可以在课后收集孩子们的典型错误，利用数字教材"插入附件"功能，把错误全部集中在相应的章节中，为课堂上进行有效的讲解提供支持。

图 3 "13.5 平行线的性质"典型错题集

还可以将课后收集的学习资源通过"云笔记"分享给基础稍薄弱的学生，让他们利用课后时间进行查缺补漏，也可将学习资源提前发给有需要的学生提前预习，减少因个体差异导致的课堂跟不上节奏的情况，减少班级分层现象。

3.2 基于平台的大数据分析，精准科学地开展课后检测

数字教材的"诊断与练习"功能一直备受试验教师们的喜爱，主要原因是平台自带的大数据分析。教师根据数据分析可以在最短时间内检测学生对这节课知识点的掌握情况，但是只有结果的呈现。至于如何获知学生思维过程，我围绕精准科学、数据分析这两个关键词对"诊断与练习"功能的使用进行了改进。

想要得到"精准科学"的结果，我认为还是要考虑多层因素的。比如数字教材配套题目是否与课堂教学内容一致，五道习题更适用于教学的哪个环节，是预习检测、课中检测还是课后反馈，检测时间如何进行设定，等等。这就要求试验教师进行充分的课前准备。

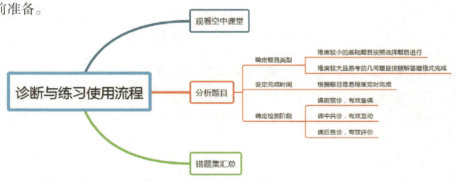

图 4 空中课堂阶段"诊断与练习"使用策略

图 4 是我在"诊断与练习"功能实践探索中总结的使用策略：提前观看空中课堂或者备教材，并根据教学内容对配套习题进行分析。

（1）根据知识点的难易程度、考查范围确定题目类型，对于难度较小的基础型题目直接进行选择答题，通过师生对话获知学生思维过程；对于难度较大且是常考的几何题型，要求学生按照解答题格式完成后再进行答题反馈，通过详细的解题过程，获知学生解题思维。

（2）根据题目难易程度确定完成时间，定时提交。

（3）根据教学内容确定习题适用的检测阶段，即是课前预诊、课中共诊还是课后自诊。

（4）整理每节课答题正确率较低的题目汇总每节的共性错题（如七年级下册共整理出 34 道正确率较低的题目），根据分类罗列的考查内容，可以非常清楚地看到孩子们知识掌握的薄弱环节。

然后依据比较精准科学的"数据分析"诊断，实现课堂教学延伸。

12.1　考查内容：实数的分类　正确率：54.84%

下列说法不正确的是（　）

A. 实数不是有理数就是无理数；

B. 无理数都是无限小数；

C. 不带根号的数都是有理数；

D. 数轴上的任何一点都可以表示实数.

12.2　考查内容：平方根的性质　正确率：48.28%

24 是否有平方根？（　）

A. 是；

B. 否.

图 5　"诊断与练习"共性错题集

3.3　共享笔记自动分类，提高课后作业反馈效率

建立共享笔记文件夹，按学生姓名自动分类保存，显示未提交学生名单，方便进行作业的统计，提高课后作业反馈效率，减轻教师负担。

图 6　共享笔记提交情况

3.4　其他信息技术融合数字教材，实现知识的拓展迁移

作业的布置不再局限于纸质版材料，作业除有常规练习外，可以有针对性地围绕薄弱知识点、重难点进行自编题目设计；可以布置思维导图、查阅资料等拓展性任务；也可以进行课堂的补充，一题多变，借助数字教材"快速编题"功能以及问卷星、希沃白板等平台进行专题巩固训练与即时检测，最终通过大数据分析把控教学成效，对学生思维进行进一步的拓展与提升。作业的提交与批改方式也更多元，可以借助于"插入资源"云分享视频、音频、Word 文档、链接等多种资源，开拓学生的数学视野与动手能力。

3.5　数学史融合数字教材，增强学生数学文化修养

以数学史为载体，让学生利用课后充足的时间更深刻地了解数学知识的本源、数学背后的人文精神以及古代数学家不懈探索、追求真理的品质是非常有意义的。借助数字教材"云笔记"以微视频、网络链接等方式分享数学史料，能更好地传递古人的智慧，动态的画面会给学生视觉的冲击，可以大大激发学生学习数学的兴趣，增强数学文化修养。

如沪教版初中数学第十五章"平面直角坐标系"一课：

相传有一天笛卡尔生病卧床，但他头脑一直没有休息，在反复思考一个问题：几何图形是直观的，而代数方程则比较抽象，通过什么样的办法，才能把"点"和"数"联系起来？突然，他看见屋顶角上的一只蜘蛛，拉着丝垂了下来，一会儿，蜘蛛又顺

着丝爬上去，在上边左右拉丝。蜘蛛的"表演"，使笛卡尔思路豁然开朗。他想，把蜘蛛看作一个点，它在屋子里可以上、下、左、右运动，能不能把蜘蛛的每个位置用一组数确定下来呢？于是在蜘蛛的启示下，笛卡尔创建了直角坐标系。

这节课借助这个有趣的传说，创设问题情境，设计微视频，利用数字教材"云笔记"进行分享，让学生课下提前思考，进而引导学生由一维数轴知识自然过渡到二维空间平面直角坐标系。在这个过程中，学生自主探索出可以通过建立两条数轴来确定平面上点的位置，与数学家笛卡尔的研究不谋而合，从而对这节课产生了浓厚的兴趣，课堂气氛活跃起来，也最大限度地激发学生探求知识的欲望。另外，在了解笛卡尔的故事时，值得肯定的是笛卡尔是个勤于思考的人，因此我在教学中潜移默化地教育学生在生活中要细心观察、多思考，鼓励每位同学相信自己有当数学家的潜能。

图7　笛卡尔发明平面直角坐标系故事的视频

4　结语

数字教材让学生在课后反馈环节留有更多的自主学习的空间，实现了真正的减负；增加了课后反馈的生动性，丰富了课程内涵，为数学课程提供了丰富的学习资源，创设有利于学生发挥主动性和创造性的条件，优化课后反馈等教学过程，优化教师教学效果，提高教学质量。

我相信在数学教学的各个环节发挥数字教材的最大功能，将最大限度地使每个学生的潜能得到开发。著名教育家赞可夫曾说："教会学生思考，这对学生来说，是一生中最有价值的本钱。"数字教材起到的是一个脚手架的作用，而教师要做的就是通过数字教材这个媒介充分发挥学生的主体地位，调动每个学生的学习积极性，让学生学会思考。

数字教材平台下的初中数学复习课初探——以"因式分解"的教学为例

李德虎

1　引言

这节课是沪教版初中数学七年级上册第九章 9.13—9.16 的内容，是在学生学习了因式分解的概念及 4 种常见分解因式的方法的基础上进行的一节复习课。因式分解是第九章整式的重要内容，为后续学习分式的化简及运算、一元二次方程的解法等内容进行铺垫。

七年级学生对新内容感兴趣，但对于系统的复习知识还没有方法，同时复习的主动性和目的性不够明确，这对学生学习这节课内容带来一定的难度。因此，在教学中教师要对他们进行学法指导，尤其要培养他们系统复习旧知的方法和纠错习惯。这节课教学重点为归纳因式分解的解题步骤和注意要点，教学难点为根据 4 种分解方法题型特征编制因式分解问题。

这节课以学生为中心，通过 5 个教学环节，对该部分的知识进行整理，引导学生对适用因式分解 4 种方法的题型特征进行分析。为突出重点、突破难点，笔者尝试使用了上海市数字教材阅读功能、云笔记功能和插入资源功能，以及天闻 AI Class 平台作品库功能。利用上海市数字教材阅读功能，课前学生阅读教材高亮部分（新课学习中的重点），有效地对该部分知识进行复习；利用插入资源功能，教师把课前选择的几篇思维导图共享给全班同学，便于取长补短；利用云笔记功能，学生把数字教材 9.13—9.16 新课的错误问题形成错题集，在复习阶段及时地查缺补漏；利用天闻 AI Class 平台作品库功能，较好地反馈了学生小组讨论结果，教师有针对性地进行了讲评。

依据课程标准和对教材的分析，结合学生已有的知识基础，确定这节课教学目标：

（1）通过思维导图整理因式分解的基本概念和常见的 4 种分解方法；

（2）通过课前练习的解答分析，归纳总结因式分解的步骤和注意要点，体会整体思想和化归思想；

（3）借助数字教材，培养在复习中查错总结的习惯；在小组合作中学习，取长补短。

2 教学设计与实施

2.1 课前：布置课前学习任务

学生：

（1）阅读数字教材 P39—54 中高亮的概念和知识；

（2）尝试自己制作本部分的思维导图；

（3）完成课前练习（A 组基础题，B 组提高题），找出一道因式分解的应用问题并尝试解答。

教师：

（1）通过云笔记插入精选的因式分解思维导图，通过流转笔记分享给全班同学；

（2）对学生的课前预习作业分类整理，进行数据统计，分析错误原因。

学生自主复习因式分解的相关内容，制作思维导图，整理本部分知识。

教师通过布置课前练习，分析学生存在的问题，课上进行针对性讲解。

2.2 课堂教学

环节一：预习成果展示，讨论交流。

（1）小组交流制作的思维导图；

（2）展示几位学生制作的思维导图，同时请其他同学谈一谈所展示导图的优点。

设计意图：通过课前整理的思维导图，复习因式分解概念和 4 种解法。通过小组交流，说一说展示的思维导图的优点，取长补短。

环节二：练习汇报整理。

（1）练习 A 部分统计结果展示；同时归纳四种方法的题型特征。

（2）练习 B 部分问题分析；反思因式分解中常见的错误类型。

设计意图：练习 A 部分考查学生对因式分解基本方法的掌握，练习 B 部分主要是总结反思因式分解的常见错误类型，总结因式分解的一般步骤。

环节三：开放性问题解答。

从 x^2，$4y^2$，$8x$，16，7 这几个单项式中任意挑几个单项式（可重复使用），用加减运算组成一个可以因式分解的多项式，并对这个多项式进行分解因式。

设计意图：通过这个开放性问题，再次巩固教材中四种常见的因式分解的方法，学生自己设计问题，需要掌握各种方法的题型特征。

环节四：整理应用。

（1）每个同学打开数字教材，把新课学习中错误的问题的原因进行归纳整理。还不能理解的问题可以小组讨论。

（2）同学们课前找到的因式分解应用问题，选择典型问题通过 AI Class 平台全班推送，然后请选取题目的同学作为小老师，帮助讲解。

设计意图：结合数字教材储存的新课错题，形成错题集；在复习阶段，及时地查漏补缺，总结出错的原因。简单介绍因式分解的应用，重点让学生说一说这个问题是怎么考虑到用因式分解进行解决的。

环节五：本课小结。

学生自主小结，教师及时帮助学生归纳因式分解的方法及注意要点。

（1）因式分解的方法；

（2）因式分解各方法的特征；

（3）因式分解的注意要点；

（4）因式分解的一般步骤。

设计意图：培养学生归纳概括的能力，对本部分知识进行完整的体系化复习。

2.3 课后反馈

通过云笔记把复习资料插入教材，完成练习；及时整理笔记为后面的学习留下痕迹。

3 分析与讨论

3.1 课前以丰富的资源支持为核心

课前，学生可以通过数字教材对 9.13—9.16 新课的高亮部分进行预习，这样比较有针对性，学生能及时抓住这部分知识的主要内容进行复习巩固。每位同学课前阅读数字教材 P39—P54 中高亮的概念和知识；尝试自己制作本部分的思维导图；完成课前练习，找出一题因式分解的应用问题并尝试解答。教师从中选取了几位较好的思维导图通过云笔记分享给全班。

图 1　思维导图作品示例

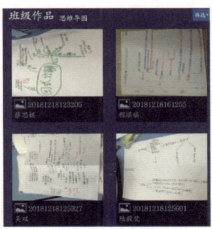

图 2　思维导图作品集

在这节课前，教师利用数字教材插入资源功能插入预习任务单并通过云笔记分享，又通过数字教材云笔记功能收集学生反馈的预习作业和思维导图，并根据掌握情况有针对性地进行指导教学，较以往教学更加凸显"及时性"和"高效性"。课前时间作为辅助教学时间给不同程度学生留有足够的思考时间，进而为课堂教学提供了足够的探究时间，是提高课堂效率的保障。

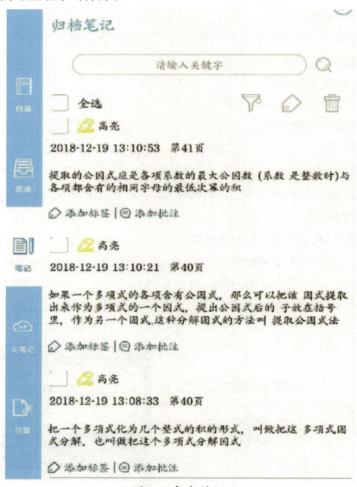

图 3　高亮笔记

3.2　以充分的结果分享为关键的互动交流

课上，学生首先对教师通过云笔记分享的思维导图进行交流，说出别人的优点，相互之间取长补短。在课堂反馈环节，结合 AI Class 平台的班级作品库功能及时把学生的练习完成情况反馈给教师，全部分享进行讨论交流。

借助数字以充分的结果分享开展互动交流学习，相互借鉴，深度思考，利于高级思维的培养。同时，数字教材插入资源、云笔记等功能能够有效整合课程资源、终端设备、教学工具与服务平台，在教和学的过程中能够很好地调动学生的积极性，充分发挥学生的主观能动性。

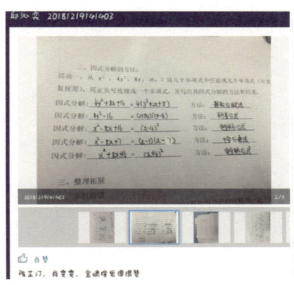

图 4　学生练习作业

3.3　以精准的数据分析为基础的诊断改进方式

　　在环节四中，每位同学平时利用数字教材的笔记功能，把新课课后的错误问题形成错题集拿出来再次反思，对因式分解中的易错点进行归纳小结，养成良好的复习习惯。

　　借助数字教材具备的信息存储功能，教师可以根据学生的平时学习情况，深度分析数据，准确判断学情，并有针对性地调整后续教学策略；学生可以把平时存在的问题进行反思和总结，加深对知识的理解和巩固。

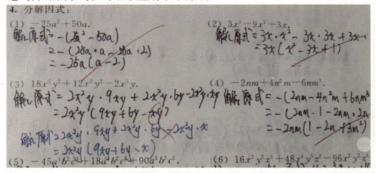

图 5　作业展示

笔者认为，信息技术与教学结合的关键是合理融合。信息技术的使用，相比较传统的课堂，要提高课堂的教学效率。以信息技术与课程合理融合为目标是让教师教得更容易，学生学得更方便，课堂教学更有效。

（摘自《普陀教育》2019 年第 7 期，有改动）

HPM 视角下"十字相乘法"的教学

李德虎　余庆纯

1　引言

"十字相乘法"是沪教版初中数学七年级第九章"整式"第五节"因式分解"的第三课时内容，在掌握提取公因式法、公式法等方法的基础上进一步学习十字相乘法。《上海市中小学数学课程标准（试行稿）》指出：理解因式分解的意义，掌握提取公因式、分组分解、公式法和二次项系数为 1 时的十字相乘法等因式分解的基本方法。在现行沪教版、人教版和苏科版教科书中，十字相乘法的内容呈现互有不同（表1）。在苏科版与沪教版教科书中，十字相乘法为正文学习内容，而人教版教科书则仅在"阅读与思考"部分介绍了这种方法。在引入方式上，人教版、沪教版教科书均以"整式乘法的反向变式"引入十字相乘法，并且借助"十字交叉线"进行因式分解与验算，突出因式分解与整式乘法的互逆性。该引入方式略显生硬，未能突显学习十字相乘法的必要性。苏科版教科书则借助拼图活动创设问题情境引入，引人思考。

表1　"十字相乘法"在不同版本数学教科书中的内容比较

版本	教科书位置	引入方式	十字交叉线
人教版	阅读与思考	整式乘法的反向变式	有
苏科版	正文	拼图活动	无
沪教版	正文	整式乘法的反向变式	有

研究发现，教师常以整式乘法的逆向运算来引入十字相乘法与十字交叉线，未能揭示学习十字相乘法的必要性与引入十字交叉线的重要性，且部分学生对十字相乘法存在一知半解的认知，不能很好地掌握十字相乘法。鉴于此，我们希望从 HPM 的视角，重新设计十字相乘法教学内容，并付诸实施。拟定的教学目标如下：

（1）通过阅读因式分解的历史资料与动手拼图活动，了解历史上二次三项式因式分解的多元方法，发现和提出形如 x^2+px+q 二次三项式因式分解问题，提升问题提出的能力；

（2）观看 HPM 微视频，借鉴待定系数法、多项式的竖式乘法，理解并掌握 x^2+px+q 二次三项式因式分解的十字相乘法，认识十字交叉线的重要性；

（3）经历类比学习，了解从二次项系数为 1 逐步过渡到二次项系数不为 1 的二次

三项式因式分解，认识十字相乘法的历史演变与重要作用。

2 数学史料及其运用

通过史料研究，发现在 1830—1930 年的美国早期代数教科书中，多项式的乘法常借助竖式乘法的形式进行代数运算，比如多项式 $x+a$ 乘以 $x+b$（图 1），其类似于两位数与两位数的竖式乘法。

$$
\begin{array}{r}
x + a \\
x + b \\
\hline
x^2 + ax \\
bx \qquad + ab \\
\hline
x^2 + (a+b)x + ab
\end{array}
$$

图 1 竖式乘法

在美国早期代数教科书中可以发现：对于形如 x^2+px+q 的因式分解，早期教科书给出了配方法、试算法、十字相乘法等方法；对于形如 ax^2+px+q（$a\neq1$）的因式分解，常见有试算法、拆分—分组分解、加减法、换元法、十字相乘法等多元方法。可见，十字相乘法在二次三项式的因式分解中扮演重要的角色。

1888 年，谢尔顿（Sheldon）在代数教科书中对 $10x^2+19x+6$ 因式分解时，思考 $10x^2$ 最可能的因式是 $5x$ 和 $2x$，6 最可能的因数是 2 和 3，又考虑其交叉相乘再相加后为 $19x$，因此得出多项式 $5x+2$ 乘以多项式 $2x+3$（图 2）。同年，尼科尔森（Nicholson）在对 $6x^2+5x-4$ 因式分解时，借助竖式乘法的形式给出了类似运算过程（图 3）。可见，十字相乘法在二次项系数不为 1 的二次三项式的因式分解中作用略胜一筹。

$$
\begin{array}{r}
3x + 4 \\
2x - 1 \\
\hline
8x \\
-3x \\
\hline
+5x
\end{array}
$$

$$
\begin{array}{l}
5x + 2, \\
2x + 3.
\end{array}
$$

图 2 竖式相乘   图 3 运算过程

十字交叉线的起源可以追溯到 1896 年吉雷特（Gilet）的《初等代数》。书中，作者采用交叉线进行因式分解，巧妙地将二次项系数为 1 与二次项系数不为 1 的情形统一起来，便于因式分解与验算，如多项式 $x^2 - 2x - 63$（图4）与 $6x^2 + 7x - 20$（图5）。

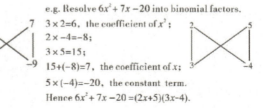

图 4　交叉线因式分解 1　　　　图 5　交叉线因式分解 2

1899 年，费希尔（Fisher）和施瓦特（Schwatt）给出分解 $6x^2 + 19x + 10$ 的八对因式（图6），只有最后一对交叉相乘得到 $19x$，故 $6x^2 + 19x + 10 = (2x + 5)(3x + 2)$。1902 年，乔斯林（Jocelyn）借助交叉线进行多项式 $10x^2 - 11x - 6$ 的因式分解（图7）。1919 年，霍克斯（Hawkes）以实例明确突出十字相乘法与竖式乘法的重要联系（图8）。

图 6　八对因式　　　图 7　交叉线因式分解 3　　图 8　霍克斯实例

基于史料分析，十字相乘法本质上源于多项式的竖式乘法运算，且在运算过程中保留十字交叉线与未知数，这与沪教版教科书的内容基本一致。另一方面，十字交叉线的诞生具有重要的历史意义：辅助形如 ax^2+px+q（$a \neq 1$）的二次三项式进行因式分解与验算，凸显十字交叉线的必要性及重要性，回应为什么要借助十字交叉线进行因式分解的疑问。

3　教学设计与实施

根据史料，这节课教学设计分为发现问题、提出问题、解决问题、讲解新知、应用拓展和课堂小结六个部分。

课前，教师将"因式分解"的相关学习资料分享到电子教材中，通过数字教材的云笔记、笔记流转等功能推送给每位学生，便于学生课前自主预习。

同时，为充分发挥学生的主体性，在课前开展小组合作的拼图活动。每个小组各

有一个面积为 x^2 的 A 型正方形纸片、若干个面积为 x 的 B 型长方形纸片、若干个面积为 1 的 C 型正方形纸片（图 9），小组合作探究：如何拼接一个面积大于 x^2 的大长方形。接着，写出大长方形的长、宽与面积的代数式，并且尝试借助竖式乘法进行验算。

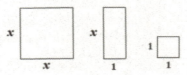

图 9　三种正方形纸片

3.1　发现问题

师：通过拼图活动，同学们能否拼出一个面积大于 x^2 的大长方形？各小组展示一下。

生：（各小组展示拼图）可以。

师：所拼成的大长方形的长、宽与面积各是多少？

生 1：我们组拼出的大长方形，长为 $(x+4)$，宽为 $(x+2)$（图 10），面积为 x^2+6x+8。根据长方形的面积公式，用 $(x+4)(x+2)=x^2+6x+8$ 来表示。

师：认真观察式子，反过来看，你能发现什么？

生 1：（思考）x^2+6x+8 可以因式分解为 $(x+4)(x+2)$。

师：很好，能用式子表达吗？

生 1：$x^2+6x+8=(x+2)(x+4)$。

师：很好！其他小组有新拼法或新发现吗？

生 2：我们拼出来的大长方形面积为 x^2+3x+2，长为 $(x+2)$，宽为 $(x+1)$（图 11），有 $x^2+3x+2=(x+2)(x+1)$。

生 3：我们拼出来的大长方形面积为 x^2+5x+6，长为 $(x+3)$，宽为 $(x+2)$（图 12），有 $x^2+5x+6=(x+3)(x+2)$。

图 10　拼图 1　　　　图 11　拼图 2　　　　图 12　拼图 3

师：很好！通过拼图活动，同学们发现了什么？

生：发现 x^2+6x+8，x^2+5x+6，x^2+3x+2 的因式分解。

设计意图：通过拼图活动与课堂分享，学生思考所拼成的大长方形的面积与长、宽之间的代数关系，发现了一些特殊的二次三项式的因式分解，为后面探究形如 x^2+px+q 的二次三项式因式分解问题做铺垫。

3.2　提出问题

接着，教师引导学生思考 $x^2 + 6x + 8$ 的因式分解方法，学生回顾阅读资料中呈现的方法，如提公因式法、公式法（平方差公式、完全平方差公式）和分组分解法等，体会历史上二次三项式因式分解方法的多样性与灵活性。

然而在实际教学中，学生却意外发现：这是新的一类二次三项式的因式分解，且这类二次三项式不能直接利用之前所学的方法进行分解。

同时，同学们也发现拼图活动中有一个小组无法拼出一个完整的大长方形，引发思考。教师顺势提问：对于形如 $x^2 + px + q$（p，q 为整数）的二次三项式，如何进行因式分解？

3.3　解决问题

随后，播放 HPM 微视频，介绍笛卡儿与待定系数法，启发学生思考。接着，教师引导学生利用待定系数法进行探究，得出分解规律，并且尝试分解 $x^2 + 5x + 6$ 并进行验算。其中，一部分学生借助多项式的竖式乘法进行分解与验算。

> 师：利用待定系数法，探究当 p 与 q 各满足什么条件时，$x^2 + px + q$ 可以分解成为 $(x + a)(x + b)$？请同学们在学案上自主探究，保留因式分解的过程与结果，并通过 AI Class 云课堂平台进行线上实时分享。
>
> 师：大家是如何求解的呢？
>
> 生：因为 $(x + a)(x + b) = x^2 + (a + b)x + ab = x^2 + px + q$，可以得出 $p = a + b$，$q = ab$。
>
> 生：也可以借助多项式的竖式乘法来因式分解。
>
> $$\begin{array}{r} x + a \\ \underline{x + b} \\ x^2 + ax \\ \underline{bx \qquad + ab} \\ x^2 + (a + b)x + ab \end{array}$$
>
> 师：不错！如果反过来，也可以得出这个规律？
>
> 生：可以。
>
> 师：很好！我们发现在 $x^2 + px + q = x^2 + (a + b)x + ab = (x + a)(x + b)$ 中，有一次项系数 $p = a + b$、常数项系数 $q = ab$ 的分解规律。现在请同学们尝试分解 $x^2 - 5x + 6$，并思考进行如何进行验算。

生：$x^2 - 5x + 6$ 分解为 $(x-2)(x-3)$。

师：你是如何进行分解的？

生：把 6 拆为 $(-2) \times (-3)$，$(-2)+(-3) = -5$，因此 $x^2 - 5x + 6 = (x-2)(x-3)$。

师：很好！你能说说为什么先拆常数项系数 6，而不是一次项系数 -5 吗？

生：因为常数项系数是根据乘积 $q = ab$ 来拆分，组合比较少；而一次项系数是根据加减 $p = a+b$ 来拆分，组合比较多，所以我先拆常数项系数 $6 = (-2) \times (-3)$。

师：如何验算拆分是正确的？

生：根据一次项系数来验算，$(-2)+(-3) = -5$。

师：很好，总结得很到位！一般来说，对二次三项式 $x^2 + px + q$ 进行因式分解时，可以先拆分常数项系数，再根据一次项系数进行验算。同学们，能否用简短的语言总结呢？

生：拆分常数项，验算一次项。

师：很棒！同学们还有其他新发现吗？

生：还可以借助多项式的竖式乘法进行验算。

教师顺势引导学生使用十字交叉线进行分解与验算（图 13），进一步小结十字交叉线不仅可以"交叉相乘再相加"来验算一次项系数，而且辅助因式分解。

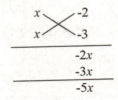

图 13　学生利用竖式乘法引出十字交叉线

设计意图：通过探究、解决问题环节，让学生经历从一般到特殊，再从特殊到一般的过程，培养学生的逻辑推理能力。借助待定系数法，探究得到二次三项式因式分解 $x^2 + px + q = (x+a)(x+b)$ 中一次项系数 $p = a+b$、常数项系数 $q = ab$ 的分解规律。同时，通过多项式的竖式乘法进行分解与验算，自然引出十字交叉线。

3.4　讲解新知

师：利用十字交叉线来分解系数，把二次三项式分解因式的方法叫作十字相乘法。一般地，$x^2 + px + q = x^2 + (a+b)x + ab = (x+a)(x+b)$ 可以用十字交叉线表示。

$$x \times {+a \atop +b} \quad x$$

$$bx + ax = (a+b)x$$

师：现在我们一起来归纳二次三项式分解因式的要点。大家觉得有哪些？

生：拆分常数项，验算一次项。

师：很好！当 $q<0$ 或 $q<0$ 时，a，b 同号还是异号？

生：当 $q>0$ 时，a，b 同号；当 $q<0$ 时，a，b 异号。

师：不错！当 $q>0$ 时，a，b 同号，且 a，b 的符号与 p 的符号相同；当 $q<0$ 时，a，b 异号，且绝对值大的因数与 p 的符号相同。

此外，师生一起归纳小结；

（1）借助十字交叉线来分解系数的书写格式：竖分横积。

（2）完全平方公式分解是十字相乘法的一类特殊情形，如 $x^2 + 2ax + a^2 = (x+a)^2$。

3.5　应用拓展

通过练习巩固新知、拓展提升。

例1　分解下列因式：（1）$x^2 - 7x + 12$；（2）$x^2 - 4x - 12$；（3）$x^2 + 8x + 12$；（4）$x^2 - 11x - 12$。

例2　请同学们尝试自主出题：形如二次三项式 $x^2 + px + q$ 的因式分解。接着将题目上传至 AI Class 云课堂平台的班级作品库文件夹 1；尝试解答其他同学的题目，并将解答题目的过程上传至班级作品库文件夹 2。

例3　尝试分解因式 $3x^2 + 10x - 8$。

3.6　课堂小结

师：通过本节课的学习，大家有什么收获？

生1：我们可以采用十字相乘法分解二次三项式 $x^2 + px + q$。

生2：十字交叉线帮助验算，也帮助分解因式。

生3：笛卡儿是位伟大的数学家，他的待定系数法非常有用。

生4：当二次项系数不为 1 时，我们也可以尝试用十字相乘法进行分解因式。

通过小结，学生点明了这节课的核心内容"十字相乘法"。让人惊喜的是学生指出十字交叉线的真正作用：不仅用于验算，而且也是尝试分解因式的重要手段。

4 学生反馈

基于这节课，笔者对班级学生进行了前测、后测。在前测中，笔者通过问卷调查了解到：仅38%的学生曾了解过部分数学方法的历史发展；约82%的学生喜欢数学小故事，认为可以帮助理解数学方法。可见，学生对数学史融入数学方法的教学有一定的认知需求。

在后测中，笔者对全班36名学生进行问卷调查，并选择其中4名学生进行半结构式访谈，旨在了解学生对这节课内容的感想与建议。在问卷调查中，71%的学生表示通过课前学习资料的阅览，对历史上分解因式的方法有更加深刻的了解；81%的学生表示拼图活动有助于思考形如 $x^2 + px + q$ 二次三项式的因式分解问题；65%的学生表示微视频融入课堂教学能帮助理解待定系数法的数学思想；72%的学生能正确理解十字交叉线的重要意义。

在半结构式访谈中，首先，多数学生认为解决二次三项式的因式分解问题具有多元方法，如提公因式法、公式法、分组分解法和十字相乘法，其中十字相乘法不仅可以化繁为简，而且帮助他们关注二次三项式与所分解的一次因式之间系数的关系，启发多角度理性思考事物之间的联系。其次，学生们均谈及待定系数法、多项式的竖式乘法对学习十字相乘法有重要的启示作用，有效地加强了数学方法之间的相互联系。

此外，对于二次项系数不为1的因式分解的拓展问题（图14），学生们表示十字交叉线既可用于因式分解结果的检验，又可用于因式分解的尝试，可见学生能够将二次项系数为1的情形类比迁移到二次项系数不为1的情形。

2. 你是如何理解拓展问题中的 $3x^2 + 10x - 8$ 分解方法的？你能分解 $4x^2 + 8x - 5$ 和 $6x^2 - 11x - 10$ 吗？尝试写出过程。

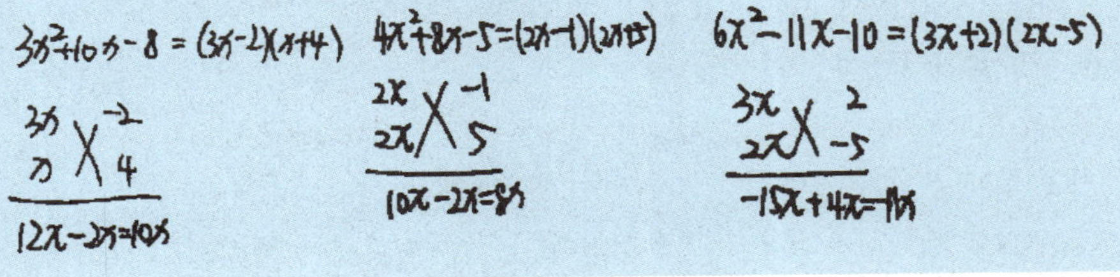

$$3x^2 + 10x - 8 = (3x - 2)(x + 4)$$

$$4x^2 + 8x - 5 = (2x - 1)(2x + 5)$$

$$6x^2 - 11x - 10 = (3x + 2)(2x - 5)$$

图14　拓展问题

5　结语

HPM 视角下"十字相乘法"的教学，借鉴历史发展脉络，构建历史与现实的桥梁，展现数学史的多元价值。通过待定系数法启发学生探究因式分解 $x^2 + px + q = (x + a)(x + b)$ 中一次项系数 $p = a + b$、常数项系数 $q = ab$ 的因式分解规律，利用多项式的竖式乘法自然引出十字交叉线，揭示其对因式分解与检验的重要作用，水到渠成地构建"知识之谐"。借助学习历史资料和 HPM 微视频，学生了解到二次三项式因式分解的多元方法、数学家笛卡儿与待定系数法等趣味历史，在应用中体会十字相乘法之妙，展现"方法之美"。在巩固新知过程中，学生经历十字相乘法的类比拓展，从二次项系数为 1 逐步过渡到二次项系数不为 1 的因式分解，培养学生逻辑推理的核心素养，达成"能力之助"。

此外，这节课融合数字教材、微视频、AI Class 云课堂平台等教育信息技术，带动数学史内容的可视化呈现，促进了学生的自主学习，提高了课堂的教学效率。

参考文献：

［1］上海市教育委员会. 上海市中小学数学课程标准（试行稿）［S］. 上海：上海教育出版社，2004.

［2］杨杰. 初中数学因式分解内容的教学分析［J］. 新课程（教师），2010（06）：74.

［3］郭志红. 初中生因式分解学习情况的调查与研究［D］. 石家庄：河北师范大学，2016.

［4］Wentworth G，Smith，D.E，Academic Algebra［M］. Boston：Ginn & Co.，1913.

［5］汪晓勤. 美国早期代数教科书中的"因式分解"内容［J］. 中学数学月刊，2016（11）：36–39.

［6］Sheldon. Complete Algebra［M］. New York：Sheldon & Co.，1888.

［7］Nicholson，J W. An Elementary Algebra［M］. New Orleans：F. F. Hansell & Brothers，1888.

［8］Gillet J A. Elementary Algebra［M］. New York：Henry Holt & Co.，1896.

［9］Jocelyn，L P. An Algebra for High Schools and Academies［M］. Philadelphia: Sheldon& Co.，1902.

［10］Hawkes，H E. Complete School Algebra［M］. Boston：Ginn& Co.，1919.

（摘自《数学教学》2019 年第 8 期，有改动）

HPM 视角下"演绎证明"第一课时的教学与感悟

张 萱

1 引言

"推理"在《现代汉语词典》中解释为：逻辑学指思维的基本形式之一，是由一个或几个已知的判断（前提）推出新判断（结论）的过程。《普通高中数学课程标准》（2017 年版）中指出："逻辑推理是指从一些事实和命题出发，依据规则推出其他命题的素养。主要包括两类：一类是从特殊到一般的推理，推理形式主要有归纳、类比；一类是从一般到特殊的推理，推理形式主要有演绎。"学生在学习数学的过程中常会用到推理，如讲解数学运算性质的归纳用到的是从特殊到一般的推理；从等腰三角形的学习过渡到等边三角形的学习用到的是从一般到特殊的推理。当时学生并不了解推理的含义，只是运用推理的方式进行学习。沪教版八年级上册"19.1 演绎证明（1）"一节中正式解释了什么是证明、演绎证明以及重点讲解了演绎证明的步骤。本文主要从演绎推理的由来到如何规范地表达演绎推理的角度进行阐述。

"演绎证明"这节课是初中论证几何学习的第一节课。学生几何的学习需要经历直观经验、操作试验到演绎推理的过程。这是学生从感性认识上升到理性认识的一节课，学生通过这节课的学习，为接下来的几何学习奠定基础。这节课在这一章甚至整个几何学习的过程中都起着重中之重的作用。

数学史的引入很好地解释了演绎证明的由来，以及演绎证明的规则，让学生理解什么是"三段论"，理解推理过程中的因果关系，从而更有逻辑地进行表达。贾彬、栗小妮老师的《HPM 视角下的"演绎证明"教学》通过不同的例子讲解了演绎证明的概念，引入数学史讲解"证明"对生活中决策性事件的重要性以及证明一个命题是真命题的方法，侧重点是讲解演绎证明与其他证明的区别以及如何证明一个命题是真命题，对于演绎证明的来源、"三段论"式的推理以及"因果关系"涉及较少。

《上海市中小学数学课程标准（试行稿）》中指出："把握从实验几何逐步向论证几何过渡的要求，进行逻辑推理的初步训练，认识几何结论严格化的过程与方法，了解数学证明的必要性，奠定推理论证的初步基础。"学生从实验几何过渡到论证几何，需要学习几何结论严格化的过程与方法，理解几何证明语句之间的因果关系，从而为后续学习推理论证奠定基础。所以本文重点了解演绎证明的来源、"三段论"的表述以及推理过程中的因果关系，让学生学习基本的逻辑术语，掌握规范的表达格式，从而培养学生的理性精神，培养学生的数学核心素养——逻辑推理素养。

鉴于此，本研究设计了 HPM 视角下的"演绎推理"第一课时的教学内容，并拟定教学目标如下：

（1）通过"对顶角相等"与"三角形的内角和"两例的回顾，初步理解证明的含义，知道推理的基本过程和因果关系的表述，了解"三段论"；

（2）通过数学史的引入，了解"演绎证明"与"三段论"的由来，感悟数学文化以及人类的理性精神。

2 历史素材

材料一：在公元前 6 世纪，希腊人就已经发展了逻辑推理的概念。城邦中活跃的政治生活鼓励人们发展辩论和说服技巧。从当时的哲学著作中，尤其是在埃里亚（Elea）学派的巴门尼德（Parmenides，公元前 6 世纪后期）及其弟子芝诺（Zeno，公元前 5 世纪）的著作中，可以找到许多有关这方面的例子，他们详细地描述了各种辩论技巧，尤其是像"归谬法""否定事件"等。亚里士多德接受了这已有数百年历史的思想，率先超越并编纂了逻辑论证的基本原则。

匈牙利的数学史专家查保认为，数学证明的产生是受希腊哲学影响。当时希腊哲学家的对辩是在双方都认同的一些基本命题基础上进行的，这些基本命题被称为"假说"（hypothesis）。如果遇上有一方不能接纳的情况，一方只能请求另一方先接纳这些假说，并且之后的论证均是基于这些假说。"axiom"来源于希腊词语，原意指"请求"，现在被称为"公理"。

大约 2300 年前，欧几里得写成了他的原著《几何原本》。然而，从那时到现在，还没有发现这本著作的底稿。现存最早的《几何原本》片段，是从埃及公元前 225 年的一些陶瓷碎片上被发现的。欧几里得的《几何原本》是希腊时代甚至可能是整个人类历史上最重要的数学文献，它是除了《圣经》以外发行数量最多的著作。许多著名数学家的传记中都表明，是欧几里得的著作让他们初涉数学，并且事实上也正是《几何原本》激励和促使他们成为数学家。《几何原本》为他们提供了"纯数学"应该如何书写的模式，还让他们接触了经过深思熟虑的公理、准确的定义、仔细陈述的定理以及逻辑清晰的证明。

材料二：亚里士多德认为，逻辑推理应构成在三段论的基础之上，"三段论推理是指，被确定了的某事，由于它的确定，随后必然有另外的某事被确定的推理过程"，换句话说，三段论是由某些被认为是真的命题，及由此得出的另外一些必然也是真的命题构成。例如，"因为猴子是灵长类动物，而灵长类动物是哺乳动物，那么就有猴子是哺乳动物的结论"，这也是三段论推理的例子。

3 教学实践

根据史料，从合理运用 HPM 以及四步教学的角度出发，这节课教学设计分为课前自学、新知讲解、巩固反馈、拓展提升、视频拓展学习五个部分。具体的教学设计如下：

3.1 课前自学

课前，学生通过预习单学习：（1）八年级上册《生命科学》（第 46 页）与《物理》（第 6 页）中所提到的证明。（2）日常生活中，还有哪些与"证明"有关的事件？（3）如何说明两个角相等？

设计意图：自学环节的设计让学生了解到"证明"不仅仅局限于数学学习的需要，在人们日常生活中，"证明"一词也会经常接触到的。学生可以找到"举例证明""实验证明""实践证明""历史证明"等等。这里是为引出数学史上"证明"的来源——起源于辩论做好铺垫。自学练习第 4 题的设计是让学生将从七年级所学过的实验几何到论证几何进行对比，为这节课的学习做好铺垫。

3.2 新知讲解

通过对自学环节内容的交流，引出演绎证明的概念以及证明的由来，并为"三段论"的推理做好铺垫。

【教学片段 1】

师：同学们的预习作业完成得很好。同学们列举了"实践证明""实验证明""举例证明"，那么我们在数学的学习中有"证明"吗？如何对数学结论的正确性进行证明呢？相信通过今天的学习，你会有新的收获。

自学练习的第 4 题，同学们都回答了 $\angle A = \angle D$，哪位同学愿意讲一讲你们小组是如何说明 $\angle A = \angle D$ 的？

生 1：通过量角器量一量，发现 $\angle A = \angle D = 53°$。

生 2：通过把两个三角形剪下来，叠合在一起，发现两个角相等。

师：还有没有其他的方法呢？如果我们手边只有直尺，没有量角器以及其他测量工具，不通过叠合法，我们还有没有其他的方法可以说明 $\angle A = \angle D$ 呢？

生 3：可以测量边长，通过 $AB = DE$，$AC = DF$，$BC = EF$，利用 SSS 证明两个三角形全等来说明 $\angle A = \angle D$。

师：很好，同学们的回答都很棒！有的同学说目测这两个角相等，我们把它称之为直观说明，有的同学把两个三角形叠合在一起或者通过度量来说明，我们把它称之为操作确认，这两种方法我们在七年级就已经学习过，还有的同学通过 SSS 来证明 $\angle A = \angle D$。这些方法中，你觉得哪一种最可靠、最有说服力呢？

生4：通过 SSS 来证明 $\angle A = \angle D$。

师：历代数学家们也为这种最可靠、最有说服力的方法而着迷，从而投身于数学的研究与学习。世界数学大师丘成桐教授在读小学时，数学常常考不好，对千篇一律的练习，感到枯燥乏味，直到13岁接触到平面几何，发现能用简单的公理来推导漂亮复杂的定理时，情况才有所改变。他随即尝试自己找出有趣的命题，利用公理加以证明，沉迷当中，其乐无穷。爱因斯坦曾说："在12岁时……当我得到一本关于欧几里得平面几何的小书时所经历的。这本书里有许多断言，比如，三角形的三个高交于一点，它们本身虽然不是显而易见的，但是可以很可靠地加以证明，以至任何怀疑似乎都不可能，这种明晰性和可靠性给我造成了一种难以想象的印象……如果我能依据一些其有效性在我看来是不容置疑的命题来加以证明，那么我就完全心满意足了……对于第一次经验到它的人来说，在纯粹思维中竟能达到如此可靠而又纯粹的程度，就像希腊人在几何学中第一次告诉我们的那样，是足够令人惊讶的了。"

师：这种从已知的概念、条件出发，依据已被确认的事实和公认的逻辑规则，推导出某结论为正确的过程，我们称之为演绎证明。

（引入材料一）

设计意图：通过材料，让学生了解"演绎证明"的由来，意识到数学的学习离不开前人的不断探索与思考，以及前人为之所做出的努力。

【教学片段2】

师：今天我们就来学习"演绎证明"，演绎证明最常用的就是"三段论"式的推理。

引入章头语的一段话：

"人是要死的。"

"苏格拉底是人。"

"所以苏格拉底是要死的。"

第一句话是公认的"公理"，第二句话是已知的事实，第三句话则是根据第一、第二句话所说两个前提推出的结论，其可靠性不容置疑。

（引入材料二）

设计意图：了解"三段论"的由来以及段与段之间的因果关系。

我们初步知道了什么是演绎证明，并从中看到演绎证明的每一步推理都必须有依据，通常把每一步的依据写在由其得到的结论后面的括号内；整个证明由一段段的因果关系连接而成，段与段前后连贯，有序展开。

接下来通过例题进一步讲解段与段之间的因果关系，让学生体会每一段之间的逻辑。这样，前一段的"果"为后一段提供了"因"，一连串这样连贯、有序的因果关系组成了完整的证明。

3.3 巩固反馈

阅读下面的证明过程，说一说其中的因果关系。

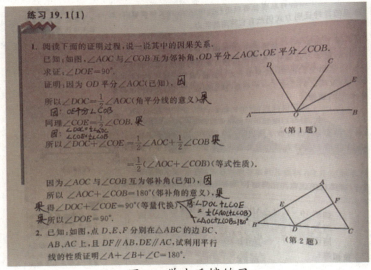

图 1　学生反馈练习

3.4 拓展提升

求证：四边形内角和是 360°。

通过本题与前面练习题目的比较，学生可以发现本题需要先画图，写出已知求证，为下节课学习证明一个命题是真命题做好铺垫。题后让学生思考如何证明一个命题是假命题。

3.5 视频拓展学习

播放小视频，小视频讲解了三段论，强调了大前提、小前提以及结论之间的关系，进行举例说明，然后讲解了如果大前提错误，则结论就会错误的例子——柏拉图的错误三段论。柏拉图曾经这样说过："凡是两腿走路且浑身不长毛的动物就是人。"然后他的学生就将一只拔了毛的鸡拿到他面前说："这是人。"通过这个视频，学生再次体会到了因果关系及三段论，并激发起学生讨论如何正确运用三段论进行演绎证明以及了解更多数学史的兴趣，为培养学生逻辑推理的核心素养奠定基础。

图 2　柏拉图错误三段论

3.6　课堂小结

通过学生谈收获，复习这节课的知识内容，引导学生总结所体会到的数学思想，锻炼学生数学语言的表达能力，培养学生归纳概括的能力。通过课堂小结，可以让师生、生生之间再次进行交流。交流的过程可以促进学生理解这节课所学，同时帮助教师掌握学生这节课的学习情况。

这节课结束后，共 35 位同学参加了问卷调查。对于"通过今天的学习，你知道什么是证明吗？请叙述"一问，100%的同学能根据书中定义正确叙述。对于"这节课你印象最深的是什么？为什么？请举例说明"一问，65.7%的同学对"三段论"印象最深，22.9%的同学对"因果关系"印象最深，11.4%的同学对"柏拉图的错误三段论"印象最深。大部分学生对这节课的"知识之谐""方法之美"收获最大，其次是"能力之助"和"文化之魅"。由于时间关系，课堂中对于数学家们研究证明所经历的历史时期讲解过少，使得"德育之效"没有得到很好的体现，这个可以作为下次教学时需要改进的方面。

图3　学生后测问卷1　　图4　学生后测问卷2　　图5　学生后测问卷3

通过这节课的学习，学生对这节课所要达成的目标基本掌握，对"三段论"以及"因果关系"印象最深刻，为后续几何证明这一章的学习做好铺垫，为学生逻辑推理的表达以及逻辑推理核心素养的培养奠定了扎实的基础。

4　教学反思

这节课的主要教学内容是演绎证明的由来、三段论的推理以及因果关系的理解与表述。通过自学环节，学生感受"证明"一词在各个学科以及日常生活中的作用，为演绎证明的由来——数学史的介绍奠定基础。通过学习新知环节，"章头语"等因果关系的讲解，学生对于"三段论"的方式推理有了进一步的了解与认识，掌握段与段之间的因果关系，使学生顺利地完成从实验几何到论证几何的过渡，强调证明的必要性；学生在学习知识的同时，体会到了数学的严谨性以及数学表达的逻辑性。通过反馈环节，夯实学生这节课所学知识的掌握程度。通过提升环节，拓展学生的知识面，拓展提升环节的设计不仅提升了学生的思维深度，从三角形拓展到四边形体会化归思想，也为下节课学习如何证明一个命题是真命题埋下伏笔。最后通过小视频，再次体会三段论，学生会意识到学习规范表达的重要性，从而激发学生探究数学史的兴趣，也为逻辑推理核心素养的培养奠定基础。

4.1　数学史助力教学，"追本溯源"探索逻辑推理的由来

在这节课中，数学史的运用主要是"附加式"。通过微视频，展现历史上"证明"的由来。以讲故事的形式，介绍多位数学家对几何问题特别是演绎推理的热爱，介绍《几何原本》这一伟大著作，以及它所带给人类的影响。让学生感受到"演绎证明"并不是凭空而来的，它也是人类通过不断地思考与努力，逐渐形成的说服他人的一个有力的方式，进而感悟到学习"演绎证明"的必要性，感悟到数学家的执着精神，也为

学科德育的渗透埋下一颗种子。

4.2　培养学生逻辑推理能力，感悟人类理性精神

学生对几何的学习离不开逻辑推理，有序、有条理的表达可以让学生发展自己的思维能力，感受到逻辑推理带给人们的快乐，感悟到它的重要性，从而体会人类的理性精神。

4.3　数字教材将教材数字化，提供交互式体验

信息化时代数字教材的使用贴近了学生的日常生活，数学课堂更加活灵活现地呈现在学生面前，学生在课堂中有了更多视频、图片等资料的体验，并且这些资料能长期保存，为后续的学习提供有益的尝试与探索。

5　结语

HPM 视角下的"演绎证明"第一课时的教学体现了数学史中数学文化的内涵，通过数学史的引入，学生了解了"证明"这一数学知识点的来源以及演进过程，并通过其他学科中的"实验证明""实践证明"更广泛地理解了"证明"一词。通过数学史的引入，更好地培育了学生的逻辑推理素养，体现了数学学习的价值，为学生的终身发展奠定了不可或缺的基础，同时加深了教师对教材的理解，为教师的专业成长助力。

参考文献：

[1] 中华人民共和国教育部. 普通高中数学课程标准（2017 年版）[S]. 北京：人民教育出版社，2017：4-8.

[2] 上海教育市教育委员会. 上海市中小学数学课程标准（试行稿）[S]. 上海：上海教育出版社，2005：57.

[3] 维克多·J. 卡兹. 简明数学史（第一卷）[M]. 北京：机械工业出版社，2016：49-51.

[4] 张莉. 高中生数学证明的认知研究 [D]. 四川：四川师范大学，2018：5.

[5] 赵思林. 论数学证明的教育价值 [J]. 中学数学杂志，2016（10）：5-8.

基于数学史的数学文化课例研究——以 HPM 视角下 "函数的概念" 为例

李德虎

1 引言

HPM（History and Pedagogy of Mathematics，数学史与数学教育）视角下的数学教学，是指借鉴数学知识的发生发展，再现历史上的数学思想方法，采用适当的方式运用数学史料以提升教学的有效性、优化数学教育价值的一种教学方式。

"函数的概念"是沪教版初中数学教科书八年级上册第十八章第一节的内容，主要通过实例学习变量、常量、函数等相关概念，领会函数的意义，初步感知函数的表示方法。《上海市中小学数学课程标准》指出：通过身边事例与生活实例，具体认识变量以及变量之间的相依关系，展示函数概念的形成过程，体会函数的意义。可见，初中"函数的概念"是从常量过渡到变量的启蒙课，引导学生形成动态的数学观，为后续学习正比例函数、反比例函数、一次函数、二次函数等内容，以及高中阶段函数、数列等内容，打下坚实的认知基础。

基于现行的沪教版、人教版、北师大版等教科书，对"函数的概念"的概念界定、引例内容等方面进行比较分析（表1）。首先，不同版本的教科书对于"函数的概念"的界定存在差异。沪教版教科书介绍了"变量依赖关系"的函数概念界定，而人教版、北师大版的教科书则阐述了"变量对应关系"的函数概念界定。其次，在函数概念的引例内容上，普遍引入实际生活实例，突出"数学来源于生活，服务于生活"的本质。其中，沪教版的教科书基于刻画"地球的特征"问题情境，引导学习长度、面积、体积、质量、温度、时间、速度等常见的数量；再通过"环绕地球飞行的同心圆"问题，引入常量、变量的概念；接着以"汽车行驶的路程 x（千米）与油箱里剩余的油量 y（升）之间的变化关系"引出函数的概念。人教版教科书通过圆的面积、人口统计图等实例，讲解函数的概念。北师大版教科书通过高度与时间、层数与总数等实例，阐释函数的概念。实践发现，学生对函数概念的理解存在一定的认知困难，而3版教科书的引例内容普遍比较直接，没有回答清楚学习函数概念的必要性。

表1　"函数的概念"在不同版本教科书中的比较

版本	概念界定	引例内容
沪教版	（变量依赖关系）在某个变化过程中有两个变量设为 x 和 y，如果在变量 x 的允许取值范围内，变量 y 随着 x 的变化而变化，它们之间存在确定的依赖关系，那么变量 y 叫作变量 x 的函数。	同心圆中半径问题和行程问题
人教版	（变量对应关系）在一个变化过程中有两个变量 x 和 y，并且对于变量 x 的每一个确定的值，y 都有唯一确定的值与它对应，我们称 y 是 x 的函数。	行程问题、单价与总价、圆的面积、矩形的长与宽、心电图和人口统计图
北师大版	（变量对应关系）在一个变化过程中有两个变量 x 和 y，并且对于变量 x 的每一个值，变量 y 都有唯一的值与它对应，我们称 y 是 x 的函数。	高度与时间、层数与总数和热力学温度与摄氏温度

函数是中学数学的重要概念之一，是培育数学抽象、数学建模等数学核心素养的必要抓手。在历史长河中，不同文明、不同地域的数学家在"函数"这一数学课题上的贡献，推动函数概念的定义不断演进：17世纪，莱布尼兹（G. W. Leibniz，1646—1716）的"幂"定义——18世纪初，伯努利（J.Bernoulli I，1667—1748）的"代数式"定义——18世纪中叶至19世纪30年代，欧拉（L. Euler，1707—1783）的"解析式"定义——19世纪40年代后，欧拉改进的"变量依赖关系"定义——19世纪，狄利克雷（P. G. Dirichlet，1805—1859）扩展的"变量对应关系"定义——20世纪，布尔巴基学派的"集合对应关系"定义。

鉴于此，基于HPM视角，从学生的基本学情出发，可在教学中重构式地展现函数概念的建构与发展过程，引导学生突破概念学习的认知障碍，加深对函数概念本质的理解，追寻数学家们的火热思考，渗透精彩多元的数学文化。拟定HPM视角下的初中"函数的概念"的教学目标如下：

（1）通过"滴滴打车""嫦娥一号"等具体实例的辨析，初步掌握变量、常量和函数的概念；

（2）借助"鸡兔同笼""炮弹轨迹"等数学史料创设情境，经历函数概念的发现和发展过程，学会用运动、变化的观点看待事物，感悟变化过程中的两个变量之间相互依赖的含义，理解函数的概念本质；

（3）选取莱布尼兹、欧拉和狄利克雷等人的函数观点形成HPM微视频，学生通过讨论交流，体会多元的数学文化，培育抽象思维、批判质疑和数学建模能力。

2　史料运用

函数概念的历史源远流长，古巴比伦人在公元前2500年左右广泛使用的60进制的各种数表、古希腊人根据弧的度数确定弦长的正弦表等都是函数的早期形态。罗马时代的丢番图对不定方程已有相当研究，至少在那时已经思考变量之间的关系；1615年，开普勒推导出圆的面积计算公式，其实已经揭示了圆的半径和面积两个变量之间的函数关系。

对运动与变化的研究是函数概念产生的直接原因。在 17 世纪，科学家面临着解释地球运动、天体运动、抛射体运动以及如何测量时间的问题。这一切问题的核心都是运动与变化。数学从对运动的研究中引出了一个基本概念——函数。

通过史料查找，在 1797 年—1855 年的欧美 30 部微积分著作中，就有 14 种解析式定义、15 种依赖关系定义和 1 种运算结果定义，仅依赖关系的定义又有 4 种不同的表述方式。

其中 19 世纪法国数学家库诺在其《函数论与微积分》中较为详细地回溯了函数概念的历史：古代分析学家将任一量 x 的不同次幂称为 x 的函数。约翰·伯努利最早将 x 的函数从 x 的幂拓展到用代数符号来表达的与 x 相关的所有的量 y。

德国数学家莱布尼茨在写于 1673 年的手稿《反切线或函数方法》中创用 "functio"（英文 function）一词来表示具有特殊作用的某个几何量，如一个图形中的线段。欧拉 1748 年在《无穷分析引论》中首次用 "解析式" 来定义函数——一个变量的函数是由该变量和一些数或常量以任何方式组成的解析式。1755 年欧拉在《微分基础》更新了函数的定义——如果某些量依赖于另一些量，当后面这些量变化时，前面这些变量也随之变化，则前面的量称为后面的量的函数。这也是我们教材上函数概念的来源。1837 年狄利克雷认为怎样去建立 x 与 y 之间的关系无关紧要，给出了经典函数定义：对于在某区间上的每一个确定的 x 值，y 都有一个确定的值与之相对应，那么 y 叫作 x 的函数。

"函数" 一词是我国清代数学家李善兰在翻译《代数学》（1895 年）一书时，对 "function" 的翻译。中国古代 "函" 字与 "含" 字通用，都有着 "包含" 的意思，李善兰给出的定义是："凡式中含天，为天之函数。" 中国古代用天、地、人、物 4 个字来表示 4 个不同的未知数或变量。这个定义的含义是：凡是公式中含有变量，则该式子叫作函数。

约翰·伯努利

欧拉

李善兰

古代分析学家把幂看作函数

1718 年约翰·伯努利认为函数是用代数符号表达的与 x 相关的所有的量 y

1755 年欧拉在《微分基础》用"依赖关系"来定义函数

1895 年清代数学家李善兰在翻译《代数学》把"function"译成函数

1673 年莱布尼茨创用 function 一词来表示具有特殊作用的某个几何量

1748 年欧拉在《无穷分析引论》中首次用"解析式"来定义函数

1837 年狄利克雷利用对应关系给出了经典函数定义

莱布尼茨

欧拉

狄利克雷

图 1　函数概念演变的时间轴

在教学中，主要采用重构式和附加式融入数学史料：

（1）重构式。在"创设情境"环节中，借助上述史料，分别设计了石块计数、士兵数量、鸡兔同笼、圆的面积、炮弹轨迹 5 个情境，采用重构式融入教学，让学生经历函数概念的发现过程。

（2）附加式。在"交流讨论"环节中，制作了 HPM 微视频，采用附加式，把莱布尼兹、欧拉和狄利克雷几位数学家对函数概念的贡献做介绍，让学生了解函数概念的发展过程。

3　教学实践

HPM 视角下初中"函数的概念"教学，主要分为 5 个教学环节：（1）创设情境环节中，引出函数主题，讲解常量和变量概念；（2）讲解新知环节中，借助"鸡兔同笼""炮弹轨迹"等数学史料创设情境，经历函数概念的发现过程并归纳出函数概念；（3）辨析实例环节中，对"滴滴打车"计费、"气温与时间"等实例进行剖析，加深对函数概念的理解；（4）交流讨论环节中，借助 HPM 微视频和"函数机器"，帮助学生理解函数概念的本质；（5）课堂小结环节中，学生自主发言交流，思维碰撞，升华对函数概念的认知。具体的教学设计如下。

3.1　创设情境

通过"滴滴打车"软件的计费问题，创设函数在日常生活的应用场景，引入主题；同时，借助"嫦娥一号"奔向月球的图例，帮助学生体会变量与常量的概念，渗透爱国主义教育。

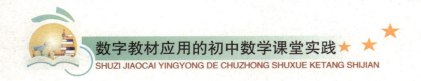
师：同学们用过"滴滴打车"软件吗？（教师打开滴滴打车软件，希沃投影）大家看，这个软件我们默认出发地为学校地址，只要我们任意输入一个目的地（教师分别在软件中输入东方明珠、虹桥站和浦东机场），大家发现了什么？

生：打车的总费用发生了变化。

师：对，那么这个软件是怎样计算这个路费的呢？这节课我们一起来探究一下！

师："嫦娥一号"是我国首颗绕月人造卫星，下图展现了在奔月过程中，在到达指定的时间和地点的变轨过程，这个数字如 200 公里、51000 公里、12 小时、48 小时会变化吗？

生：不会变化。

师："嫦娥一号"奔向月球的过程中，从离开地面那一刻起，时间 t 和"嫦娥一号"离我们的距离 S 的值有变化吗？

生：会发生变化。

师：在问题研究的过程中，保持数值不变的量叫作常量（常数），可以取不同数值的量叫作变量。

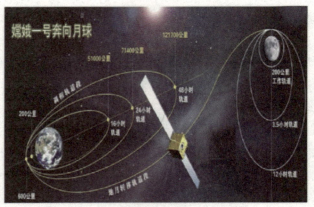

图 2　"嫦娥一号"奔月变轨图

3.2　讲解新知

借助数学史料，重构函数概念的引入。以时间为轴，分别从计数中的对应关系（约公元前 3000 年）、战场中士兵数量、鸡兔同笼问题（4 世纪）、1615 年开普勒的圆面积计算公式和 17 世纪炮弹高度问题导入，学生感悟变化过程中的两个变量之间相互依赖的含义，从而理解函数的概念，渗透函数的思想。

师：古人很聪明，很早就知道用数字来计数，一个石头用数字 1 来表示，两个石头用数字 2 来表示，三个石头用数字 3 来表示，现在有很多石头，我们如何表示呢？

生：用字母 n 来表示。

师：这个 n 是常量还是变量？

生：变量。

师：石头的数量与数字之间是否存在确定的依赖关系？

生：存在确定的依赖关系。

师：古代一场大规模战争中，几个部队的士兵不断地聚集前往战场，指挥官想知道有多少士兵参战，要求每位到达的士兵丢下一个石块，这样他就可以通过计算石块得到参战的士兵数量。这个过程中，士兵数量和石块数量是否存在确定的依赖关系？

生：存在确定的依赖关系。

师：如果我们设石头数量为 x 个，士兵数量为 y 名，能否表示出这种确定的依赖关系？

生：$y = x$。

师："鸡兔同笼"是中国古代著名典型趣题之一，记载于《孙子算经》之中。今有雉兔同笼，上有三十五头，问雉兔各几何？

生：设鸡有 x 只，兔有 y 只，由题意可知：$x + y = 35$。

师：兔有多少只？怎么表示？

生：$y = 35 - x$。

师：鸡兔同笼问题中常量、变量分别是什么？

生：常量是 35 头，变量是鸡的数量 x 和兔的数量 y。

师：变量的取值范围是什么？

生：$0 \leqslant x \leqslant 35$，$x$ 为自然数。

师：兔的数量 y 和鸡的数量 x 之间是否存在确定的依赖关系？如果存在，怎么表示？

生：存在确定的依赖关系，$y = 35 - x$。

师：1615 年，开普勒推导出圆的面积计算公式：$S = \pi r^2$，公式中常量是什么？变量是什么？

生：常量是圆周率 π，变量是半径 r 和圆的面积 S。

师：变量 r 的取值范围是什么？

生：$r>0$。

师：圆的面积 S 与半径 r 之间是否存在某种依赖关系？如果存在，怎么表示？（见表2）

生：存在确定的依赖关系，$S=\pi r^2$。

表2　学生口答已知半径求圆的面积

圆的半径 r	圆的面积 S
1	π
3	9π
10	100π
a	πa^2

师：17世纪，人们研究地球表面上抛射物体的路线、射程和所能达到的高度，假设炮弹距离地面的高度 h（单位：米）随时间 t（单位：秒）变化的规律为：$h=2t-\dfrac{1}{3}t^2$。这个运动过程中，常量和变量分别是什么？

生：常量是 2 和 $-\dfrac{1}{3}$，变量是炮弹高度 h 和时间 t。

师：几何画板演示炮弹运动形成的抛物线，时间 t 的取值范围是什么？

生：$0\leqslant t\leqslant 6$。

师：炮弹距离地面的高度 h 和时间 t 之间是否存在某种依赖关系？如果存在，怎么表示？

生：存在确定的依赖关系，$h=2t-\dfrac{1}{3}t^2$。

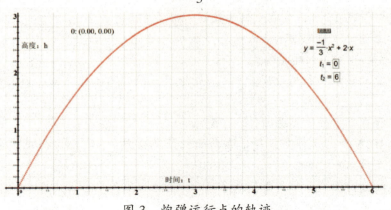

图3　炮弹运行点的轨迹

师：上述问题，都是在一个变化过程中，它们都有哪些共同的特点？

生1：有两个变量 x 与 y。

生2：在 x 特定范围内，y 随着 x 的变化而变化。

生3：y 与 x 之间存在着确定的依赖关系。

师：在某个变化过程中有两个变量，设为 x 和 y，如果在变量 x 的允许取值范围内，变量 y 随着 x 的变化而变化，它们之间存在确定的依赖关系，那么变量 y 叫作变量 x 的函数，x 叫作自变量。

师：$h = 2t - \dfrac{1}{3}t^2$ 这种表达两个变量之间依赖关系的数学式子称为函数解析式。通过前面的例子，我们看到这种确定的依赖关系还可以怎么表达？

生：图像法和列表法。

3.3　辨析实例

通过分析情景中提出的滴滴打车计费问题和气象站监测到的一天温度和时间的关系，学生深入理解两个变量之间的依赖关系，渗透解析法、列表法和图像法 3 种表示方法，加深学生对函数的概念的理解。

师：滴滴出行计算车费考虑的因素较多，如果我们只考虑主要因素，那就是车费总价 y（元）根据距离 x（千米）长短而不同。假设每千米收费 3 元，那么你能快速计算出表 3 中的总价吗？

生：正确口答出总价。

师：车费总价 y 是距离 x 的函数吗？

生：在计算车费的过程中，车费总价 y 随着距离 x 的变化而变化，由函数解析式 $y = 3x$ 确定。可见，变量 y 与 x 之间存在确定的依赖关系，y 是 x 的函数。（表3）

表 3　已知单价和距离求总价

目的地	到学校的距离（单位:km）	总价（单位:元）
人民广场	24	72
虹桥机场	20.1	60.3
上海火车站	15	45
青少年城	11.5	34.5

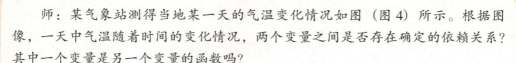

师：某气象站测得当地某一天的气温变化情况如图（图4）所示。根据图像，一天中气温随着时间的变化情况，两个变量之间是否存在确定的依赖关系？其中一个变量是另一个变量的函数吗？

生：两个变量是时间 t 和温度 T，可以看到，当时间 t（时）变化时，相应的气温 T（℃）也随之变化；由曲线上一点的坐标 (t, T)，可知某一时刻 t 的气温是 T。

由此可见，这两个变量之间存在确定的依赖关系（这种关系是用曲线来表达的），所以 T 是 t 的函数。

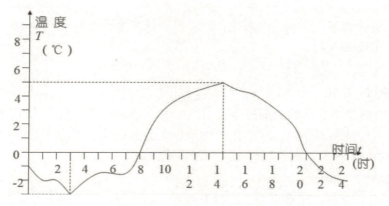

图4　气象站测得某一天的气温变化情况

3.4　交流讨论

通过 HPM 微视频，介绍函数概念的几次发展史（主要介绍约翰·伯努利、莱布尼茨、欧拉和狄利克雷的函数定义，以及中文函数的由来），通过人物图片和历史事件让学生体会到数学概念不是一成不变的，同时引发学生对函数本质的讨论和对常值函数的理解。

师：函数的概念是数学中非常重要的一个概念，经历了曲折的发展，下面我们通过一个小视频来了解下。

师：说一说你最赞同哪一位数学家对函数的定义？

生1：我赞成欧拉的观点，他提到的依赖关系便于我理解。

生2：我赞成狄利克雷的观点，他指明了函数是两个变量的对应关系。

师：我也谈一谈对函数的理解。我认为函数本质就像打车软件运行的过程（Function machine），起点确定，输入一个终点（x 的值），就能得到一个确定的车费总价（y 的值）。

Function machine

输入 x 的值　　确定的 y 的值

$y = 3x$

图 5　函数机器

师：$y = 0$ 是不是函数？

生：不是函数，没有两个变量。

师：把 $y = 0$ 看作 $y = 0x$ 是不是函数？

生1：不是函数，两个变量没有确定的依赖关系。

生2：在欧拉的定义下，$y = 0$ 不是函数；在狄利克雷的定义下，$y = 0$ 是函数。

师：对，在不同的定义下，$y = 0$ 是不是函数会有不同的理解。

3.5　课堂小结

师：学习了这节课，大家都有什么收获？

生1：这节课我学习到了常量和变量的概念。

生2：这节课我学习到了函数的概念，它是两个变量之间存在确定的依赖关系。

生3：函数确定的依赖关系可以通过解析式、列表法和图像法来表达。

生4：数学概念不是一成不变的，对于 $y = 0$，在不同的观点下，它可能不是函数，也可以被看作一个函数。

通过小结，学生基本能说出这节课的主要知识点，知道通过两个变量之间存在确定的依赖关系来判断是否构成函数。同时，学生认识到了数学概念是不断发展的，这为高中继续学习函数的概念打下了基础，也在学生心中埋下批判和质疑的种子。

4　学生反馈

这节课，笔者设计问卷对班级学生进行了前测和后测。在前测中，100%的同学认为两个变量之间会存在关系，被问及如何表达这种关系时，63.16%的同学尝试通过函数解析式来表示，18.42%的同学尝试用文字语言来表述，其余学生不知如何表达。而在被问及"你知道数学概念的来历或者背后的人文故事吗？"时，只有39.47%的学生能举出一个实例。通过前测，说明学生认识到了两个变量之间存在一定的关系，但对学习过的概念的来源和背后的人文故事知之甚少。

在后测中，当被问及"如果你的同桌今天请假了，他（她）向你请教今天的教学内容，你将如何回答？"时，同学们的主要回答有：老师通过许多生活中的例子来讲两个变量之间的依赖关系，也通过许多数学家对函数的定义来帮助我们深入了解函数的概念；通过函数背后数学家的故事，让我们能更生动地了解函数的概念及书中的定义不是一成不变的；老师从生活中的函数入手，通过举例让我们了解函数的概念，介绍函数从古至今的历史，启发我们要善于发现。同时，34.21%的学生表示这节课印象最深的是函数概念的发展史和背后的人文故事，36.84%的学生表示印象最深的是知道数学概念不是一成不变的。当被问及"你是怎么理解'函数'的？"时，71.05%的学生采用"依赖关系"来定义，18.42%的学生采用"解析式"来定义，7.9%的学生采用"对应说"来定义。

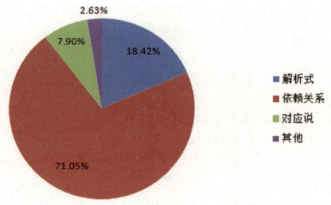

图 6　课后学生对函数概念的表述

数据反馈表明通过数学史融入课堂教学，学生对概念的来龙去脉有了更深入的了解，也认识到数学概念的产生是一个不断发展的过程；对于函数的概念，同学们根据自己的理解，给出了符合自己认知基础的定义，在学生的心中播下批判质疑的种子，培养了学生数学抽象的能力。

5　结语

本研究基于 HPM 视角，从知识源流、社会角色、审美娱乐、多元文化等维度，开展基于数学史的数学文化教学，具体如下。

（1）知识源流。本课借助 5 个典型的函数问题和 HPM 微视频，按照历史顺序编排，师生一起追溯函数概念的发现和发展历程，带领学生探寻函数概念的知识源流。

（2）社会角色。数学源于生活，应用于生活，本课中以"滴滴打车""嫦娥一号"为情景引入，并结合函数概念探寻其中蕴含的函数关系，让每一位学生感受到数学与实际生活的联系，体会数学的社会角色。

（3）审美娱乐。函数的概念是古人智慧的结晶，本课借助漫画版的"函数机器"，既利于学生理解概念又吸引学生眼球，体现了数学文化的审美娱乐。

（4）多元文化。历史上不同时空的数学家对于同一个数学主题往往都做出了各自的贡献，数学史揭示了数学文化的多元性。本课借助 HPM 微视频介绍古今中外不同数学家对函数概念演变的贡献，体现了数学的多元文化。

实践表明，HPM 视角下的"函数的概念"教学带领学生走近了函数概念的发展史。通过体验感悟的方式，理解和掌握函数概念的本质属性，并解决生活中的打车计费问题，沟通了历史与现实、数学与人文两座桥梁，体现了数学史知识之谐、探究之乐、能力之助、文化之魅、德育之效的重要价值。

（1）知识之谐。以符合学生认知的方式来编排知识，把近 4000 年的函数概念发展画卷徐徐展开，重构式地融入函数概念的教学中。课堂上学生学会用运动、变化的观点看待事物，体会到什么是两个变量确定的依赖关系，并能自己总结出函数关系的 3 个要素，函数概念的形成比较自然和谐。

（2）探究之乐。借助 HPM 微视频，介绍函数概念发展的 6 个典型定义，学生感受函数概念的演进过程，同时引发思考：到底谁的定义更符合我们对函数的理解？学生也认识到数学概念的不断发展，在不同的研究领域和观点下，同一个概念，会产生不同的定义，利于高中阶段从集合的角度重新定义函数的概念；对常值函数的辨析，为后续的学习打下坚实的基础，同时培育抽象思维，培养批判质疑的能力。

（3）能力之助。从数字符号表示物体到 17 世纪研究运动的物体，函数的思想在学生心中萌芽；在实例分析中，学生正确指出滴滴打车问题和气象站测得的温度与时间存在的函数关系，学生数学抽象得以发展；在滴滴打车问题中，学生借助已知条件，指出了函数解析式就是 $y = 3x$，学会用运动、变化的观点看待事物，学生的数学建模能力得以提升。

（4）文化之魅。古人用数字符号来表示数、借助石块来计算不断增加的士兵数量以及鸡兔同笼问题中的不定方程、开普勒的圆面积计算公式和炮弹的运动轨迹等，无

不体现数学之美，学生经历函数概念的发展，体会到数学是古人智慧的结晶。

（5）德育之效。通过"嫦娥一号"奔月引入常量和变量的概念，学生感叹祖国科技的发展，引发学生的爱国情。在函数概念的缘起中，以《孙子算经》的鸡兔同笼问题为蓝本进行改编的不定方程，也让学生体会到我们古代数学的成就。在 HPM 微视频中，介绍了中文函数的由来，以及李善兰对函数的定义。学生不再是简单地记住这个概念，还知道其背后的含义和中国古代数学家的贡献。

此外，本课借助上海市教研室研发的"数字教材"平台，将相关史料插入数字教材，利于学生感受数学的多元文化。数学文化博大精深，课本限于篇幅选取精华，借助数字教材的"插入""云笔记"等功能，可补充必要的数学史，凸显数学的文化价值。还有本课借助数字教材"笔记流转"功能，在课堂交流讨论环节，教师即时分享"函数机器"，点出函数概念的本质，形成知识源流；数字教材平台的云存储属性，有利于学生整理每节课的数学史料、HPM 微视频等学习资料包……这都体现了 HPM 与信息技术的融合，为数学史更好地融入数学教学插上翅膀。

参考文献：

[1] 余庆纯，汪晓勤. 基于数学史的数学文化内涵实证研究 [J]. 数学教育学报，2020，29（03）：68-74.

[2] 上海市中小学（幼儿园）课程改革委员会. 数学：八年级第一学期（试用本）[M]. 上海：上海教育出版社，2007：52-55.

[3] 上海市教育委员会. 上海市中小学数学课程标准（试行稿）[M]. 上海：上海教育出版社，2004.

[4] 人民教育出版社课程教材研究所，中学数学课程教材研究开发中心. 数学：八年级下册 [M]. 北京：人民教育出版社，2013：71-85.

[5] 北京市教育委员会. 数学：八年级上册 [M]. 北京：北京师范大学出版社，2014：75-78.

[6] 方倩，杨泓. HPM 视角下的初中函数概念教学 [J]. 中学数学月刊，2016（11）：40-43.

[7] 贾随军. 函数概念的演变及其对高中函数教学的启示 [J]. 课程·教材·教法，2008（07）：51-54+74.

[8] M. 克莱因. 古今数学思想（第二册）[M]. 上海：上海科学技术出版社，1979：125.

[9] 汪晓勤. 19 世纪中叶以前的函数解析式定义 [J]. 数学通报，2015（5）：1-7.

[10] 马蓉. 函数概念的演变过程 [J]. 小学教学（数学版），2009（5）：15.

[11] 汪晓勤. HPM：数学史与数学教育 [M]. 北京：科学出版社，2017：19-23.

[12] 汪晓勤. 基于数学史的数学文化内涵课例分析 [J]. 上海课程教学研究，2019（02）：37-43.

重构割圆巧思，浸润数学文化——HPM 视角下 "圆的面积" 教学

鲍成成

1　引言

数学文化是指数学的思想、精神、语言、方法、观点以及它们的形成和发展，还包括数学在人类生活、科学技术、社会发展中的贡献和意义，以及与数学相关的人文活动。基于数学史的数学文化可分成知识源流、学科联系、社会角色、审美娱乐与多元文化五个维度，感悟数学的科学价值、应用价值、文化价值和审美价值。

"圆的面积"是沪教版初中数学六年级第四章第三节第一课时的内容，在学生认识了圆的特征、掌握直线型图形面积推导过程、学会推导与计算圆的周长等知识的基础上进行教学。在《上海市中小学数学课程标准》中，"圆的面积"的教学要求是：通过操作活动，对圆的面积计算公式形成猜想或者进行验证；会用公式进行简单度量问题的计算；体会近似与精确的数学思想，了解数学实验的研究方法。在教参资料中，也提出了对"圆的面积"的教学要求——通过操作、实验、探索推导出圆的面积公式；掌握圆的面积公式，会利用公式进行简单计算；在操作实验中，感悟"无限逼近"的数学思想。可见，这节课不仅要求掌握圆的面积公式，还要在实践操作中有效地提升学生思维，感悟"化圆为方"的数学思想方法。

学情方面，学生们已学过直线型图形（如长方形、梯形、平行四边形等）的面积求解，对于曲线型图形（比如圆）的面积求解尚未涉及。通过教材比较，发现苏教版、沪教版教科书借助"割补法"将圆 4 等分、8 等分、16 等分等，通过观察、拼接成近似的直线型图形，进而探索无限次分割来求解"圆的面积"。但是教材中并未涉及为什么要将圆进行等份分割等问题，因此学生存在从"有限次分割"过渡到"无限次分割"的认知困境。

数学文化为探寻数学知识过程提供了良好的素材。基于历史相似性，结合割圆术等数学史料，引导学生通过古今对比，体会"圆的面积"的发生发展过程，感悟"化圆为方"的数学思想方法，让学生从知识的被动接收者转变为主动参与者，拉近学生与数学家之间的距离，突破"圆的面积"的认知困境，彰显基于数学史的数学文化芬芳。

鉴于此，基于 HPM 视角，设计"圆的面积"教学目标为：

（1）经历圆面积公式的推导过程，掌握圆的面积公式，感悟"化圆为方"的数学思想方法；

（2）了解圆面积的相关数学史，感受数学家们追求真理的过程，体会圆的面积在知识源流、审美娱乐、多元文化等维度的数学文化内涵，彰显"立德树人"的教育价值。

2 史料运用

史料一： 在很久以前，古埃及人就发现了圆与正方形之间的面积关系。在古埃及《莱茵德纸草书》第50题："假设一直径为9的圆形土地，其面积等于边长为8的正方形的面积"。相传古埃及人把大小均匀的谷粒铺满一个圆和圆外切的正方形，然后分别数出两个图形中的谷粒的数量，两个图形中谷粒数量的比值就是这两个图形面积间的关系。基于基本学情分析，相比较于精确得出"圆的面积"公式，学生对于这种估测"圆的面积"的方法较易接受，有助于初步感知曲线型图形与直线型图形之间的联系与差异，为接下来"化圆为方"数学思想方法的渗透做好铺垫。

史料二： 德国数学家开普勒（Johannes Kepler，1571—1630）对圆面积的计算非常感兴趣。他仿照切西瓜的方法，把圆分割成许多小扇形；不同的是，他一开始就把圆分成无穷多个小扇形。圆面积等于无穷多个小扇形面积之和，因此各段小弧相加就是圆的周长 $2\pi r^2$，所以有 $S=\pi r^2$，这便是熟悉的圆面积公式。首先，割补法是推导圆面积公式的重要方法，如何"割"是学生思维上的难点。开普勒分割圆的方法易与学生已有的学习经验建立关联，在已知平行四边形、三角形、梯形等直线型图形均沿着图形中的重要线段进行分割的前提下，易引导学生从圆的直径或半径出发进行分割，而这种分割的方法与开普勒分割圆的方法相似，增强学生学习数学的自信心。其次，设想按照开普勒分割圆的方法，无限等分后可推导出圆的面积公式。

史料三： 魏晋时期的数学家刘徽（约225—约295）首创"割圆术"。"割圆术"是以"圆内接正多边形的面积"来无限逼近"圆面积"。《九章算术》中给出的圆面积公式是"半周半径相乘得积步"，这个公式是正确的。刘徽为了严格证明此公式，首先作一个半径为10寸的圆，再由其内接正六边形出发开始割圆，依次得到圆内接正十二边形、正二十四边形……直至正一百九十二边形。他认为割得愈细，即圆内接正多边形的边数 n 越大，其面积与圆面积之差越小——"割之又割，以至于不可割，则与圆周合体而无所失矣"。另一方面，每一正多边形的边心距与半径有一差数，将此差数乘边长，加到正多边形上则大于圆面积。当多边形与圆合体的过程中，此差趋于零，这就从下界和上界两方面证明了圆面积是圆内接正多边形面积序列的极限（图1）。

图 1 圆内接正多边形割图

考虑到所教学生的基本学情，基于 HPM 视角，"圆的面积"教学采用了 3 种数学史融入数学教学的方式，具体如下：

（1）附加式。介绍刘徽与"割圆术"微视频，让学生了解更多圆面积的相关数学史。

（2）顺应式。追本溯源，介绍古埃及人预估圆面积的方法，并融合用现代工具格子纸来估测圆的面积，融入人文元素，为"化圆为方"思想方法做好铺垫。

（3）重构式。以开普勒分割圆的方法和刘徽"割圆术"的方法为载体，进行适当改编，利用准备好的圆形，引导学生自己动手画圆内接正六边形、内接正八边形、内接正十二边形，然后借助几何画板构造圆内接正 n 边形，进而探究出随着圆内接正多边形的边数的增加，圆内接正多边形的面积越接近于圆的面积，感受"化圆为方""无限逼近"的数学思想；最后建立与开普勒无限分割法之间的联系，推导归纳出圆的面积公式。

3 教学实践

基于 HPM 视角下，这节"圆的面积"课例教学主要分为"课前拼图—情境思考—探究新知—推导归纳—巩固提升—课堂小结—课后拓展"7 个环节。

3.1 课前拼图

课前任务：回顾平行四边形、三角形等图形面积公式的推导过程，然后运用学具剪一剪、拼一拼，再现割补过程。

该环节基于学生已有的认知水平，在回顾直线型图形面积公式的推导过程中，学会沿着重要的线段分割图形的方法，为分割"圆"提供可借鉴的方法（图 2、图 3）。

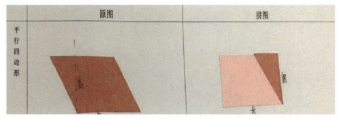

图 2 平行四边形割补成长方形

图 3　两个三角形割补成平行四边形

3.2　情境思考

该教学环节中，借鉴数学史料呈现古埃及平铺谷粒预估圆面积的方法，与现代数格子预估圆面积的方法做对比，初步感知曲线型图形与直线型图形求解面积之间的紧密联系，为后续"化圆为方"思想的渗透做好铺垫。另外，古埃及平铺谷粒数学史料的引入活跃了课堂氛围，增加了数学的趣味性，从知识源流维度上拓宽了学生的知识视野，让学生体验与感知数学文化的历史与进步。

师：同学们，通过什么办法，能够估算出直径为 9 cm 的圆的面积？

生：可以借助于单位为 1 的正方形方格，通过数方格的方法来估测圆的面积。

师：很棒！这是预估圆面积的方法，实现了将未知的曲边图形的面积转化为已知的直线型图形的面积。其实，在数学的历史长河中，有很多关于求解圆面积的记载。相传古埃及人把大小均匀的谷粒铺满一个圆和圆外切的正方形，然后分别数出两个图形中的谷粒的数量，用两个图形中谷粒数量的比值，来表示这两个图形面积间的关系。这样，古埃及人就发现了圆与圆外切的正方形面积的大小关系。

生：圆外切正方形的边长就是圆的直径长，用公式可表示为 $\dfrac{S_{圆}}{d^2} = \dfrac{a_1}{a_2}$（$d$ 表示圆的直径，a_1 和 a_2 分别表示圆和外切正方形中平铺谷粒的数量）。

师：不错！大家还有什么其他发现吗？

生：好神奇，只要找到 d，a_1，a_2，就能够估测圆的面积了。古埃及人真有智慧！

师：是呀，聪慧的古埃及人展示了求解圆面积的精彩方法，教导我们要学会用数学的眼光来观察，用数学的思维来分析，用数学的语言来表达！

3.3　探究新知

该环节主要探索圆的割补过程。引导学生沿着圆中重要线段（直径或者半径）进行分割，并与历史上分割方法相似的开普勒分割圆做比较，再通过小组协作将分割后的圆拼成近似的直线型图形。借助几何画板展示 n 次等分拼割圆的动态过程，让学生感知曲边图形如何转化为平面图形，体会"化圆为方"的数学思想方法，从"有限"自然过渡到"无限"。数学史料的应用帮助解决这节课如何"割"圆的难点，促进学生深刻理解数学、把握和了解数学家的原始思想。同时学生通过小组剪拼过程，感受探索的乐趣，主动建构具有个体意义的数学知识和技能，从而获得数学探究思维的方式、方法和能力。多组拼图成果的展现（图 4 至图 6），也让学生从中领略到数学之美。

值得注意的是，该环节运用数字教材的"云笔记"功能，及时分享各小组拼图成果，促进小组讨论与师生反馈，显著地提高了教学效率。

师：在课前预习环节中，通过"割补法"推导出平行四边形、三角形等图形的面积公式，能否依据同样的方式，通过"割补法"来探求圆的面积呢？能否也沿着圆的重要线段来将圆拼割、转化为直线型图形呢？

生：可以沿着圆的直径或者半径，对圆进行分割。

师：非常棒！原来你是小小数学家啊！这种分割圆的方法与德国数学家开普勒分割圆的方法非常相似。开普勒仿照切西瓜的方法，把圆分割成许多小扇形。看来同学们与我们的数学家是心灵相通的。接下来请动手尝试，将分割后的圆补成近似的直线型图形。

生 1：将圆 4 等分、8 等分……

生 2：将圆 16 等分，可以拼成一个近似平行四边形（图 4）。

生 3：也可以将圆 16 等分，拼成一个近似三角形、近似梯形（图 5、图 6）。

图 4　16 等分的圆割补成近似平行四边形

图 5　16 等分的圆割补
成近似三角形

图 6　16 等分的圆割补
成近似梯形

师：通过上述的操作，你能发现什么？

生：圆平均分的份数越多，每一份就会越细，所切割的每一份小扇形的弧形就会越来越接近线段，所拼成的图形就会越来越接近直线型图形。

师：同学们观察得非常仔细！现在借助几何画板，以平行四边形为例，一起来验证猜想吧！

图 7　64 等分的圆割补成近似长方形

图 8　600 等分的圆割补成近似长方形

师：通过不断地将圆进行 16 等分、32 等分、64 等分（图 7）乃至 600 等分（图 8），发现所拼成的图形越来越接近于长方形，圆的面积越来越接近于长方形的面积。验证了可以将圆转化为直线型图形来推导面积公式的猜想。

3.4 推导归纳

学生经历圆面积公式的推导过程，学会用数学符号分别在 4 种情况下归纳出圆的面积公式，揭示了数学的简洁美。追寻历史足迹，揭示了古今 4 种圆面积求解方法之间的联系，体现了精彩纷呈的多元文化。

生 1：将圆 16 等分，再割补成近似三角形（图 5），

$$S_圆 = S_{三角形}$$
$$= \frac{4}{16} \times 2\pi r \times 4r \times \frac{1}{2}$$
$$= \pi r^2$$

生 2：将圆 16 等分，再割补成近似梯形（图 6），

$$S_圆 = S_{梯形}$$
$$= \left(\frac{1}{16} \times 2\pi r \times 3 + \frac{1}{16} \times 2\pi r \times 5 \right) \times 2r \times \frac{1}{2}$$
$$= \pi r^2$$

生 3：将圆 600 等分，再割补成近似长方形（图 8），

$$S_圆 = S_{长方形}$$
$$= \frac{1}{2} \times 2\pi r \times r$$
$$= \pi r^2$$

师：数学家开普勒认为将圆无限等分下去（图 9），n 个扇形最后全部转化成 n 个小三角形，每个小三角形的高即为圆的半径，底为圆周长的 $\frac{1}{n}$，

$$S_圆 = n \cdot S_{小扇形}$$
$$= n \cdot S_{小三角形}$$
$$= n \cdot \frac{1}{2} \cdot r \cdot \left(\frac{1}{n} \cdot 2\pi r \right)$$
$$= \pi r^2$$

图 9 开普勒将圆 n 等分

师：圆的面积大小是由圆的半径决定的，半径越大，圆的面积越大。

3.5 巩固提升

在该环节中，创设问题情境，通过自选工具求生活常见的圆桌面积。学生通过实验测量得到圆的周长、半径或者直径，进而运用圆的面积公式计算出圆桌的面积。这题的设计既巩固圆的面积公式，又使学生真切地体会到数学与生活的有机联系，让数学课堂更具生活性。学生在此环节中用文字语言呈现问题的思考与解决过程，感受圆面积公式的重要性，促进学生数学思维能力的发展。

通过数字教材平台的"云笔记"收集学生反馈结果，及时高效地进行师生互动，在学生不同思路火花的碰撞中，提升用数学知识解决生活实际问题的能力，加深对于圆面积公式的理解。

师：小明家新置了一张圆桌，妈妈让他求桌面的面积，如果可以自选合适的工具，你能帮小明求解吗？请尽可能找到更多的可操作方法。

生1：选择长绳，绕圆桌一圈测周长，根据周长公式计算半径，代入公式求解面积。

生2：借助三角板和直尺，可测圆的直径，计算出半径，代入公式求解面积。

生3：选取一个圆形的桌布，剪出与桌面形状相同、大小相等的圆，通过折叠找出圆桌的直径。

生4：将颜料涂满桌面，倒放在足够大的白纸上（相当于将圆画在白纸上），将圆裁剪下来，再对折找到圆桌的直径。

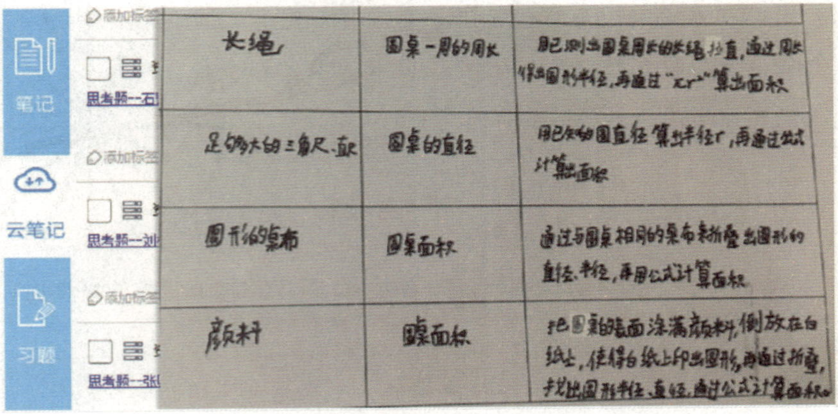

图10 学生的4种求桌面面积的方法

3.6　课堂小结

师：通过学习本节课，大家有什么收获？

生 1：我们分割圆的方法与数学家开普勒分割圆的方法很相似，我感到非常自豪！同时被开普勒、刘徽等数学家们探寻真理过程中锲而不舍的精神深深鼓舞着。

生 2：古埃及人非常聪慧，利用生活中最普通的谷粒就建立了圆与正方形面积之间的关系，虽然估算结果不是很精确，但让我真正感受到数学在生活中的魅力。

生 3：像圆这样的曲线型图形，可以转化为熟悉的直线型图形，进而计算面积。

生 4：有关圆面积公式史料的应用深化了我对圆面积的理解，开阔眼界。同时几何画板、数字教材等信息技术的使用，让我体会到高效课堂的妙处。

3.7　课后拓展

　这节课的课后拓展材料选自刘徽与"割圆术"史料。学生通过 HPM 微视频（图 11）了解史料三，并根据微视频内容改编成趣味作图题，帮助学生更深刻理解数学知识的内涵。另外，史料的运用自然地将正确的价值观融入学生活动，让学生体验数学家们对真理不断研究与创造的过程，为渗透"立德树人"的教育理念提供了路径。

图 11　刘徽与"割圆术"微视频

改编后的课后拓展任务：分别在给定的大小相等的圆内画圆内接正六边形、内接正八边形、内接正十二边形……引导学生经历动手操作—观察—比较的过程，发现"圆的面积"与内接正 n 边形面积之间的关系，营造"探究之乐"。最后将割圆术与开普勒的无限分割求极限的过程建立联系，从而顺利推导出圆面积公式。

师：借助几何画板，继续构造圆内接正多边形。随着圆内接正多边形边数的不断增加，你能发现什么？

生 1：圆内接正多边形的面积逐渐增大。

生 2：圆内接正多边形的面积大小与圆的面积越来越接近。

生 3：当 n 趋于无穷大时，分割出来的小三角形的底边几乎与圆弧重合（图 12）。

图 12　圆内接正多边形

4　教学反思

数学文化是课堂活力的催化剂，合适的切入点将充分发挥数学文化的价值。日常数学教学往往过于侧重数学知识，忽视了对学生数学文化的熏陶，忽略了数学史的教育价值。本文基于圆面积的史学知识，并结合学生在圆面积教学中的难点，引导学生思考"怎样割""为什么这样割""怎样补""为什么这样补"等问题，再现历史上出现的数学方法，渗透数学思想，揭示数学规律。学生在掌握数学知识和技能的同时，了解数学文化，领悟数学精神，感受数学魅力，实现智育和德育的双重目标。

基于知识源流、审美娱乐、多元文化 3 个维度，分析这节课的数学文化内涵：

（1）知识源流。借助 3 个与圆面积有关的数学史料，探寻历史上古埃及人、开普勒与刘徽求解圆面积的方法，师生一起追溯圆面积公式的发展历程，感受知识背后的文化内涵。

（2）审美娱乐。在推导归纳环节中，学生用数学符号分别在 4 种情况下归纳出圆的面积公式，揭示数学的简洁之美。引入古埃及平铺谷粒预估圆的面积史料和课后拓展改编的趣味作图题，增加了学生学习数学的趣味性，学生仿佛亲临其境，与古人一起感受数学带来的愉悦，体现了数学文化的审美娱乐。

（3）多元文化。历史上不同时空的数学家对于同一个数学主题往往都做出了各自的贡献，数学史揭示了数学文化的多元性。这节课借助 HPM 微视频介绍了开普勒、刘徽两位数学家对圆面积公式探索的贡献，通过不同时空方法的对比，让学生体会到数学学习的历史相似性，数学课堂内容丰富而有深度，揭示了数学文化的多元性。

5　结语

实践表明，HPM 视角下"圆的面积"教学带领学生了解了更多圆的面积的数学史。引导学生通过动手操作、观察与分析的方式体会圆的面积公式产生的过程，并解决生活中求圆桌面积的问题，沟通了历史与现实、数学与人文两座桥梁，体现数学史的知识之谐、方法之美、探究之乐、德育之效、文化之魅，让学生在数学历史的海洋中感受数学文化的魅力。

（1）知识之谐。这节课以符合学生的认知为出发点，以最易被学生理解的方式设计教学内容，让学生首先从古埃及平铺谷粒的故事情境中经历近似计算圆面积的过程，初步体会曲边图形与直线型图形的联系；随后借助开普勒分割圆的史料以及几何画板，解决学生从"有限"过渡到"无限"的认知困境，确保课堂上探究圆面积公式的过程是自然而然、水到渠成的。

（2）方法之美。推导归纳环节呈现了 4 种拼图下圆面积公式的推导过程，揭示了 4 种方法之间的内在联系，感悟"无限逼近"的数学思想。前后知识的贯通，让学生感受到跨越时空的思想碰撞，有助于数学思想方法的渗透，展示了方法之美。

（3）探究之乐。借助 HPM 微视频，介绍刘徽与"割圆术"的历史，学生感受数学家刘徽求圆面积的方法，不禁思考：此方法与课堂呈现的 4 种方法有无联系？以该史料为载体设计探究活动，寓教于乐，帮助学生将此方法与开普勒的无限分割求极限的过程建立联系，为学生提供了恰当的探究机会。最后不同的学生提出不同的方案，拓宽了学生的思维，激发学生的创新意识；

（4）德育之效。这节课 3 个数学史料的使用，改变了学生对数学枯燥乏味的刻板印象，激发学生对数学的好奇心和求知欲，培育了学生坚持真理、不懈探究的精神。基于史料三的探究活动，拉近学生与数学家之间的距离，潜移默化地影响学生的数学情感和学习态度。

（5）文化之魅。从古埃及人估测圆的面积到开普勒、刘徽等人准确推导出圆的面积公式，展示了数学知识的发生、发展的过程，使数学课堂洋溢着文化的韵味，引领学生感受触摸文化之深邃。学生在感受数学悠久的历史、古人的智慧以及数学知识的传承的同时，对古代数学问题和有关的数学家也产生了浓厚的兴趣。

此外，信息技术为数学文化课例研究提供了强有力的支撑。借助数字教材的"云笔记"功能补充必要的数学史，彰显数学的文化价值；几何画板展示圆4等分、8等分……600等分的情况，让学生对"化圆为方"有了深刻的直观感受，促进学生对极限思想的理解；以微视频的方式展示数学史料，让学生更深入地了解数学知识的本源、数学背后的人文精神，大大激发了学生的学习潜能，提高创新意识。

可见，数学史与信息技术的有效融合，不仅拓宽学生的学习视野、提升思维深度，也促进教师的专业发展，提升教学效率。在"互联网+教育"时代，信息技术让数学史插上翅膀，古今交汇，彰显数学文化芬芳！

参考文献：

[1] 中华人民共和国教育部. 普通高中数学课程标准（2017年版）［M］. 北京：人民教育出版社，2018.

[2] 汪晓勤. 基于数学史的数学文化内涵课例分析［J］. 上海课程教学研究，2019（2）：37-43.

[3] 余庆纯，汪晓勤. 基于数学史的数学文化内涵实证研究［J］. 数学教育学报，2020，29（03）：68-74.

[4] 上海市教育委员会. 上海市中小学数学课程标准（试行稿）［M］. 上海：上海教育出版社，2004：55.

[5] 上海市中小学（幼儿园）课程改革委员会.数学教学参考资料：六年级第一学期（试用本）［M］. 上海：上海教育出版社，2019：126.

[6] 周淑芬. 数学史视角下的小学数学"圆"教学研究［D］. 杭州：杭州师范大学，2018：12.

[7] 李文铭，韩红军. 刘徽——中国古代数学贡献最大的人［J］. 数学教育学报，2008，17（5）：10-12.

HPM 视角下"勾股定理"的教学

谭家敏

1 引言

HPM（History and Pedagogy of Mathematics）是"数学史与数学教育"的简称。HPM 视角下的数学教学是指借鉴数学知识的发展，再现历史上的数学思想方法，采用适当的方式运用数学史料以提升教学的有效性、优化数学教育价值的一种教学方式，由此形成的教学案例简称 HPM 课例。

"勾股定理"是沪教版初中数学八年级第十九章第九节的内容，是学生在已经掌握了直角三角形的有关性质的基础上进行学习的。《上海市中小学数学课程标准（试行稿）》指出：在对勾股定理的探索和验证过程中体会数形结合的思想，发展空间观念和合情推理能力，培养学生的创新能力和解决实际问题的能力。勾股定理不仅可以解决直角三角形中的计算问题，而且在实际生活中的应用也非常广泛。这节课主要培养学生的动手操作能力和分析问题的能力，通过拼图活动操作，使学生获得较为直观的印象；通过观察、归纳、猜想、验证，帮助学生深入理解勾股定理。八年级的学生相较于低年级学生缺乏对新知的强烈好奇心和探索欲，但他们已具备了一定的动手能力和分析问题的能力，所以只要教师能成功调动学生的学习积极性，并加以适当引导，他们基本能够展开探索，在探索中理解并掌握勾股定理。

在沪教版教科书中，教材以问题"在直角三角形中，直角边与斜边有怎样的大小关系？"引入新课，引导学生进一步探究在直角三角形中，斜边和两条直角边之间是否存在着某种确定的数量关系。然而，这样的引入方式过于直白，没有背景情境，使得部分学生无从下手，缺乏进一步探索的欲望；教材中虽然介绍了勾股定理的两种证明方法，但是没有对其中的历史背景进一步挖掘，没有比较不同证明方法的逻辑思想，使学生错失了认识古代文明和了解数学魅力的机会。

鉴于此，我们基于数学史与数学教育视角重新设计"勾股定理"的教学，旨在突破学习"勾股定理"的认知需要。基于上述分析，拟定 HPM 视角下"勾股定理"的教学目标如下：（1）通过动手操作，体验勾股定理的发现过程；（2）通过比较勾股定理的各种证明方法，体验证明中的逻辑思想、构思之美；（3）通过经典例题的思考练习，掌握勾股定理的应用；（4）通过了解有关勾股定理的数学史，认识古代文明的数学成就，树立正确的数学观。

2 史料运用

勾股定理又称毕达哥拉斯定理或毕氏定理，有着"几何学基石"的地位，其应用范围广泛。早在西汉的数学著作《周髀算经》中就已经出现"勾三股四弦五"，但可惜的是我们的祖先没有从这一特例中发现普遍意义。古希腊著名数学家毕达哥拉斯通过演绎法证明了勾股定理，拥有了这一定理的冠名权，所以勾股定理也被称为毕达哥拉斯定理。

毕达哥拉斯出生在古希腊爱琴海中的萨摩斯岛，自幼聪明好学，学习了几何学、自然学和哲学，而且在东方游历过程中，学习吸收了阿拉伯文明和印度文明。勾股定理的发现还涉及一个有趣的故事。相传 2500 多年前，毕达哥拉斯到朋友家做客时，被脚下规则、美丽的方形石砖所吸引，他不是被它们的美丽所吸引，而是在思考它们和"数"之间的关系。后来，他又做了进一步演算，最终证明了毕达哥拉斯定理。

许多国家和地区的数学家对勾股定理都有独到的研究。在探索定理证明方法的人海中，不但有数学家，还有各行各业的数学爱好者们，甚至还有一位美国总统，他就是美国第 20 任总统加菲尔德。他经过潜心探讨，反复思考与演算，证明了勾股定理，1876 年 4 月 1 日，他的这一证法发表在《新英格兰教育月刊》上，成就了数学史上的一段佳话。

勾股定理在我国又称"商高定理"，公元前 1000 多年，商高答周公曰："故折矩，以为勾广三，股修四，径隅五。既方之，外半其一矩，环而共盘，得成三四五。两矩共长二十有五，是谓积矩。"在公元前 7 至前 6 世纪，我国学者陈子给出了任意直角三角形的三边之间的数量关系，即"以日下为勾，日高为股，勾、股各乘并开方除之得邪至日"。《周髀算经》中记载了我国勾股定理的第一个证明，它是由我国古代著名数学家赵爽所注（约 222 年），赵爽用"出入相补法"证明了勾股定理，它体现出我国古人的聪明才智，是我国古代数学的一项伟大成就，比 12 世纪印度的婆什伽罗（1114—1185 年）的书中给出的证明早 900 年。

3 教学实践

基于 HPM 视角，开展以"引入名题—提出问题—分析问题—解决问题—课堂小结"为主线的教学实践活动，旨在培养学生的创新能力、解决实际问题的能力，提高学生的综合素养。具体的教学设计如下：

3.1 引入名题

通过引入《九章算术》中的"引葭赴岸"历史名题，在课前为学生创设问题情境，让学生很自然地过渡到去探索直角三角形中三条边的某种数量关系。

师：《九章算术》是中国古代的数学专著，它是我国古代数学家智慧的结晶。让我们一起来思考《九章算术》第九章的"引葭赴岸"问题："今有池方一丈，葭生其中央，出水一尺。引葭赴岸，适与岸齐。问水深、葭长各几何。"（图1）

葭出水图

引葭赴岸图

图1　引葭赴岸图

师生共同完成翻译：

现在有一个贮水的池子，水池的一边长为10尺（1尺≈0.33米），池子的中央长着一株芦苇，芦苇露出水面1尺。若将芦苇拉到岸边，刚好与岸边齐。请问水深与芦苇的长度各有多少？

师：如何将这实际问题转化为数学问题？

生1：把水池看成一个长为10尺的长方形，芦苇看成一条线段。

师：把芦苇拉向岸边后形成什么基本图形？

生2：直角三角形。

师：结合已知条件，直角三角形的三边分别是什么？

生3：$AC=5$尺，芦苇长度比水深1尺，即 $BC=(AB+1)$ 尺。

师：如果我们能够知道直角三角形三边存在的某种数量关系，就可以解决这个问题啦。这就是我们今天这节课要探究的主要内容！

3.2　提出问题

"提出问题"教学环节主要是通过两个探究活动来开展的，让学生在自主探究过程中体会知识的形成过程，深化从特殊到一般的研究方法。

教学片段1主要探索等腰直角三角形三边的数量关系。通过毕达哥拉斯的地砖问题来开展探究活动，一方面可以激发学生的探究热情，另一方面通过这样一个直观的生活实例也让学生能够更好地参与到课堂活动中来。

【教学片段1】

师：相传2500多年前，毕达哥拉斯到朋友家做客时，被脚下规则、美丽的方形石砖所吸引，他发现地面图案反映了直角三角形的边长之间存在着某种数量关系。通过观察，思考：

（1）地面的图案有什么数量关系？（图2）

（2）三个正方形的面积有什么关系？等腰直角三角形的三边之间有什么关系？（图3）

生：以等腰直角三角形两条直角边为边长的小正方形的面积和，等于以斜边为边长的大正方形的面积。

 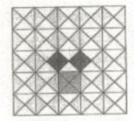 

图2　地面图案　　　　图3　以等腰直角三角形三条边为边长的正方形

师：也就是等腰直角三角形的三边之间有一种什么样的特殊关系呢？

生：斜边的平方等于两直角边的平方和。

教学片段2先在特殊情形的探究结果上建立猜想，去探索一般的直角三角形三边的数量关系。为学生搭建利于发现规律的方格背景图，通过这个探究活动让学生体会从特殊到一般的研究方法。

【教学片段2】

师：普通的直角三角形也有这个性质吗？

（1）每个小方格的面积均为1，请分别算出图中正方形A，B，C，A'，B'，C'的面积，看看能得出什么结论。（图4）

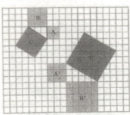

图4　以普通直角三角形三条边为边长的正方形

（2）如何计算以斜边为边长的正方形的面积？

生：等于某个正方形的面积减去 4 个直角三角形的面积。

师：你发现了什么规律？

生：两条直角边为边长的小正方形的面积和，等于以斜边为边长的大正方形的面积。

师：也就是普通的直角三角形也有这样的性质。我们可以猜想，如果直角三角形的两条直角边长分别为 a，b，斜边长为 c，那么？

生：$a^2 + b^2 = c^2$。

学生由探究活动提出猜想：**命题 1**　如果直角三角形的两条直角边长分别为 a，b，斜边长为 c，那么 $a^2 + b^2 = c^2$。

3.3　分析问题

"分析问题"教学环节通过开放性的拼图活动让学生亲历勾股定理的证明过程，体验知识的来源过程，同时提升思维品质。通过对勾股定理有关历史的介绍，让学生增加对数学文化的了解，丰富课外知识，增强学习兴趣，充分体会勾股定理的文化价值。

师：老师这里有若干个大小形状均相同的直角三角形纸片，纸片的较短的直角边长为 a，较长的直角边长为 b，斜边长为 c，每组可自由选取纸片张数，请同学们尝试拼出正方形或者梯形。

小组 1：我们组选用四张纸片，拼成的是边长为 c 的正方形。

师：你怎么知道你们拼成的图形是正方形？

小组 1：四个角都是直角。

师：那你们能尝试证明命题 1 吗？

小组 1：大正方形边长是 c，中空部分是一个边长为 $(a-b)$ 的小正方形，所以化简得 $c^2 = 4 \times \dfrac{1}{2} ab + (b-a)^2 = a^2 + b^2 = c^2$。

师：同学们真棒！同学们通过对图形的拼接再利用面积关系来证明，这就是著名的赵爽证法，刚刚同学们拼出来的图就是著名的"赵爽弦图"，这个图案也是 2002 年在北京召开的国际数学家大会的会徽。

图 5　小组 1 拼图

图 6　小组 2 拼图

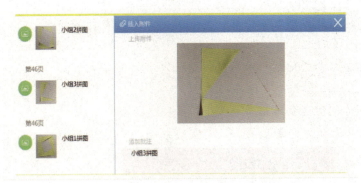

图 7　小组 3 拼图

小组 2：我们组选也是用四张纸片，拼成的是边长为 $(a+b)$ 的正方形。因为四个角都是直角，所以是正方形。

师：那你们如何证明命题 1 呢？

小组2：大正方形的边长是 $(a+b)$，因为这些直角三角形全等，而直角三角形的两个锐角互余，所以图6中的剩余部分是边长为 c 的正方形，利用面积相等。

小组2：$(a+b)^2 = c^2 + 4 \times \frac{1}{2}ab$ 化简得 $a^2 + b^2 = c^2$。

师：同学们太优秀了，这就是著名的毕达哥拉斯证法。

小组3：我们组选用2张纸片，拼成的是上底为 a，下底为 b 的直角梯形。

师：你们如何知道是梯形呢？

小组3：同旁内角互补两直线平行。

小组3：图7这个直角梯形是由一个直角边为 c 的等腰直角三角形和两个直角边长分别为 a，b，斜边长为 c 的直角三角形拼成的。

小组3：$\frac{c^2}{2} + 2 \times \frac{1}{2}ab = \frac{(a+b)(b+a)}{2}$。

师：真棒！这就是著名的总统证法，美国第20任总统加菲尔德，他潜心探讨，经过反复思考与演算，最终证明了勾股定理，1876年4月1日，他的这一证法发表在《新英格兰教育月刊》上，也成就了数学史上的一段佳话！

同学们已经通过几种不同的方法证明了命题1的正确性，其实这就是著名的勾股定理。

3.4　解决问题

"解决问题"教学环节又回归到这节课引入部分的"引葭赴岸"问题。本来无法解决的问题，通过分析后得以解决，因此学过勾股定理之后再回归"引葭赴岸"问题，使整节课的学习首尾呼应。同时也让学生体会到，数学来源于生活并服务于生活，通过学习新的知识可以解决之前无法解决的问题。

师：学了勾股定理，同学们能解决"引葭赴岸"问题了吗？如何求解？

生4：设水深 x 尺，则芦苇长为 $(x+1)$ 尺，根据勾股定理可以建立方程。

解：设水深 x 尺，则芦苇长为 $(x+1)$ 尺。

由题意得：$AC = 5$，$AB = x$，$BC = x+1$.

在 Rt$\triangle ABC$ 中，$\angle A = 90°$.

$\therefore AB^2 + BC^2 = AC^2$（勾股定理）.

$\therefore x^2 + 5^2 = (x+1)^2.$

解得：$x = 12$.

$\therefore x + 1 = 13$.

答：水深 12 尺，芦苇长 13 尺。

3.5 课堂小结

师：学习了这节课，大家都有什么收获？

生 1：勾股定理有很多种证明方法。

生 2：勾股定理可以帮助我们解决实际问题。

生 3：我国古人对数学的钻研精神是值得我们学习的。

生 4：体会了观察—归纳—猜想—证明的研究方法。

通过小结，学生点明了这节课的核心研究方法：观察—归纳—猜想—证明。让人惊喜的是学生指出了勾股定理背后的文化价值，对勾股定理的了解不是单一的、片面的。通过 HPM 融入数学课堂，让学生了解数学的发展，了解中国古代数学的辉煌成就，激发学习兴趣和爱国热情，进而提高对数学的宏观认识，强化应用和创新意识，提高人文修养。

4 学生反馈

课后，我们对学生进行了问卷调查，主要关注学生对数学史融入课堂教学的感受。针对问题 1 "你是否喜欢老师用融入数学史的方式讲授勾股定理"，有 94.4% 的学生给出肯定回答。针对问题 2 "你希望教科书里介绍赵爽、毕达哥拉斯和总统证明勾股定理的方法吗"，88.9% 的学生表示"非常希望"。针对问题 3 "你最希望数学史在数学课堂中出现的形式是什么" 66.7% 的学生选择"老师讲故事"，33.3% 的学生选择"播放相关微视频"。针对问题 4 "你认为数学史融入课堂的教学后，对自己的学习是否有帮助"，有 94.4% 的学生表示"很有帮助"。

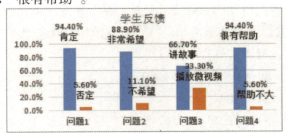

图 8　学生课后反馈

关于这节课中印象最深的内容，按照学生回答的频次从高到低依次可归为四类：（1）勾股定理有很多种证明方法；（2）勾股定理很有用；（3）数学史让我更好地理解数学；（4）我国古代数学家很了不起。

综合学生在课堂上的表现和问卷中的回答，学生还是非常希望数学史能够融入课堂的，他们也非常喜欢这种探究合作的学习模式。在课堂中大部分学生能积极地参与到问题情境之中，深刻体会了观察—归纳—猜想—证明的研究方法。这对于提高学生的综合素质有非常重大的意义，同时学生对于勾股定理的用处有更加深刻的理解，真正做到了学以致用。

5　结语

HPM 视角下的"勾股定理"教学，体现数学史的知识之谐、方法之美、文化之魅等教育价值。

（1）知识之谐。这节课运用 HPM，对课本知识的发生过程进行重构，使学生更好地领会所学的知识，帮助学生进一步理解数学的本质。通过课前的探究活动，让学生通过自主探索，体会从特殊到一般的研究方法，符合学生的认知规律，体现了"知识之谐"。

（2）方法之美。学生通过观察和归纳提出猜想，既符合学生的认知基础，又体现了方法发生的过程；通过阅读勾股定理的相关史料，学生了解到勾股定理证明方法丰富多彩，在对比中体现"方法之美"。

（3）文化之魅。通过介绍勾股定理的相关历史背景，把数学知识与鲜活的历史人物联系起来，体现了人文精神，让学生感受到数学的"文化之魅"。

5.1　培养创新意识

数学学习不仅仅是要学习数学知识，更重要的是要掌握数学思想与方法。通过 HPM 融入数学教学，学生可以更深层次地理解数学原理产生的背景。通过学习数学家解决问题的方法，学生可以借鉴他们的有效经验。这节课通过了解数学家的实验活动，学生可以亲历勾股定理的生成过程，并通过观察和归纳，体验从猜想到证明的活动经历。通过对数学知识的应用，可以让学生深刻体会数学的学科价值，从而培养学生创造性地解决数学问题的能力。这节课运用 HPM 充分让学生体会了观察—归纳—猜想—证明的研究方法，很好地做到了培养学生的创新意识。

5.2　激发学习兴趣

课堂情境创设是教学设计中至关重要的一环，课堂情境的好坏往往决定了整节课的质量。数学史能够为数学课堂提供诸多趣味情境，无论是一段数学家的故事还是一个数学猜想，都可能创造出富有趣味性的课堂。在这节课中，通过"引葭赴岸"问题引入，激发学生的求知欲，通过介绍勾股定理产生和证明的相关历史背景，在充分激发学生的学习兴趣的同时也拓宽了学生的视野。信息技术的融入使课堂更加丰富多彩，借助数字教材和希沃投屏让学生亲历勾股定理的证明过程，体验知识的来源过程，同时提升思维品质。学生在达成勾股定理的知识目标的同时，通过数学史相关知识的渗透，理解巧妙的数学思想方法、体会数学中的多元文化。

参考文献：

[1] 汪晓勤，程靖. 数学史融入数学教学：意义与方式［J］. 成都师范学院学报，2006（1）：115–120.

[2] 上海市教育委员会. 上海市中小学数学课程标准（试行稿）［M］. 上海：上海教育出版社，2004：63.

[3] 陈大帅. 初中数学概念教学的有效途径探究［J］. 新课程导学，2017（20）：1.

[4] 董国玉，卢静. 赵爽与《周髀算经注》［J］. 兰台世界，2014（14）：128–129.

[5] 成晓明. 让勾股定理与列方程合作共处［J］. 初中生世界，2014（6）：17–18.

[6] 李源. 初中数学有效教学之策略探讨［J］. 读写算（教育教学研究），2014（23）：192.

[7] 包吉日木图. 中学数学教学中融入数学史的调查研究［D］. 呼和浩特：内蒙古师范大学，2007：12–21.

[8] 汪晓勤. HPM 视角下的小学数学教学［J］.小学数学教师，2017（7）：77–83.

HPM 视角下"角平分线的性质"的教学

芮德静

1 引言

"角的平分线"是初中几何的一个重要知识点，在沪教版教材中将这个知识点分成角平分线的尺规作图以及角平分线的性质分别在七、八年级展开教学。本文结合了"角平分线"的一些数学史料，展开探究式教学，以问题为导向，引导学生相互合作讨论，探究出"角的平分线性质定理及其逆定理"。在以往的教学中，学生对于"角的平分线性质定理及其逆定理"需要添加条件"点在角的内部（包括顶点）"这点容易忽视，因此在本文中让学生从"角的平分线性质定理"的逆命题开始，猜测其正确性，找出反例，尝试添加条件，最后再加以论证。

为了培养学生数学核心素养，促进学生思维能力和创新能力的发展，基于这个目的，制定了如下的教学目标：

（1）能运用角的平分线性质定理及其逆定理解决简单的几何问题。

（2）经历角的平分线性质定理及其逆定理的探索过程，增强逻辑推理数学素养。

（3）通过了解角、角平分线来源，感受数学背后的人文精神及古代数学家的人格魅力。

2 教学实践

2.1 自主自学

课前利用数字教材"插入资源"功能，安排学生根据任务自学。让学生观看插入在数字教材的 HPM 微视频，主要内容包括角的概念、角的平分线，帮助学生了解角的概念以及回忆角的平分线作图，同时提出问题："角的平分线具有哪些性质？"引发思考，激发学生学习兴趣。

2.1.1 角的概念

在数学史上，"角"是一个争议很多、很难刻画的几何概念。古希腊早期数学家泰勒斯曾将"相等的角"称为"相似的角"，之后亚里士多德将"角"看作"弯曲的线构成的图形"，这些都是从"形"的角度去看待"角"的；在《几何原本》中，欧几里得是从两线之间位置关系的角度去定义"角"，兼顾"角"的"量"和"质"的属性。

2.1.2 角的平分线

《几何原本》第 1 卷命题 9："平分一个已知角。"也就是："作一个已知角的平分

线。"欧几里得作图法如下：在 OA 和 OB 上分别取点 D、点 E（图1），联结 DE，在 DE 上作等边三角形 DEF，则 OF 就是 $\angle AOB$ 的平分线。

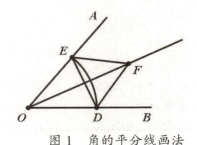

图1　角的平分线画法

2.1.3　提出问题

如果 OC 是 $\angle AOB$ 的平分线（图2），在 OC 上任取一个与点 O 不重合的点 P，尝试自己添加条件：＿＿＿＿＿＿＿＿＿，得出结论：＿＿＿＿＿＿＿＿＿，并加以证明。

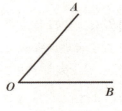

图2　提出问题

2.2　探究定理

该教学环节，首先让学生利用数字教材"云笔记"功能交流课前预习作业，根据学生预习情况引导学生通过猜想、思考、交流、验证等过程探究角的平分线性质定理以及逆定理，促使学生主动地学习，不断提高学生分析问题和解决问题的能力。

2.2.1　角的平分线的性质定理

活动1：请同学们分小组展示各自探究出的角平分线的性质。

分析1：本活动采取小组探究方式，小组成员相互讨论，确定如何添加条件又可以得出什么结论，为后面教学做铺垫。通过设置适度开放、有挑战性的问题和活动，引导学生从不同的角度发现角的平分线的性质，培养学生合作探究和解决问题的能力。添加方法有许多种，下面列举最直接的种方法。

方法1：如图3，添加条件 $OD = OE$，得出结论 $PD = PE$。

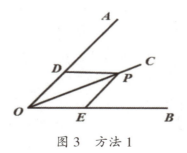

图 3 方法 1

师：如何想到这种添加方法？

生：如图 3，角的平分线可以得到两个角相等，以及图中隐含一组公共边，然后想到通过添加条件 $OD=OE$，利用 SAS 证明全等，从而得到 $PD=PE$。

方法 2：如图 4，添加条件 $OC \perp DE$，得出结论 $PD=PE$。

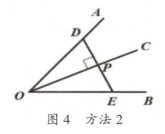

图 4 方法 2

方法 3：如图 5，添加条件 $PD \perp OA$，$PE \perp OB$，得出结论 $PD=PE$。

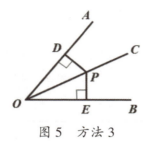

图 5 方法 3

2.2.2 角的平分线的性质定理的逆定理

在叙述其逆命题时，学生一般不会添加限制条件，要引导学生注意角的平分线是在角的内部的一条射线，所以要加上"在角的内部"这个条件。

师：能说出角的平分线性质定理逆命题吗？

生：如果一个点到角的两边距离相等，那么这个点在这个角的平分线上。

师：能说出点到两边的距离是什么意思吗？

生：点到直线垂线段的距离。

师：但是这是点到直线的距离，那么点到射线的距离如何定义呢？

生：不知道。

师：那一起看看点到射线的距离是如何定义的。

平面上一点到射线的距离是指这点与射线上各点的距离中最短的距离。如图6，射线OA外一点P到OA的距离为d，其几何表示如下：过点P作直线OA的垂线，当垂足在射线OA上时，$d=PH$；当垂足在射线OA的反向延长线上时，$d=PO$。

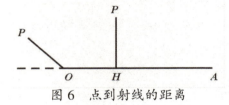

图6　点到射线的距离

师：根据点到射线的距离定义，判断这个命题是否为真命题。请小组讨论交流，如果是真命题，请证明；如果不是，请举出反例，即找一个点满足题设但不满足结论。

生1：通过小组交流，发现是假命题，可以找到一个反例：当点P在$\angle AOB$的外部时，满足点P到OA及OB的距离相等，但是点P不在$\angle AOB$的平分线上，所以是假命题。

情况1：如图7，当点P在$\angle AOB$的外部，如在边OB的反向延长线上，点P到边OA及OB的距离都是OP，但是点P不在$\angle AOB$的平分线上，所以是假命题。

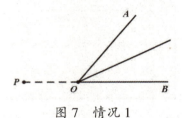

图7　情况1

生2：通过小组交流，发现当点 P 与点 O 重合，点 P 到边 OA 及 OB 的距离相等，此时点 P 在 $\angle AOB$ 的平分线上，所以是真命题。

情况2：如图8，当点 P 与点 O 重合，点 P 到边 OA 及 OB 的距离都是 O，此时点 P 在 $\angle AOB$ 的平分线上，所以是真命题。

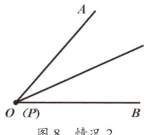

图8　情况2

生3：通过小组交流，当点 P 在 $\angle AOB$ 的内部，可以证明点 P 在 $\angle AOB$ 的平分线上，所以是真命题。

情况3：如图9，当点 P 在 $\angle AOB$ 的内部，可以证明点 P 在 $\angle AOB$ 的平分线上，所以是真命题。

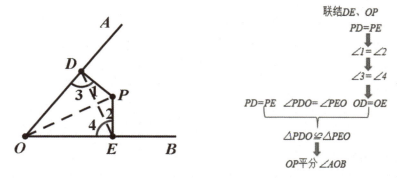

图9　情况3

师：那么满足在一个角的内部（包括顶点）且到角的两边距离相等的点有多少个？这些点形成一个什么图形？

生：满足条件的点有无数个，且这些点构成角的平分线。

2.3　巩固运用

课堂练习是数学教学的一个重要组成部分，恰到好处的习题，不仅能巩固知识，形成技能，而且能启发思维，培养能力。同时这也是学生在学习过程中不可缺少的重要环节，是教师了解学生知识掌握情况的主要途径。

2.3.1　及时反馈

这节课在课堂练习环节的第一个练习，让学生完成数字教材 14.4 的配套练习第 1 至第 3 题，快速了解学生的掌握情况，发现第 3 题的错误率最高达到了 37.93%，因此有针对性地进行了错因分析。配套练习第 4、第 5 题留作家庭作业。通过学生的反馈情况，了解到学生对于角的平分线性质定理的逆定理还是有一定的问题，这部分将会以专题训练的形式进行巩固加深。

2.3.2　实际应用

问题：如图 10，在校园的小公园里，有 2 条小路汇聚形成了一个岔路口，现在学校要在 2 条岔路之间安装一盏路灯，使得路灯照亮 2 条小路的程度一样，并且离岔路口 15 m，试问路灯应该安装在哪里比较合适？

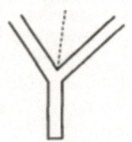

图 10　岔路口示意图

分析：该题是对美国数学史和数学教育家史密斯在给教师培训《几何教学法》时给出的角平分线应用的实际问题的改编，结合校园场景，让学生产生共鸣。

师：如何理解一盏路灯使得路灯照得 2 条小路一样亮？

生：如果将一盏路灯看作一个点，2 条小路看作角的两边，即找一个点到角的两边距离相等。

师：那么路灯应该安装在哪里比较合适？

生：根据角的平分线性质定理逆定理，这个点在这个角的平分线上。

2.4　课堂总结

师：通过这节课的学习，大家有什么收获？

生1：我们了解到角的平分线性质定理及其逆定理。

生2：我们了解到点到射线的距离的概念。

3　教学反思

在传统的课堂上，教师的重难点会在于学生对于角的平分线性质定理及其逆定理的运用，很少去组织学生探究逆定理的成立条件。本文基于培养学生逻辑思维以及分析问题、解决问题的能力的目的，从介绍"角"的概念、"角的平分线"到提出问题（角的平分线具有哪些性质）引发学生思考，激发学生探究欲望，培养学生探究的能力。在探究过程中，从写出角的平分线性质定理的逆命题开始，学生很快写出逆命题，但是也会很容易忽视逆命题成立的条件。通过阅读材料了解点到射线的距离定义，然后小组之间合作，能找出反例以及成立条件。学生从大胆假设到小心求证，充分感受几何学在训练逻辑思维方面的重要价值，同时也加强了学生的数学理性思维能力。最后在课堂练习时，首先通过使用数字教材配套习题，快速了解学生的理解程度；接下来通过改编的实际问题，充分让学生感受数学不仅是有用的，也是有趣的，更是人性化的。

4　结语

这节课的基本理念是体现几何命题的双重价值——现实应用价值和逻辑思维训练价值。从探究角的平分线性质定理及其逆定理，回归解决校园道路照明问题，体现的是命题在现实生活中的应用价值。通过学生小组合作方法，找到逆定理成立条件——点在角的内部（包括顶点），体现数学的严谨性，训练了学生的逻辑思维，培养了学生的理性精神。HPM视角下"角平分线的性质"的教学，体现数学史的知识之谐、探究之乐、能力之助、文化之魅教育价值，培育逻辑推理数学素养。另外，借助数字教材，实现课堂有效创新，体现学生主体地位，让教育回归学生的成长和发展。

这节课从介绍"角"的概念开始，到"角的平分线"的画法，再到探究"角的平分线性质定理"以及逆定理，整个过程自然、和谐，充分体现了"知识之谐"。对于这节课重难点内容——"角的平分线性质定理及其逆定理"，采用猜想—验证的过程，活跃了学生的思维能力，激发了学生数学学习的兴趣，营造了"探究之乐"。学生之间通过相互讨论，找到不满足条件的点，启发学生从运动的角度看待几何问题，促进他们

对动点问题"变中不变"的理解，实现了"能力之助"。利用HPM微视频介绍"角""角的平分线"，呈现数学背后的人文精神及古代数学家的人格魅力，展示了数学史的"文化之魅"。

此外，这节课借助数字教材带来了教学资源的变革，其实质是对学生主体地位的认可和关注，让教育回归学生的成长和发展。教师通过数字教材这个媒介充分发挥学生的主体地位，调动了每个学生的学习积极性，让学生学会思考。

参考文献：

［1］ 汪晓勤. HPM视角下"角平分线"教学［J］. 教育研究与评论（中学教育教学），2014（5）：30-32.

［2］路亚飞，朱哲. 追本溯源 逆向探究——以角平分线教学为例［J］. 中学教研（数学），2015（9）：6-9.

［3］王文，陈清华，徐章韬.超级画板支持下的"角平分线"教学——对汪晓勤教授一则HPM案例的进一步研究［J］. 教育研究与评论（课堂观察），2014（10）：82-84.

［4］冯世豪. 从折纸活动中浅谈学生非认知因素的培养——基于"角平分线的性质"的教学设计［J］. 数学教学通讯，2017（4）：16-18.

［5］汪晓勤，贾小妮. 数学史与初中数学教学——理论、实践与案例［M］. 上海：华东师范大学出版社，2019：295-309.

勾股定理：从历史到课堂

颜　惠

1　引言

勾股定理在数学发展史上有重要的地位和作用，是定量几何的基础定理，它有丰富的人文内涵和数学文化，对学生的发展，尤其是他们科技意识的形成，有积极的影响。因此在整个学习过程中，笔者在传统教学勾股定理及其逆定理的典型应用和举例外，从以下三个内容设计了章节的教学安排：（1）勾股定理的数学史和数学家；（2）勾股定理的证明方法；（3）勾股定理的推广。

2　沪教版教材安排

在沪教版初中数学第十九章"勾股定理"一节中，首先提出问题2：在直角三角形中，斜边和两条直角边之间有没有某种等量关系呢？（图1）

❓问题2

> 在直角三角形中，斜边和两条直角边之间有没有某种等量关系呢？

图1　问题2

教材中从特殊的等腰直角三角形出发，通过图形的分割重组（图2），得出两个结论。

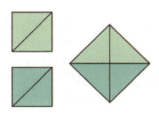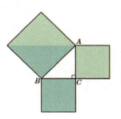

图2　图形的分割重组

结论1：

> 等腰直角三角形中，以两条直角边为边的两个正方形面积的和等于以斜边为边的正方形的面积。

结论2：

等腰直角三角形中，两条直角边的平方和等于斜边的平方。

接下来从特殊到一般，提出问题4：上述的结论是否也是两直角边不相等的直角三角形（一般直角三角形）所具有的性质？（图3）

？问题4

上述等腰直角三角形的这一性质，是否也是两直角边不相等的直角三角形所具有的性质？

图3　问题4

教材中以四个一般直角三角形不同的拼图方式（图4），通过一定的计算，证明出勾股定理。

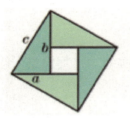
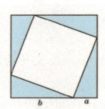
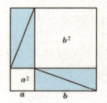

图4　三种拼图

3　传统教学中学生的疑惑

传统教学依照教材顺序开展，学生在学习勾股定理时对定理的运用解题掌握较好，但对教材有几点疑惑：

（1）教材一开始为什么要从特殊的等腰直角三角形分割重组开始？

（2）教材中指出勾股定理是几何中最著名的定理之一，历史上的研究发展过程是怎样的？

（3）教材中先得出了结论1，然后直角三角形一般化后得到图19-54，并提出两个问题探讨（图5），而接下来教材并没有就这种情况进行证明推导。

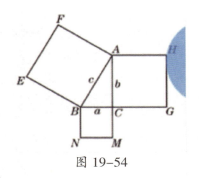

图 19–54

如图 19－54，在 △ABC 中，∠ACB＝90°，BC＝a，AC＝b，AB＝c，a≠b，四边形 ABEF、BCMN、ACGH 都是正方形．我们来探讨能否推出：

正方形 BCMN 与正方形 ACGH 的面积和等于正方形 ABEF 的面积．

或者说能否推出：

$$a^2 + b^2 = c^2.$$

图 5　两个问题探讨

（4）教材中给出了勾股定理的几种证明方法，那目前勾股定理的证明方法有多少种呢？

4　HPM 视角下的答疑解惑

为了解决学生的疑惑，笔者从勾股定理的历史、证明方法、推广出发，安排教学。

4.1　研究历史，了解来龙去脉

为了解决第一个疑惑，笔者介绍了毕达哥拉斯的故事。相传毕达哥拉斯有一次在朋友家做客，发现朋友家用砖铺成的地面（图6）中反映了直角三角形三边的数量关系。

图 6　地砖

毕达哥拉斯就是从等腰直角三角形中得出三边关系的。因此教材上也从特殊到一般进行研究。实际课堂教材中，笔者就采用了创设情境，这样定理的引出才不突兀。

为了解决第二个疑惑，笔者认真梳理了勾股定理发现发展过程。对于这一定理，我国发现最早。在周朝初年（约公元前 1000 年），商高对周公有这样的谈话："故折矩，以为勾广三，股修四，径隅五。"这实际上是勾股定理的一个特例，是对勾股定理的初步认识，所以勾股定理又称商高定理。不过这个定理，直到公元 3 世纪赵爽才用面积割补给出了第一种证明。在西方，公元前 550 年，毕达哥拉斯发现了这个定理并宰牛庆祝，因此勾股定理在西方称为毕达哥拉斯定理，又称百牛定理。

勾股定理在历史上有着举足轻重的地位：它是第一个把几何和代数相联系的定理；它导致了无理数的发现，引起了第一次数学危机；它第一个给出了完全解答的不定方程；等等。

通过这段历史的介绍，学生了解了勾股定理的起源，体会了研究问题从特殊到一般的方法，同时也加深了他们的爱国之情。

4.2 研究方法，拓展数学思维

对于学生的第三和第四个疑惑，笔者从证明方法的多样性出发，让学生们借助网络，采用小组合作的方式进行交流探讨。

教材中是按照原先特殊直角三角形的思路，在其三边构建了正方形（图7），然而教材上没有证明。学生通过查阅资料发现，原来这种证明方法是古希腊数学家欧几里得的方法，他借助三角形的全等、等底同高的两个三角形面积相等证得。学生们普遍反映这种证明方法不容易想到，存在一定的难度。笔者认为教材的安排也是出于难度的考虑，不再展开。

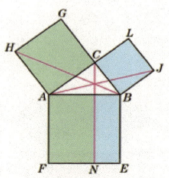

图7 欧几里得证法

除了教材上的赵爽证明方法外，学生们还列举了比较常见的几种证明方法，比如美国总统证法（图8）、直角三角形内切圆证法（图9）、项明达证法（图10）等等。

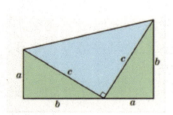

图8 美国总统证法

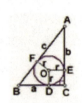

图9 直角三角形内切圆证法

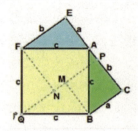

图10 项明达证法

在这个过程中，学生很认真地进行画图，书写已知求证证明，既拓展了学生的思维，又提高了学生的数学表达能力。

学生们总结发现欧几里得的证法图形构造容易，但证明方法较难；其他证法构图不太容易，但证明方法较容易。

4.3 研究推广，激发学习兴趣

勾股定理在很多方面还有推广，比如勾股数组。教材中提到的勾股数组表达如图11。

> 我们已经知道，$3^2+4^2=5^2$，$8^2+15^2=17^2$. 如果正整数 a、b、c 满足 $a^2+b^2=c^2$，那么 a、b、c 叫做勾股数组. 以勾股数组中的三个数分别为各边长的三角形一定是直角三角形.
>
> 容易验证，5、12、13，7、24、25，20、21、29 等，都是勾股数组.
>
> 一般地，设 m、n 都是正整数，且 $m>n$，如果 $a=m^2-n^2$，$b=2mn$，$c=m^2+n^2$，那么 a、b、c 一定是勾股数组. 而且设 k 为正整数，可知 ka、kb、kc 也一定是勾股数组.

图 11 勾股数组

学生们课后研究发现，古巴比伦人在公元前 1900 年到公元前 1600 年之间，就发现了较大的勾股数组，例如 13500、12709、18541 等。也许他们很早就找到了一种求得勾股数组的一般方法。

学生们也尝试着寻找勾股数组的规律，在这个过程中激发了学生的兴趣。

除了研究勾股数组外，笔者还设计了如下的问题让学生们探究：如果基于勾股定理，以直角三角形的三边为元素，构造其他的基本图形，这种面积之间的等量关系还会成立吗？

学生们以小组为单位，分类讨论，以熟悉的图形开始，比如等边三角形、半圆、等腰直角三角形、平行四边形。（图12）

图 12 构造基本图形

直角三角形的三边构造半圆，其实就是希波克拉底的月牙定理（图13）；构造平行四边形，其实就是帕普斯对勾股定理的推广（图14）。

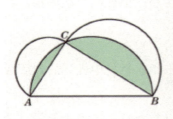 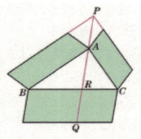

图13　月牙定理　　　　图14　帕普斯对勾股定理的推广

学生通过研究，追寻古人的道路，从历史到课堂，从课内到课外，增强学生学习的兴趣，给他们提供挑战自我的机会。

5　HPM 视角下教学的价值

将数学史借助资源插入数字教材有机地融合到教学中，促使学生在探究勾股定理知识的同时，陶冶了自己的情感态度和价值观。

基于国外的 HPM 理论，我国提出了数学史融入教学的六种价值，即知识之谐、方法之美、探究之乐、能力之助、文化之魅、德育之效（具体内涵如表1）。

表1　数学史六种价值具体内涵

数学史的教育价值分类	内涵
知识之谐	借鉴、重构历史的数学教学,使得知识的发生和发展自然而然,符合学生的认知基础,易于为学生所理解。
方法之美	通过引入历史上的数学思想方法,拓展学生的视野,让学生在古今不同方法的比较中,体会数学思维的灵活性、丰富性和创新性。
探究之乐	一个主题的历史为教师设计探究活动提供借鉴,数学史上丰富多彩的问题为学生提供了探究机会,学生在探究过程中积累数学活动经验,像数学家那样获得成功的体验。
能力之助	数学史有助于培养学生的核心素养以及阅读、写作等方面的能力。
文化之魅	数学史揭示了数学与现实世界或人类其他知识领域之间的密切联系,呈现了数学之美,展示了数学文化的多元性。
德育之效	数学史恢复了数学背后的人文精神,有助于培养学生积极的情感态度和价值观,让他们拥有历史感,并树立良好的品行和操守。

这节课融入数学史的教学中主要是让学生拓宽视野、积累经验、感受文化。

5.1　方法之美

了解勾股定理多种证明方法，感悟其中蕴含的数学思想，体会几何和代数的密切联系。

5.2　探究之乐

以古今中外数学家们的创造过程为载体，引导学生们探究勾股定理多方面的推广，在这个过程中学生感受到了学习数学的乐趣，有成就感。

5.3　文化之魅

教学设计以历史史实为载体，关注对学生人文精神的培养，让学生进一步感悟勾股定理的文化价值，树立正确的数学观。

6　数字教材的应用

这节课比较多地关注教材，同时拓展了很多知识。数字教材不仅提供了电子课本，更多的是将资源、素材储存在其中，与教材内容建立了联系，这些资源为学生持续深入学习提供了很大的便利。这节课更多利用的是数字教材的插入资源、流转笔记功能。无论是课前、课中还是课后阶段，充分运用数字教材的各种工具，改变传统课堂的缺憾，丰富了学习资源，创设自由分享的学习氛围。

数字教材的应用，最显著的特点就是通过丰富教学内容，拓展知识和能力要求；通过课前、课后拓宽课堂，提升课堂的效率。在有限的 40 分钟内，教师教得更有趣，学生学得更积极。

7　结语

数学史在数学教育的地位是不可或缺的，特别是重要的定理教学。HPM 视角下勾股定理的教学，让数学变得有温度、有内涵、有乐趣。数学史的教育不光是历史元素的渗透，更重要的是数学思想方法的渗透，这真正提高了学生的核心素养。

参考文献：

［1］林昱铮. 数学教学中数学史内容的选择与使用——以"勾股定理"的教学为例［J］. 初中数学教与学，2020（08）：3-5.

［2］吴佩芳. 文化视野下的勾股定理教学设计［J］. 绍兴文理学院学报，2012（12）.